Sommaire

B-I 101, Janvier 1980 : note du Secrétariat unifié sur la question afghane. ....page 5.
B-I 101, Janvier 1980 : trois motions. ....page 7.
B-I 101, Janvier 1980 : trois explications de vote. ....page 9.
Inprecor n° 69, Février 1980 : résolution du Secrétariat unifié de la Quatrième internationale. ....page 10.
Inprecor n° 70, Février 1980 : résolutions minoritaires sur l'Afghanistan présentées au Secrétariat unifié du 26 au 29 janvier 1980. ....page 19.
Rouge n° 900, 4 janvier 1980 : Afghanistan : l'URSS installe son nouveau protégé à Kaboul. Les dirigeants impérialistes se réunissent pour préparer une riposte. ....page 27.
Rouge n° 900, 4 janvier 1980 : Afghanistan : troisième coup d'Etat " pro-soviétique " en 18 mois. ....page 28.
Rouge n° 901, 11-17 janvier 1980 : l'intervention soviétique en Afghanistan fait le jeu de Carter. ....page 30.
Rouge n° 901, 11-17 janvier 1980 : Afghanistan : l'impérialisme américain prépare-t-il une contre-offensive musclée ?...................page 31.
Rouge n° 902, 18-24 janvier 1980 : éditorial : pas de mesures de rétorsion contre l'URSS. ....page 32.
Rouge n° 902, 18-24 janvier 1980 : l'URSS s'installe en Afghanistan face aux rébellions islamiques. ....page 33.
Rouge n° 902, 18-24 janvier 1980 : les réformes de la " révolution " d'avril 1978. ....page 34.
Rouge n° 902, 18-24 janvier 1980 : les révoltes paysannes contre les réformes du parti populaire démocratique. ....page 34.
Rouge n° 902, 18-24 janvier 1980 : les guérillas islamiques. ....page 35.
Rouge n° 902, 18-24 janvier 1980 : quelles critiques à l'intervention soviétique ? ....page 36.
Rouge n° 903, 25-31 janvier 1980 : après l'intervention soviétique en Afghanistan. ....page 37.
Rouge n° 904, 1er-6 février 1980 : non au stalinisme, mais rien avec l'impérialisme contre l'URSS. ....page 39.
B-I 103, février 1980 : compte-rendu du Comité central des 2 et 3 février 1980. ....page 40.
B-I 103, février 1980 : Afghanistan : débattre ! changer de ligne ! ....page 44.
Rouge n° 905, 7-13 février 1980 : l'intervention soviétique en Afghanistan, 5 Questions - 5 Réponses. ....page 50.
Rouge n° 907, 22-28 février 1980 : pour le droit des peuples à disposer d'eux-mêmes. Minorité du Comité central de la LCR. ....page 56.
Rouge n° 907, 22-28 février 1980 : ce qui nous détermine, en dernière instance, ce sont les intérêts sociaux dont les revendications nationales sont l'enveloppe. Majorité du comité central de la LCR. ....page 58.
Rouge n° 908, 1er-8 mars 1980 : Afghanistan : après les émeutes de Kaboul. ....page 61.
Critique communiste n°3, décembre 1981 : Afghanistan : une autocritique nécessaire. ....page 63.

Articles sur la position du PCF. ....page 66.

Supplément à Rouge n°906 : Dossier Afghanistan, ...page 73.

Glossaire et chronologie. ....page 105.

Les Cahiers du crabe

En lançant l'Association pour la sauvegarde de la mémoire de la section française de la Quatrième internationale (ASMSFQI), nous avions deux souhaits : sauver les archives de ce courant politique, en les collectant et en les numérisant, et permettre leur accès. Pour ce faire, en plus de notre site Internet, nous publions une revue qui reproduit des documents divers, mais tous issus de la section française de la Quatrième internationale (Parti communiste internationaliste, Ligue communiste, LCR) et tous liés à un thème précis.

L'idée des Cahiers du crabe est donc celle-ci : reproduire des articles de ROUGE, de la Vérité, d'Inprecor..., des extraits de bulletins de débat, des affiches... pour permettre aux lecteurs et lectrices de savoir quels furent les débats internes de la section française de la Quatrième internationale et quel fut son positionnement public sur telle question.

Nous n'avons donc aucune visée scientifique ou analytique. Il s'agit pour l'ASMSFQI de faire connaître des documents. Les Cahiers du crabe n'ont pas vocation à être un lieu d'étude ou de critique. Simplement pourront-ils favoriser certaines études, réflexions, formation personnelle, en permettant l'accès à des documents d'archives.

Le choix de ces documents répond à des critères aussi simples que leur disponibilité.

Le bureau de l'ASMSFQI.

La LCR et l'intervention soviétique en Afghanistan

Ceci est le premier numéro des *Cahiers du Crabe* : "la LCR et l'intervention soviétique en Afghanistan".

Les documents qui y sont reproduits sont tous issus des bulletins intérieurs, dits B-I, de la LCR (bulletins internes de débats, en théorie relativement confidentiels) et de sa presse, *Rouge* (hebdomadaire de la LCR, dont les archives sont petit à petit rendues disponibles en DVD), *Critique Communiste* (revue théorique de la LCR), *Inprecor* (*International Press Correspondance*, revue d'actualité de la Quatrième internationale), tout cela dans un ordre chronologique. Une rubrique thématique "Sur le PCF", reproduisant les critiques de la LCR sur les prises de position du PC, est placée après les autres articles. En fin de revue, une brochure spéciale de la LCR sur la question de l'Afghanistan, publiée mi-février 1980, est reproduite telle quelle (d'où la moindre qualité esthétique). Nous avons décidé, pour des raisons pratiques (disponibilité des archives et nombre de pages de la revue), de nous arrêter à la date de mars 1980. Toutefois, un article de Critique Communiste de décembre 1981 propose au lecteur un retour critique vis-à-vis de la position initiale de la LCR.

B-I 101
Janvier 1980

Ce texte est une "note du Secrétariat unifié sur la question afghane". Il a été publié dans le Bulletin intérieur n°101, consacré au compte-rendu de la séance des 12 et 13 janvier 1980 du Comité central de la LCR. Il s'agit du premier texte issu de la Quatrième internationale sur la question de l'intervention soviétique en Afghanistan.

1. L'intervention militaire de l'URSS en Afghanistan s'est effectuée à un moment où le régime dirigé par Hafizullah Amin se trouvait dans une situation extrêmement difficile. Une grande partie du territoire échappait au contrôle du gouvernement central. Les forces *"rebelles"* étendaient leur champ d'action. Un processus d'effritement de l'armée se manifestait. La crise au sein du PPDA s'exacerbait. La possibilité d'un effondrement du régime d'Amin - issu d'un coup d'Etat qui échappa certainement aux calculs de la bureaucratie soviétique, en septembre 1979 - était tout à fait réelle.

Les bouleversements produits dans la région depuis le renversement du shah d'Iran et l'effort manifesté par l'impérialisme pour y rétablir ses positions rendaient fort risqué pour l'URSS, très engagée en Afghanistan, le possible renversement par des forces sociales conservatrices du régime issu du coup d'État d'avril 1978.

2. le coup d'État d'avril 1978 se fit en réponse à des mesures répressives prises par Daoud après des mobilisations qui se développèrent à l'occasion des obsèques d'un dirigeant syndical - Mir Akbar - liquidé par la police du prince. Le régime Daoud, installé en juillet 1973, n'appliqua aucune des réformes promises. Il opéra un tournant progressif en direction de l'Iran et des puissances impérialistes.

Son renversement, organisé par le PPDA qui reçut l'appui de militaires avec lesquels aussi bien la fraction Kalq (Peuple) que la fraction Parcham (Drapeau) avaient tissé des liens durant les dernières années, se fit sans une mobilisation et une participation des masses. La fraction Parcham avait d'ailleurs participé au gouvernement de Daoud.

La base sociale du PPDA était très restreinte, essentiellement urbaine dans un pays où 85 % de la population est rurale. Le PPDA, créé en 1965, recrutait essentiellement dans les couches de la petite bourgeoisie urbaine et de l'intelligentsia, y compris dans des fractions de l'armée.

Le PPDA s'engagea dans une révolution "démocratique bourgeoise" affirmant la nécessité *"d'une révolution démocratique et nationale, étape première et nécessaire de la révolution socialiste"*.

A partir de ses conceptions - puisées largement dans l'idéologie stalinienne - et tenant compte de la nature de sa base sociale ainsi que de ses liens plus que ténus avec les masses paysannes, le PPDA appliqua une politique tendant à réaliser des réformes en s'appuyant non pas sur la mobilisation des masses, mais sur l'armée, l'appareil d'État et la répression. Ceci conduisait logiquement au besoin accru d'un soutien militaire de l'URSS.

Ce type de direction n'était pas porté à stimuler des mobilisations des masses - les paysans pauvres (très petits paysans et une masse importante de paysans sans terre) ne possédaient pas une tradition de lutte et d'organisation -, car elle craignait de perdre tout contrôle sur le processus, une fois rompues ou fortement ébranlées les structures sociales et politiques traditionnelles. En outre, le poids de la classe ouvrière est très réduit - quelques centaines de milliers de travailleurs environ sur une population totale de près de 17 millions d'habitants -, ce qui constitue un facteur ne favorisant pas une dynamique de révolution permanente.

3. Les réformes entreprises par le nouveau régime se développaient sur trois terrains avant tout : réforme agraire, éducation (90 % de la population est analphabète) et diverses mesures démocratiques concernant le statut de la femme (suppression du "prix de la fiancée", ouverture de l'enseignement aux filles) ou l'enseignement de la langue des diverses nationalités. La réforme agraire était limitée : distribution de la terre, plafond pour la propriété privée, et suppression de l'usure qui pesait très fortement sur les masses paysannes. Les moyens et l'encadrement nécessaires pour faire avancer cette réforme étaient très réduits ; ses effets furent souvent contradictoires, car elle ne répondait pas à l'ensemble des problèmes de fond qui se posaient aux masses les plus déshéritées. Les méthodes politiques utilisées par le PPDA rendirent encore plus problématique la tentative de solution des problèmes ethniques - d'une extrême acuité en Afghanistan - et la réponse à l'emprise religieuse mise à profit par la réaction.

Néanmoins, malgré la timidité relative des réformes; la réaction des chefs tribaux, des propriétaires fonciers précapitalistes, d'une partie de l'ancien appareil d'Etat de Daoud et du clergé fut vive.

L'opposition réactionnaire tente de s'unifier, quatre groupes donnent naissance au Teiman Atahad-Islami (*"Ceux qui jurent de lutter pour l'islam"*). D'autres organisations, parmi lesquelles des forces importantes liées au clan monarchique, engagent la lutte contre le nouveau régime dans diverses parties du pays. La plupart reçoivent l'appui du Pakistan, de gouvernements conservateurs arabes et cherchent l'appui des puissances impérialistes. La hiérarchie chiite en Iran leur donne aussi son soutien. Les directions de ces organisations profitent de la question ethnique et religieuse pour s'assurer une base sociale. Une guerre civile se développe en Afghanistan.

L'alignement du gouvernement - Taraki comme Amin - sur l'URSS accrut les craintes des forces conservatrices et aussi de l'impérialisme. Ce dernier ne pouvait voir que d'un bon œil l'activité des forces réactionnaires, au moment où il se trouvait dans une situation précaire pour intervenir directement dans la région.

4. L'incapacité du PPDA d'élargir de façon consistante sa base populaire et de contrecarrer l'inertie des structures sociales, les difficultés se manifestent dans le domaine agricole et les points marqués par les forces conservatrices ne firent qu'aggraver les affrontements de cliques au sommet de l'appareil d'Etat, dans le PPDA, avec leurs reflets dans l'armée. Les conflits se nourrissaient aussi, bien que ne se recoupant pas obligatoirement (Amin et Taraki étaient tous deux de la fraction Kalk), des heurts et luttes entre les deux fractions du PPDA. En juillet 1978, par exemple, les principaux dirigeants du Parcham furent "exilés" avec le titre d'ambassadeur (Babrak Karmal se trouvait ainsi en poste à Prague). Coups de main, attentats, assassinats devenaient des moyens de régler les différents dans la couche dirigeante.

La bureaucratie soviétique qui, dans son intérêt stratégique, accroissait sa présence en Afghanistan (depuis assez longtemps l'Afghanistan recevait de l'URSS l'aide par tête d'habitant la plus élevée des pays "non socialistes") soutenait les méthodes du PPDA, qui ne rompaient pas avec les siennes. Elle mettait l'accent sur le renforcement militaire et le contrôle étatique pour tenter de résoudre des problèmes sociaux-politiques. Sa thèse selon laquelle

son armée a été appelée en aide par un gouvernement dont elle liquida aussitôt le chef, sa dénonciation d'Amin comme *"fasciste"* et *"agent de l'impérialisme"* après l'avoir soutenu durant son règne traduisent bien le cynisme politique propre à la bureaucratie et son mépris total pour la sensibilité des masses laborieuses à l'échelle internationale, que de tels procédés ne peuvent que désorienter profondément.

La nature même de son engagement et son orientation politique la conduisaient, face à l'érosion croissante du régime d'Amin, à miser sur une intervention militaire de plus grande envergure et sur un autre coup d'Etat pour empêcher l'écroulement du système mis en place en avril 1978.

L'intervention soviétique inflige un coup, dans la guerre civile en cours en Afghanistan, aux forces conservatrices et, dans ce sens, porte atteinte aux positions impérialistes. Mais toute l'orientation suivit par la bureaucratie du Kremlin aide objectivement les tentatives de ceux qui, dans la région, tentent d'affaiblir la dynamique anti-impérialiste déclenchée avec la révolution iranienne en utilisant l'islam pour en faire une arme idéologique contre la révolution socialiste.

5. Le nouveau groupe dirigeant, à la tête duquel se trouve Babrak Karmal, est placé devant une contradiction fondamentale : d'un côté il veut apparaître ouvert au dialogue avec les "opposants" et prêt à mettre fin aux méthodes répressives, de l'autre côté, il se fonde sur l'aide massive de l'armée soviétique qui, si elle peut marquer des points sur le plan militaire et faciliter la reprise du contrôle gouvernemental sur des régions entières, risque d'accroître l'écho politique des forces conservatrices. Ceci traduit bien les effets contradictoires de toute la politique de la bureaucratie.

Le Kremlin ne voulait pas risquer que la chute du régime d'Amin conduise à l'instauration d'une autre "République islamique" à ses frontières - avec les répercussions que cela pourrait avoir parmi des couches importantes de la population de l'URSS qui jouxte l'Afghanistan - en compromettant l'acquis stratégique de 1978.

Il estimait que les difficultés de l'impérialisme excluait toute riposte militaire directe ou même par personne interposée. En fait, l'action militaire en Afghanistan représente une démarche inédite de la part du Kremlin depuis la Seconde Guerre mondiale.

Dans le contexte international actuel, comme dans la situation interne aux Etats-Unis, la riposte impérialiste ne pouvait que se développer. Certes, elle ne peut que difficilement s'effectuer sur le terrain, en dehors d'un renforcement de l'aide militaire aux forces conservatrices. Mais l'administration Carter met à profit la situation créée par l'intervention de l'URSS pour tenter d'atteindre trois objectifs qu'elle poursuit depuis un certain temps : une tentative de renforcer le dispositif impérialiste dans la région (Arabie saoudite, Egypte, Israël, Yémen du Nord, sultanat d'Oman, Turquie et maintenant, à nouveau, le Pakistan et, y compris, tenter de reprendre pied en Iran) ; poursuivre l'essai, commencé avec les mesures de blocus économique contre l'Iran, de donner une nouvelle cohésion agressive à la direction politique du monde impérialiste ; accroître la campagne contre le *"danger militaire représenté par l'URSS"* pour se lancer dans la nouvelle étape de la "course" aux armements. Mais surtout, Carter vise à retourner l'opinion publique américaine, à effacer le traumatisme de la "guerre du Vietnam", pour préparer les conditions politiques à des interventions militaires "localisées" de l'impérialisme contre des révolutions montantes ou pour soutenir un allié en perte de vitesse.

La série de mesures prises à l'encontre de l'URSS s'inscrit dans cette perspective et indique non pas l'abandon des accords d'ensemble entre Washington et Moscou, mais une tension accrue, engendrée par les effets mêmes de la crise du système impérialiste, dans le cadre de la "coexistence pacifique". De plus, la bureaucratie chinoise saisit cette occasion pour accentuer son aide aux forces conservatrices basées au Pakistan et approfondit sa politique de compromission avec l'impérialisme.

6. Dans un tel contexte, les marxistes-révolutionnaires ont le devoir de dénoncer toutes les opérations ou manœuvres de l'impérialisme visant à réorganiser ou renforcer ses bases dans la région, à appuyer les forces de la réaction en Afghanistan et dans les pays limitrophes, à ressouder un bloc réactionnaire dans la région.

Ils doivent dénoncer avec force ce que l'œuvre d'intoxication des mass media des classes dominantes vise à cacher, à savoir que ce sont les projets politico-militaires de contre-attaque impérialiste au Proche-Orient et en Asie centrale aussi bien que dans le Sud-Est asiatique, l'Afrique australe et l'Amérique centrale qui impliquent un danger réel de guerre.

Ils doivent dénoncer l'utilisation par l'impérialisme de mesures telles que la coupure de livraisons de biens alimentaires à l'URSS, mesures mises au point depuis de nombreuses années par la CIA pour frapper des régimes s'opposant à l'impérialisme, mesures déjà utilisées par les Etats-Unis contre le Vietnam après la victoire de 1975.

Ils doivent défendre les acquis du processus de changement social engagé en Afghanistan contre toutes les attaques des forces conservatrices indigènes et de l'impérialisme. Ils doivent impulser la mobilisation et l'organisation révolutionnaire et démocratique des masses afghanes, comme condition pour faire avancer un processus de révolution permanente et battre les forces conservatrices.

Ils doivent s'opposer à toute intervention impérialiste au Moyen-Orient et en Asie centrale, réclamer le retrait de la région de toutes les forces armées de l'impérialisme et le démantèlement de toutes ses bases.

Simultanément, ils doivent dénoncer les méthodes utilisées par la bureaucratie soviétique en Afghanistan qui ne peuvent que discréditer le socialisme. Un authentique processus de révolution permanente en Afghanistan aboutira grâce à la mobilisation, l'action et l'organisation autonome des masses, auxquelles ne peut pas se substituer l'action des blindés de la bureaucratie.

Le 9 janvier 1980

B - I 101
Janvier 1980

Les trois motions qui suivent ont été soumises au vote des membres du Comité central de la LCR le 13 janvier 1980. Elles illustrent le débat interne à la LCR vis-à-vis de l'intervention soviétique. Ces motions sont reproduites dans l'ordre dans lequel elles ont été publiées dans le Bulletin intérieur n°101, page 3. Les deux premières ont été repoussées.

Motion Mill-Valette

L'entrée des divisions de l'Armée rouge à Kaboul, en éliminant le bourreau du peuple afghan qu'était Hafizullah Amin, successeur et assassin du précédent homme de Moscou, Taraki, a été menée au profit d'un régime reposant essentiellement sur la répression et qui, malgré ses professions de foi "marxistes-léninistes", n'avait en rien soulagé le sort de la misérable population paysanne du pays.

Depuis 1973, sous Daoud et 1978, sous Taraki, les conseillers soviétiques, de plus en plus omniprésents, n'ont poussé à aucune mesure économique décisive en faveur des exploités et des opprimés.

Le coup armé des tanks soviétiques, en violation flagrante du droit des peuples à disposer d'eux-mêmes, ne peut que pousser les masses populaires à s'enrôler massivement dans les rangs anticommunistes soutenus par le dictateur Zia Ul Haq du Pakistan, promu au rang de tête de pont américaine dans la région.

Cette révolte nationaliste afghane,

menée par les potentats réactionnaires locaux sous le drapeau de l'islam, qui capte en partie las espoirs de libération nationale et sociale des masses, était trop proche des républiques musulmanes d'URSS pour que les bureaucrates du Kremlin ne croient pas devoir en supprimer les effets gênants. L'intervention soviétique en Afghanistan doit être aussi appréciée sur la toile de fond de la fermentation révolutionnaire du monde musulman (Iran, Arabie Saoudite, Moyen-Orient, etc.). Loin d'apporter une aide aux éléments qui se radicalisent dans un esprit anticapitaliste, elle ne peut en effet que renforcer les courants intégristes et réactionnaires qui cherchent à dévier la colère des masses et leurs sentiments anti-impérialistes vers des voies contre-révolutionnaires.

L'intervention soviétique montre d'ailleurs à l'évidence ses préoccupations de stabilisation de la région, au moment même où le Parti Toudeh soutient quasi inconditionnellement l'ayatollah Khomeiny. L'impérialisme ne peut que tirer profit de l'intervention soviétique dont une des fonctions est l'instauration d'un nouveau statu quo avec l'impérialisme US dans cette région, contre les développements révolutionnaires à l'oeuvre ; concrètement, les marges de manoeuvre de l'impérialisme par rapport à la révolution iranienne s'en trouvent grandement renforcées.

L'intervention de l'URSS ne peut que faire le jeu de l'impérialisme en dernière instance. Nous la condamnons sans appel et demandons le retrait immédiat des troupes d'intervention. Notre condamnation sans appel de la bureaucratie soviétique est en fait la condition d'une dénonciation vigoureuse des manoeuvres et des campagnes actuelles de l'impérialisme. Nous nous opposons aux sanctions économiques contre l'Union soviétique tout comme nous nous opposons aux sanctions contre l'Iran en combattant toutes les formes de "guerre froide" idéologiques et politiques.

Motion Bourgueil

Le comité central approuve l'orientation générale contenue dans la note sur l'Afghanistan du bureau du SU. Elle constitue donc la base des prises de position de la LCR. Ceci signifie que :

1. Nous mettons l'accent, dans toutes nos prises de position, avant tout sur la dénonciation de l'impérialisme et des manoeuvres politiques, économiques et initiatives par lesquelles il s'efforce de mettre en place ou de renforcer un dispositif contre-révolutionnaire régional, en particulier au Pakistan et en Turquie.

2. Nous condamnons le caractère bureaucratico-militaire de l'intervention soviétique qui ne peut avoir pour effet que de contrecarrer le développement du mouvement des masses en Afghanistan et dans la région, et permettre à l'impérialisme de redoubler sa campagne idéologique et politique contre l'Union soviétique et, par ailleurs, contre le développement du mouvement des masses.

3. Nous sommes contre le mot d'ordre de retrait des troupes soviétiques d'Afghanistan dont la réalisation ne pourrait que favoriser la mise en place de ce dispositif, en l'état actuel de la lutte des classes en Afghanistan.

4. Nous soulignons que seule l'application d'un programme de réforme agraire radicale, de nationalisation de l'économie, d'alphabétisation et de mobilisation des masses peut résoudre les problèmes nationaux et sociaux de l'Afghanistan.

Motion Aubin

Le comité central approuve l'orientation générale contenue dans la note sur l'Afghanistan du bureau du SU. Elle constitue donc la base des prises de position de la LCR. Ceci signifie que :

1. Nous mettons l'accent, dans toutes nos prises de position, avant tout sur la dénonciation de l'impérialisme et des manœuvres politiques, économiques et initiatives par lesquelles il s'efforce de mettre en place ou de renforcer un dispositif contre-révolutionnaire régional, en particulier au Pakistan et en Turquie.

2. La LCR condamne l'intervention soviétique comme partie prenante des méthodes bureaucratico-militaires de la politique du Kremlin car celle-ci a pour effet de contrecarrer le développement du mouvement des masses en Afghanistan et dans la région, ainsi que de permettre à l'impérialisme d'intensifier sa campagne idéologique et politique contre l'Etat ouvrier soviétique et, par ailleurs, contre l'essor du mouvement de masse.

3. La LCR se prononce contre le mot d'ordre de retrait des troupes soviétiques d'Afghanistan dont la réalisation ne pourrait que favoriser la contre-offensive de l'impérialisme, en l'état actuel de la lutte des classes en Afghanistan et dans la région.

4. La LCR souligne que seule l'application d'un programme de réforme agraire radicale, de nationalisation des secteurs clés de l'économie, d'alphabétisation et de mobilisation des masses peut résoudre les problèmes nationaux et sociaux de l'Afghanistan.

Sont reproduites ci-dessous trois explications de vote relative à la motion Aubin.

Explication de vote (Fosco, Valette)

La motion Aubin adoptée par le comité central sur l'Afghanistan est, de fait, contradictoire avec la note de quatre camarades du bureau du SU. En effet, dans celle-ci, il est écrit : *"L'intervention soviétique inflige un coup, dans la guerre civile en cours en Afghanistan, aux forces conservatrices, et, dans ce sens, porte atteinte aux positions impérialistes"* ; dans la motion du CC : *"La LCR condamne l'intervention soviétique comme partie prenante des méthodes bureaucratico-militaires de la politique du Kremlin."* Ceci après avoir *"approuvé l'orientation générale de la note du SU"*. Comprenne qui pourra... Cette prise de position de quatre membres du bureau du SU constitue un glissement inquiétant sur un point important : à savoir la défense objective d'un processus de révolution par étape initié par le PPDA (*"Ils doivent défendre les acquis du processus de changement social engagé en Afghanistan"*), dont chacun s'accorde à dire la limite des mesures prises, telle une mini-réforme agraire et la suppression de l'usure. Il reste à discuter de la "guerre civile" à l'oeuvre en Afghanistan et surtout à démontrer les bases sociales soutenant le régime Karmal qui s'oppose aux diverses rébellions.

Justifier l'absence de condamnation ouverte de la bureaucratie du Kremlin et du retrait des troupes soviétiques en fonction du *"contexte international"* et des manœuvres de l'impérialisme pouvant aboutir à *"une réorganisation et un renforcement de ses bases dans la région"* peut permettre de justifier n'importe quelle intervention armée du Kremlin. Enfin, que veut dire *"La LCR se prononce contre le mot d'ordre de "retrait des troupes soviétiques d'Afghanistan" dont la réalisation ne pourrait que favoriser la contre-offensive de l'impérialisme"* après avoir condamné l'intervention soviétique ? A contrario, soutiendrait-on que leur maintien favoriserait le développement de la lutte des classes ?

Explication de vote (Bourgueil)

Condamner le *"caractère bureaucratico-militaire de l'intervention soviétique"* ou condamner *"l'intervention soviétique comme partie intégrante de la politique bureaucratique"* n'est pas une différence de vocabulaire. C'est une divergence politique et c'est pourquoi je vote contre la seconde formulation. Le fait de condamner l'intervention soviétique connaît certes des arguments variés. Le plus faux et le plus dangereux pour l'organisation est de la condamner par principe "parce que c'est la bureaucratie soviétique", ou au nom du droit des peuples c'est-à-dire indépendamment de la situation concrète, des rapports de classes, etc. Ceci ne peut que conduire finalement à renvoyer dos à dos l'impérialisme et la bureaucratie soviétique alors qu'ils interviennent de façon directe et indirecte en Afghanistan dans une guerre civile. Une telle attitude de neutralité dans une guerre civile ne peut que désarmer l'organisation - et les masses - face à l'ennemi de classe. En Afghanistan et dans la région, ce sont, en dernière instance, deux systèmes sociaux qui s'affrontent. Cela ne veut pas dire que la bureaucratie fait, ni cherche à faire œuvre révolutionnaire ; au contraire, elle s'efforce par ses habituels moyens bureaucratiques et militaires d'empêcher le développement des mouvements révolutionnaires de masse en Afghanistan. Dénoncer ces méthodes contre-révolutionnaires est indispensable au développement de la lutte anti-impérialiste, anticapitaliste et antiféodale. Ceci n'implique pourtant pas de condamner l'intervention soviétique en tant que telle, ce qui ne peut que conduire à exiger le retrait des troupes soviétiques, avec toutes ses conséquences politiques.

Explication de vote (Markos)
Je vote contre la résolution présentée par la majorité du bureau politique. En *"condamnant l'intervention soviétique"*, elle va semer la confusion sur ce que nous devons d'abord défendre publiquement, à contre-courant. Elle peut permettre de couvrir une politique qui, sur le fond, est contradictoire avec la position de fond exprimée dans le reste de résolution, en fonction du passage sur lequel chaque militant mettra l'accent.

Inprecor n° 69
Février 1980

Cette résolution, adoptée fin janvier 1980, est la première émanant du Secrétariat unifié. Elle s'inscrit dans le prolongement de la note reproduite dans le bulletin intérieur n°101 de la LCR. Elle a été publiée dans le numéro 69 d'Inprecor (7 février 1980, pages 27 à 34).

Déclaration du Secrétariat unifié sur l'Afghanistan.
Cette résolution a été adoptée lors du Secrétariat unifié du 26 au 29 janvier 1980. Les autres résolutions présentées, qui ont été minoritaires, seront publiées dans un prochain "INPRECOR".

26 janvier 1980

1. Lorsque le Parti populaire démocratique d'Afghanistan (PPDA) s'empare du pouvoir, le 27 avril 1978, l'Afghanistan est l'un des pays les plus sous-développés de la planète. La société afghane est essentiellement rurale. Sur environ 15 millions d'habitants, seulement 15% sont urbanisés. En dehors de Kaboul, qui compte 700 000 habitants, seules deux villes regroupent plus de 100 000 habitants. Enfin, quelques 14% de la population sont encore nomades.

La survivance des structures socio-économiques précapitalistes, comme le poids qu'elles conservent encore dans la société afghane, est directement liée à l'isolement et à l'inexistence d'une colonisation effective de l'Afghanistan.

Néanmoins, depuis quelques décennies, la lente insertion de l'économie afghane dans le marché capitaliste mondial, le développement du commerce ont stimulé un processus de transition de la propriété semi-féodale à la propriété semi-capitaliste. Ceci a conduit à un accroissement des inégalités sociales dans les campagnes et a accentué le départ vers les villes des paysans appauvris. Parfois, ils s'intègrent à une classe ouvrière en voie de formation (environ 150 000 travailleurs sont employés dans les manufactures et la construction) ou, plus souvent, ils gonflent la couche des semi-prolétaires qui s'agglutinent dans les zones urbaines. Des dizaines de milliers de travailleurs émigrent vers l'Iran, le Pakistan ou les Etats du golfe Persique.

Dans les villes, avant tout Kaboul, outre la bourgeoisie commerçante et la petite-bourgeoisie traditionnelle, s'est développée une couche formée de fonctionnaires, d'officiers de l'armée, de techniciens, d'ingénieurs, de médecins, d'enseignants. Ils se heurtent à la fois au manque de débouchés sur le plan professionnel et à l'immobilisme sur le plan social, économique et politique imposé par les grands propriétaires fonciers et le clan monarchique qui monopolisaient le pouvoir.

Dans les campagnes, les grands propriétaires fonciers disposent d'un pouvoir quasi discrétionnaire. Le propriétaire le plus fortuné accapare les fonctions de chef de la communauté. Par le jeu du métayage, du fermage et de l'endettement, il assure son pouvoir sur la masse des paysans et soudoie les fonctionnaires. La concentration des terres irriguées est fort élevée. Le propriétaire met en métayage ces terres, loue l'eau et fournit la semence ainsi qu'un outillage rudimentaire. Il peut exiger jusqu'aux deux tiers de la récolte annuelle. Un secteur capitaliste lié à l'agro-exportation s'est développé durant la dernière période.

Une grande partie de la production agricole vouée à la subsistance (blé) provient de culture sur terre sèche ("lami"). Un fort pourcentage de la population rurale ne dispose pourtant d'aucune terre. Même en possédant quelques hectares de terres non irriguées, le paysan pauvre doit souvent emprunter pour obtenir la semence et disposer de l'outillage. Pour cela, la redevance au riche propriétaire peut s'élever à 50% de la récolte. Il est aussi conduit à emprunter, à hypothéquer ses maigres terres pour faire face à des dépenses comme celle du mariage : le "prix de la fiancée" dépassant ce que peut lui permettre d'accumuler une économie de subsistance d'un très bas niveau.

Enfin, la culture "lami" est totalement dépendante des précipitations. Le petit paysan, durement exploité, est donc guetté par la famine. Comme ce fut le cas en 1972, elle fournit une occasion supplémentaire aux grands propriétaires de spéculer sur les réserves alimentaires et d'accaparer de nouvelles terres.

Les liens entre le clergé sunnite, les grands propriétaires fonciers et les chefs des communautés rurales sont étroits. Les 250 000 mollahs sont payés par l'Etat - c'est-à-dire par son représentant local lié aux paysans riches - et reçoivent de plus des dons des paysans. Nombreux sont ceux qui disposent de richesses significatives. Dans un pays longtemps isolé du reste du monde, dans lequel les moyens de communication sont précaires, où les rapports de dépendance des paysans envers les "seigneurs" sont très forts, où la communauté rurale représente la seule référence pour une vaste partie de la population, la religion islamique imprègne la vie sociale et culturelle. Les mollahs en retirent une autorité et un prestige considérables.

A cet ensemble de structures sociales se surimpose un réseau hérité du tribalisme. L'organisation tribale proprement dite survit encore parmi les nomades et les tribus montagnardes de la frontière pakistano-afghane. Ainsi, s'entrelacent les rapports entre propriétaires fonciers, chefs de tribus et de clans.

Enfin, les particularismes ethniques sont très vivaces et moulent la société afghane. Les Pachtouns représentent l'ethnie la plus nombreuse, environ 45% de toute la population. Les Pachtouns ont accaparé les terres les plus riches, mis la main sur les bazars, etc. Il existe un réel "pouvoir pachtoun". Les principales minorités, dont le degré d'oppression varie, sont les Tadjiks, les Hazaras (de religion chiite), les Turkhmènes et les Ouzbek. Le maintien de lignes de différenciation tribale représente un facteur de consolidation du pouvoir local des notables. Combinées avec les divisions ethniques, elles s'élèvent comme un obstacle à la centralisation politique du pays et peuvent devenir le vecteur de mouvements d'opposition virulents au "pouvoir de Kaboul", comme le montre toute l'histoire afghane.

Dans une telle société, la question agraire assigne un rôle primordial à la paysannerie dans le processus de la révolution démocratique, même si pour résoudre ces tâches démocratiques jusqu'au bout, il faut que le prolétariat regroupe politiquement autour de lui les masses paysannes et assure ainsi la transcroissance de la révolution démocratique en révolution socialiste, c'est-à-dire le développement de la révolution permanente.

2. En juillet 1973, pour préserver le pouvoir du clan royal, Mahammoud Daoud transforme la monarchie croulante de Zaher Chah en une république.

A la fin des années 1960, des mobilisations étudiantes éclatent. Le monarque ferme l'université. La classe ouvrière s'engage dans une première vague de luttes, certes très limitée (1968). Consécutive à deux années de sécheresse, la famine provoque des "jacqueries" dans le pays. L'armée réprime durement les paysans. En son sein grossit une opposition au régime de la part d'officiers "nationalistes", souvent formés dans les académies de l'URSS. Daoud trouve parmi eux, dans des secteurs de l'intelligentsia, comme de la bourgeoisie de Kaboul, un soutien pour organiser le coup d'Etat du 17 juillet. Une fraction du PPDA - créé en 1965 -, le Parcham (le Drapeau, dirigé par Babrak Karmal), collabore dans un premier temps avec le nouveau régime.

Le programme de modernisation de Daoud - réforme agraire, lutte contre la corruption dans l'administration, développement de l'éducation, rétablissement des libertés démocratiques, - reste lettre morte. Les notables refusent de céder la moindre parcelle de leurs privilèges, dans ce pays où 90% de la population est analphabète, où sur huit enfants scolarisés un seul est du sexe féminin, où pour 2 500 écoles de garçons, il y a 350 écoles de filles, où les rares écoles sont sont trop distantes des villages, où la mortalité infantile est une des plus élevées du monde.

Daoud perd donc le soutien des couches qui espéraient améliorer leur position, grâce à l'application d'un programme bourgeois réformiste. De plus, il doit faire face à l'opposition d'une partie des mollahs qui craignent qu'une centralisation accrue des institutions ne réduise leurs prérogatives.

Dès 1975, Daoud instaure une véritable dictature. Parallèlement, il opère un tournant en direction de l'Iran. En avril 1975, il signe un accord avec le chah d'Iran qui offre une aide de deux milliards de dollars. Elle doit servir avant tout à la construction d'un réseau de chemin de fer qui permettrait la connection entre Herat et Bandar Abbas et réduirait la dépendance envers l'URSS pour les échanges commerciaux. La Savak offre sa collaboration pour réprimer les opposants. Un rapprochement s'effectue avec l'Arabie Saoudite, le Koweit, l'Egypte et même le Pakistan. Un compromis s'élabore avec ce dernier sur la question du Pachtounistan. Le pouvoir prépare la formation d'officiers en Egypte et au Pakistan. En 1977, Daoud passe un accord avec l'Iran sur le partage des eaux de la rivière Helmand, initiative qui pourtant avait déjà valu à Zaher Chah la ferme opposition d'un secteur significatif des officiers "nationalistes". Il planifie un voyage aux Etats-Unis pour septembre 1978.

L'impérialisme américain et ses alliés dans la région cherchent donc à accroître leur influence dans ce pays qui, depuis la fin de la Deuxième Guerre mondiale, est considéré par la bureaucratie soviétique comme devant avoir un statut analogue à celui de la Finlande.

Néanmoins, le régime Daoud maintient des relations encore étroites avec l'URSS. Un traité de coopération de 12 ans est signé en avril 1977. L'URSS accorde un moratoire de 10 ans sur la dette de 100 millions de dollars et des promesses d'aide de 500 à 600 millions de dollars. Elle se porte en même temps acquéreur de la quasi-totalité de la production de gaz naturel de l'Afghanistan. Elle forme toujours une grande partie des officiers de l'armée.

La répression contre les militants du PPDA et les officiers "nationalistes" s'accentue au fur et à mesure que la crise du régime de Daoud mûrit. Le 17 avril 1978 est assassiné Mir Akbar Kyber, intellectuel, dirigeant syndical et membre du PPDA. Deux jours plus tard, lors de ses funérailles, une manifestation de 15 000 personnes se dirige vers l'ambassade américaine. Pour contrer ces mobilisations, le régime ordonne l'arrestation des dirigeants du PPDA.

Pour prévenir de nouveaux coups, la direction du PPDA, en étroite collaboration avec des officiers membres du Parti et des officiers "nationalistes", organise un coup d'Etat contre un régime vermoulu. Le 27 avril 1978 se produit la "révolution des 10 heures". Le renversement de Daoud tient plus d'un coup de force impulsé par une fraction des officiers liés au PPDA que d'une révolution. La bureaucratie soviétique n'avait certainement pas planifié ce brusque changement de situation. Le coup d'Etat du 27 avril met fin au cours pro-impérialiste engagé par Daoud et garantit au Kremlin des rapports plus serrés avec l'Afghanistan, comme le reflète l'accord de décembre 1978, par rapport à celui d'avril 1977.

3. Le mouvement de masse s'est manifesté durant les jours qui précédèrent le coup d'État, mais les travailleurs et paysans ne sont pas mobilisés et organisés dans la perspective d'une lutte pour renverser le régime du clan royal des Mousahiban. Ceci s'explique aussi bien par la nature de la base sociale du PPDA que par son orientation politique.

Dès 1965, et spécialement au début des années 1970, le PPDA se développe avant tout dans le milieu urbain, c'est-à-dire à Kaboul. Il dispose d'une influence parmi les étudiants, les nouvelles "classes moyennes", les enseignants (plus spécialement les instituteurs), les 8 000 officiers pachtouns de l'armée. Son implantation dans la classe ouvrière urbaine est encore relativement restreinte. Elle est très fragile au sein des masses paysannes.

Depuis sa création, il développe une orientation axée sur la perspective de création d'un *"gouvernement national démocratique"* et d'un front unissant paysans, ouvriers, intellectuels progressistes, bourgeoisie nationale et petits propriétaires des villes et des campagnes. Il est donc partisan d'une *"révolution démocratique et nationale"*, comme étape vers le socialisme.

La scission de 1967 entre la fraction Khalq (peuple), dirigée par Nur Taraki et Hafizullah Amin et la fraction Parcham (drapeau) est certes le produit de différences politiques sur la nature de la politique frontiste et la place que doivent occuper les travailleurs dans un tel front. La participation du Parcham au gouvernement de Daoud et le refus de cette ligne par le Khalq traduit ce type de divergences. Mais à cela s'ajoutent des facteurs ethniques et personnels qui vont d'ailleurs envenimer au plus haut point les luttes fractionnelles. Réunifié en 1977, le PPDA ne compte que quelques milliers de membres.

4. Le premier décret du nouveau régime de la République démocratique d'Afghanistan assure la constitution d'un Conseil révolutionnaire de 35 membres qui détiennent les pleins pouvoirs. Le second décret instaure un cabinet ministériel de 21 membres, formé pour l'essentiel par des membres de la direction du PPDA. Les militaires ont droit à la portion congrue. Les membres d'origine pachtoun occupent la majorité des postes.

Durant les premiers mois de son

exercice, le Conseil révolutionnaire décrète une série de réformes, outre le remplacement du drapeau traditionnel par le drapeau rouge. A la mi-juillet 1978, le décret numéro 6 vise à mettre fin à l'usure, à la suppression partielle des dettes hypothécaires et au "servage" qui en découlait. Les paysans sans terres sont totalement libérés de leurs dettes. Les petits propriétaires peuvent récupérer les terres qui leur ont été sous-traitées pour dettes et ne doivent rembourser qu'un certain pourcentage des prêts contractés après 1974. En octobre, le décret numéro 7 a pour but de donner des droits égaux aux femmes (scolarisation non-discriminatoire, suppression du mariage forcé, réduction drastique du "prix de la fiancée" comme de la dot).

Le 28 novembre est promulgué le décret numéro 8 sur la réforme agraire. Ce décret fixe un plafond de la propriété de la terre pour chaque famille. Il est plus bas pour les terres irriguées (6 hectares) que pour les terres non-irriguées. Ce décret frappe de plein fouet les grands propriétaires fonciers. Les excédents de terres devaient être distribués aux métayers, paysans sans terre et aux semi-nomades.

Cette redistribution des terres concerne plusieurs centaines de milliers de familles (environ 500 000 familles ne disposaient d'aucune terre). La location ou la vente des terres distribuées est interdite (en 1976, sous Daoud, les riches propriétaires avaient profité d'une mesure tout à fait limitée de réforme pour acheter des terres et accroître ainsi leurs domaines). La réforme se fait dans le sens d'une répartition de la propriété, mais le décret tend à encourager la création de coopératives.

Le secteur industriel et minier - qui au moyen d'une participation majoritaire - était déjà contrôlé par l'État sous le régime précédent, fait l'objet d'un plan de développement. Le commerce extérieur passe sous contrôle étatique.

Une campagne d'alphabétisation est prévue pour le printemps 1979. Sur un laps de cinq ans, les dirigeants du nouveau régime envisagent d'alphabétiser plus de 2,5 millions d'enfants et 5,5 millions d'adultes, ce qui n'est pas sans signification pour battre en brèche l'autorité des mollahs. Des réformes restreintes sont introduites en faveur des minorités ethnico-culturelles. Le Conseil révolutionnaire tend à limiter le pouvoir temporel exercé par les mollahs.

Des organisations syndicales sont mises sur pied. Elles regroupent en 1979 quelque 100 000 ouvriers et 60 000 employés des services. Mais ces syndiqués ne disposent pas du droit de grève, sous prétexte que la *"révolution politique est terminée"* et que *"les travailleurs contrôlent l'essentiel de l'appareil de production, il n'est pas nécessaire pour eux de faire grève"*. Ce mouvement syndical est donc davantage le produit d'une organisation "par en haut" que celui d'une réelle montée du mouvement des masses.

Dans les conditions d'arriération de l'Afghanistan, de telles réformes - indépendamment de leurs limites intrinsèques - ne peuvent être développées et consolidées que par une mobilisation et une organisation des masses.

Cette direction n'est pas portée à stimuler et à organiser des mobilisations, à donner la priorité à la création d'organisations de paysans qui seraient, seules, capables de faire avancer la réforme agraire et de briser les rapports sociaux établis depuis des siècles dans les campagnes. Ces tâches capitales ne peuvent être résolues par des décrets gouvernementaux.

L'équipe dirigeante du PPDA craint qu'une fois brisées les structures sociales traditionnelles, le processus ne lui échappe. Sa stratégie de *"révolution démocratique et nationale"*, comme son orientation puisée à l'école stalinienne, lui dictent une politique de réformes introduites sous le contrôle de l'appareil d'Etat, de l'armée et, aussi, à l'aide de la répression.

Or, pour contrecarrer l'inertie des structures sociales et réduire l'emprise des notables, il est décisif de donner une priorité à la préparation de l'organisation des masses paysannes afin de leur permettre de participer directement à la réforme agraire et de résister ainsi à tous les moyens de pression et de chantage dont disposent les grands propriétaires et leurs alliés. Ensuite, les mesures de répartition des terres et de suppression de l'usure ne pouvaient avoir toute leur efficacité sans que soit mis à la disposition des masses rurales un système de crédit (banque unique d'État) et un réseau de distribution de semences, d'engrais, d'outils et des moyens d'irrigation. Une réforme agraire qui s'arrête à mi-chemin n'évite pas la réaction brutale des privilégiés, mais ne convainc pas les masses qui peuvent être contraintes d'avoir encore recours (semences, crédit) aux anciens exploiteurs.

L'orientation et les méthodes du PPDA ne font donc qu'ajouter aux difficultés objectives qui s'élèvent devant l'application des réformes décidées par le Conseil révolutionnaire : le nombre réduit de cadres disposant d'une expérience et d'une implantation dans les zones rurales ; le manque de terres, comme c'est le cas dans les provinces de l'est, les multiples sabotages effectués par les propriétaires fonciers ; la crainte maintenue chez les paysans qu'un changement de régime à Kaboul ne conduise à une vague de répression de la part des seigneurs, etc. L'absence d'une classe ouvrière suffisamment forte et organisée, qui dispose d'une tradition de luttes et puisse attirer à ses côtés les masses paysannes, ne facilite pas le développement d'une dynamique de révolution permanente. Ceci ne fait que mettre plus en relief les effets négatifs de la politique du PPDA.

Enfin, quelques mois après son installation au pouvoir, se déclenchent dans la couche dirigeante des conflits fractionnels d'une grande brutalité. Ils s'aiguisent sous les effets de la guerre civile et des difficultés rencontrées dans la mise en oeuvre du programme de réformes. Ces heurts recoupent des divisions entre les deux fractions Khalq et Parcham, mais ils se développent de même au sein du Khalq. Ils marient les méthodes propres aux règlements de comptes au sein de la bureaucratie et aux luttes traditionnelles entre divers clans.

En juillet 1978, les principaux dirigeants du Parcham sont écartés et relégués à des postes d'ambassadeurs. Babrak Karmal se retrouve à Prague. Les principaux représentants du Parcham sont arrêtés. Les "parchamis" sont expulsés du PPDA en novembre 1978, non sans avoir fait, au préalable, des confessions publiques. En août 1978, des officiers "nationalistes" sont limogés, tel Abdul Qader qui joua un rôle important dans la préparation du coup d'État et qui détenait le ministère de la Défense. Plus d'un a des liens avec le Parcham. Hafizullah Amin, ancien responsable dans le Khalq du travail en direction des officiers, renforce sa position. Dès mars 1979, il occupe plusieurs postes importants.

Ces conflits aboutissent au renversement de Nur Taraki, en septembre 1979, et à son remplacement par Amin qui cumule la présidence du Conseil révolutionnaire, les principales fonctions gouvernementales et le secrétariat général du PPDA. Ce changement s'oppose aux calculs du Kremlin, qui néanmoins fit parvenir à Amin son télégramme traditionnel de félicitations.

Ces rivalités, les purges successives qui en découlent portent atteinte à un des piliers du nouveau régime. Elles multiplient les crises dans les rangs des cadres de l'armée qui était un des piliers du pouvoir. Elles affaiblissent l'appareil administratif ébranlé par les brusques changements de cours. Elles facilitent l'attaque des forces réactionnaires - dans la mesure où, à chaque étape de la crise, l'équipe dirigeante tend à renforcer les mesures bureaucratiques et autoritaires - et l'exploitation de la question ethnique et religieuse par la contre-révolution, y compris parmi la troupe dont une proportion assez forte est d'origine hazara.

5. Dans une société telle que la société afghane, les réformes progressistes mises en œuvre par le PPDA ne peuvent que susciter une levée de boucliers des forces conservatrices qui vivaient de l'exploitation et de l'oppression des masses laborieuses et présidaient sans partage aux destinées d'un des peuples les plus déshérités de la terre.

Par-delà la nature petite-bourgeoise de la direction du PPDA, sa volonté d'accomplir *"une révolution nationale et démocratique"* et ses méthodes d'application de son programme de réformes, l'existence des deux camps qui s'affrontent dans une guerre civile qui s'étend depuis le printemps 1979 traduit l'opposition radicale entre les classes exploitées et opprimées et les classes dominantes.

Contre le nouveau régime se dresse une coalition de forces réactionnaires dont la véritable base sociale est constituée par les propriétaires fonciers, les chefs des tribus, les magnats de la contrebande, la hiérarchie religieuse et les capitalistes engagés dans le commerce et l'industrie. Les liens de dépendance traditionnels - tribaux, claniques, semi-féodaux - des paysans envers les notables rendent plus aisée, pour ces privilégiés, la constitution d'une base sociale. L'Islam est mis à profit pour cimenter idéologiquement ces regroupements. La fragmentation des organisations conservatrices engagées dans la lutte contre le nouveau régime reflète, en réalité, leur structuration autour de chefferies et de notables des diverses régions.

Dans l'opposition réactionnaire ayant une base dans l'ethnie pachtoune se retrouvent aussi bien les chefs de tribus qui dirigent une contrebande lucrative (entre autres de l'opium) à la frontière afghano-pakistanaise - et qui voient d'un mauvais oeil les mesures de contrôle du commerce extérieur -, que les propriétaires fonciers disposant des terres les plus fertiles et des pâturages les plus riches, que le clan monarchique et un secteur des anciennes administration et armée.

D'autres mouvements, comme dans le Nouristan ou l'Hazarat, combinent une opposition ethnico-culturelle à un régime qui apparaît essentiellement pachtoun, avec une résistance à la politique de réformes.

Contre l'application d'une série de mesures qui attentent aux intérêts des classes possédantes, ces dernières organisent la contre-révolution. Elles recevront bientôt l'appui du Pakistan, de l'Arabie Saoudite et de l'Egypte, dont les gouvernements servent de relais à l'impérialisme. En Iran, des fractions de la hiérarchie chiite apportent leur soutien à la *"résistance islamique"*.

Dès avril 1978, l'Afghanistan fut en butte aux menées de l'impérialisme américain. Ce dernier n'appréciait certes pas la consolidation de la présence de l'URSS en Afghanistan, mais il craignait surtout les effets socio-politiques sur la région dans son ensemble d'une avance possible de la révolution en Afghanistan - y compris d'une relance du mouvement balouche susceptible de secouer le cadre de l'Etat pakistanais et d'avoir des répercussions en Iran. Ses appréhensions s'aiguisent après le renversement du chah d'Iran, en janvier 1979, par une insurrection populaire. En février 1979, Washington coupe toute son aide à l'Afghanistan.

Dès lors, l'impérialisme américain - avec l'aide des impérialismes européens - organise son redéploiement dans la région, au Pakistan, entre autre. Son soutien direct et indirect aux forces réactionnaires en Afghanistan participe de cette opération d'ensemble et éclaire à son tour la nature de classe de la guerre civile qui se déroule dans ce pays.

6. La bureaucratie soviétique est avant tout intéressée à défendre son pouvoir et ses intérêts propres. Dans ce sens, elle attache une grande importance non seulement à la défense de la sécurité militaire des frontières de l'URSS,

mais aussi dans le cadre de sa politique de coexistence pacifique, à la stabilité de la région.

Pour elle, le maintien du contrôle sur les développements politiques et stratégiques dans la région et, à cette fin, des liens privilégiés avec les régimes en place à Kaboul passe avant toute considération pour le sort des masses afghanes. Sa collaboration avec les gouvernements réactionnaires qui précédèrent celui de Daoud et avec Daoud lui-même en est l'illustration. Le Kremlin ne favorisa sous aucune forme des mobilisations pour renverser celui qui frappait le PPDA et les travailleurs.

Les développements de mobilisations anti-impérialistes et les manœuvres de Washington dans la région vont rompre les équilibres d'ensemble et contraindre la bureaucratie à agir pour restaurer une situation à son avantage dans cette zone d'influence privilégiée.

La bureaucratie soviétique n'engage pas ses forces en Afghanistan pour soutenir la mobilisation des masses, leurs organisations indépendantes et l'approfondissement d'un processus révolutionnaire. Depuis avril 1978, elle cherche sans cesse des solutions *"modérées"*, prônant des ouvertures vers les *"secteurs nationaux"* en juin 1979, elle propose un ralentissement de l'application de la réforme agraire. Cependant, toute la politique du PPDA conduisit inexorablement le Kremlin à accroître l'engagement de ses forces pour appuyer un pouvoir affaibli par ses propres dissensions, alors qu'il doit faire face à une coalition de forces conservatrices aidées par l'impérialisme et lui permettre d'imposer des réformes par le haut. Pour répondre aux difficultés d'ordre social et politique, la direction soviétique ne connaît que le recours à des moyens d'ordre militaire, à des contrôles étatiques et policiers accrus et à des liquidations de fractions peu maniables. Cette orientation ne fournit aucune issue à la crise du régime ; elle ne favorise pas une action organisée des masses. Paradoxalement, elle fait le lit de la politique d'Amin, à laquelle elle ne peut avancer que des critiques tactiques.

Face aux dangers d'écroulement de la République démocratique afghane et face à la victoire possible des forces réactionnaires liées à l'impérialisme, Moscou décide de s'engager plus à fond. Il n'est pas prêt à ce que, sur ses frontières et dans une zone d'influence traditionnelle, s'installe un gouvernement inféodé à l'impérialisme avec toutes les conséquences qui pourraient en découler, surtout en tenant compte des tensions qui traversent la région. Il n'est pas disposé à ce qu'une situation chaotique de guerre civile se prolonge et s'étend Il craint l'établissement d'une autre *"République islamique"* et les répercussions que cela pourrait avoir parmi les populations de l'URSS dont l'identité ethnique et culturelle renvoie à celle de peuples de l'Afghanistan et de l'Iran.

Dès le 24 décembre 1979, l'URSS accroît qualitativement sa présence militaire en Afghanistan, après avoir préparé la liquidation d'Amin et son remplacement par Babrak Karmal.

7. La bureaucratie a résolu la question de l'intervention, qui ne représente qu'un anneau dans la chaîne de sa politique, comme toutes les autres questions : sans considération aucune des sentiments démocratiques et nationaux des classes et des peuples opprimés, ni de la compréhension du prolétariat à l'échelle internationale.

Cette caste conservatrice fut amenée, dans ce cas, à affronter un bloc social réactionnaire soutenu par l'impérialisme. Mais elle ne peut le faire en expliquant aux masses laborieuses, sur le plan mondial, qu'elles doivent se doter d'organisations indépendantes pour mener un tel combat contre des propriétaires fonciers, des capitalistes et l'impérialisme.

En outre, sa négation en URSS des droits des minorités nationales et plus généralement des droits démocratiques, fait qu'elle ne peut fournir un exemple susceptible de rallier les masses opprimées et faciliter ainsi la rupture de l'emprise des "seigneurs" et des mollahs sur les paysans pauvres.

Elle doit recourir aux mensonges cyniques pour présenter ses actions. Elle doit déclarer aujourd'hui que le régime d'Amin qui reçut de fait son soutien alors qu'il jouait un rôle déterminant sous Taraki et lorsqu'il régnait seul - était manipulé par la CIA Elle doit prétendre qu'elle fut appelée par un gouvernement dont elle liquide aussitôt les principaux éléments en les remplaçant par ceux que des gouvernants, naguère amis, avaient exilés !

Par toutes ces méthodes, elle introduit une confusion extrême dans le prolétariat mondial. Elle est donc loin de favoriser un progrès dans la conscience et l'orga-

nisation du prolétariat à l'échelle internationale. De ce point de vue, toute son orientation est un obstacle à l'avance de la révolution, ce qui se traduit concrètement par l'aide objective qu'elle apporte, par sa politique envers les masses afghanes, à ceux qui tentent d'utiliser l'islam comme arme idéologique pour affaiblir la dynamique anti-impérialiste déclenchée dans la région par la révolution iranienne.

Mais indépendamment des buts spécifiques qu'elle poursuit, son intervention place la bureaucratie soviétique dans la situation d'avoir à combattre les forces d'un bloc social réactionnaire, qui n'ont rien à voir avec un "mouvement de libération nationale", mais qui luttent pour maintenir leurs privilèges et supprimer toutes les conquêtes des masses.

Quelle que soit notre opposition politique à l'orientation d'ensemble de la bureaucratie, cela ne supprime pas le fait particulier et important qu'elle se heurte aujourd'hui à la contre-révolution, avec ses méthodes propres, et qu'elle inflige un recul militaire à la réaction et à l'impérialisme dans le pays.

Vu la position de l'Afghanistan sur les frontières de l'URSS et vu l'intervention de l'URSS dans la guerre civile, le conflit de classes que traverse le pays prend immédiatement une dimension internationale et se réfracte dans l'affrontement présent entre l'URSS et l'impérialisme.

Ce dernier, sous couvert de préserver la *"souveraineté nationale"*, ne vise en fait qu'à défendre la propriété foncière et les classes privilégiées, à briser l'essor d'un mouvement d'émancipation des masses ouvrières et paysannes et à modifier la situation stratégique aux dépens de l'URSS.

Le nouveau groupe dirigeant mis en place par les soviétiques tend à être un regroupement entre les éléments du Khalq et du Parcham qui disposaient d'une certaine crédibilité dans les masses. Ainsi retrouve-t-on côte à côte Babrak Karmal et Aslam Watanyar, militaire qui a détenu les ministères de la Défense et de l'Intérieur sous Taraki.

Ce remodelage hâtif pourra-t-il permettre à cette direction de reconquérir une base d'appui populaire suffisante pour mener à bien à la fois la réorganisation de son armée pour la lutte contre la réaction et l'application de réformes progressives ? Elle se trouve devant une contradiction fondamentale : d'un côté, elle veut apparaître ouverte au dialogue avec des secteurs de l'opposition, prête à lâcher du lest sur le plan social et à réduire les mesures de répression ; de l'autre côté, elle trouve son assise dans le soutien massif de l'armée soviétique. Cet appui peut certes faciliter la reprise du contrôle gouvernemental sur des régions entières, mais il peut aussi être utilisé pour susciter une cohésion des forces réactionnaires qui jouent la carte de la longue tradition de luttes pour l'indépendance.

8. Depuis son accession à la Maison-Blanche, Carter ne cesse de concentrer ses efforts pour sortir l'impérialisme de la crise que lui infligea le succès de la Révolution vietnamienne en 1975 et qu'accentue encore la victoire des masses iraniennes comme l'éclatement de la révolution nicaraguayenne.

Dans la dernière période, la contre-offensive impérialiste se cristallisa sur deux points : tout d'abord, par la campagne contre la présence d'une "brigade soviétique à Cuba". Washington l'accompagne par le déploiement de troupes dans les Caraïbes. C'est un clair avertissement adressé à la révolution nicaraguayenne. Le deuxième point fort de cette offensive, c'est le redoublement de l'intoxication contre la montée révolutionnaire en Iran à l'occasion de la "prise d'otages" à l'ambassade américaine, suivi de mesures de rétorsions économiques et de menaces militaires.

Washington - qui reste à la tête de la plus grande puissance militaire de la planète - met à profit la forme de l'intervention soviétique en Afghanistan pour pousser à un stade supérieur sa contre-attaque.

- Le premier but que s'assigne l'impérialisme n'est autre que de retourner l'opinion publique aux États-Unis, de créer un climat propice au lancement d'une riposte militaire pour préserver des positions acquises, pour empêcher l'essor de nouvelles poussées révolutionnaires ou même marquer des points contre certains gains obtenus par la bureaucratie soviétique.

- Deuxièmement, au travers d'une formidable entreprise de mystification sur le *"danger militaire"* représenté par l'URSS, sur la volonté du Kremlin *"d'atteindre les mers chaudes"*, les gouvernements impérialistes cherchent à justifier auprès des travailleurs la nouvelle étape de relance de l'armement dans laquelle ils se sont engagés depuis quelque temps. Au moment même où ils appliquent des mesures drastiques d'austérité à l'encontre des salariés, une telle opération doit faciliter l'accroissement fantastique des budgets militaires qui fonctionnent comme subsides aux trusts impérialistes.

L'administration Carter s'emploie fébrilement à réorganiser son dispositif militaire à l'échelle internationale (de l'Europe à l'Extrême-Orient).

Face à la situation en Iran et aujourd'hui en Afghanistan, elle met avant tout l'accent sur un renforcement de sa présence navale dans l'océan Indien, sur la multiplication de bases aéronavales, dans toutes la région, sur la consolidation d'une série de relais régionaux, dont Israël, l'Égypte, le Maroc, l'Arabie Saoudite, le Sultanat d'Oman, le Pakistan et la Turquie constituent, dans ses plans, les éléments principaux. Elle vise à tirer le maximum d'avantages de la réorganisation - précipitée par l'action des troupes soviétiques - d'une alliance des gouvernements conservateurs se regroupant au sein de la "Conférence islamique". A cette occasion, Carter tente même de reprendre pied en Iran. Cette contre-attaque en est à son stade initial et il n'est pas certain qu'elle soit couronnée de succès : les développements de la lutte des classes pourraient mettre en péril les Sadate, Zia et compagnie.

- Troisièmement, Washington multiplie les initiatives afin de donner une nouvelle cohésion à la direction politique de l'impérialisme et d'affirmer à nouveau son rôle dirigeant, battu en brèche par ses défaites en Indochine, en Iran, comme par les effets du déclin relatif de l'économie impérialiste américaine.

- Quatrièmement, les gouvernements impérialistes lancent des représailles contre l'URSS, allant de la suppression de livraisons de blé et de vente de technologies avancées, à des mesures de boycottage des prochains Jeux olympiques. Ces initiatives, quels que soient les obstacles que suscitent les contradictions d'intérêts entre les puissances impérialistes, visent essentiellement à contraindre la bureaucratie soviétique à modifier le cours de sa politique en Afghanistan et à passer un nouvel accord sur le maintien de l'ordre dans cette zone.

- Cinquièmement, l'impérialisme américain, exploitant la dénonciation de "l'expansionnisme soviétique", a obtenu de nouvelles compromissions de la bureaucratie chinoise qui apporte son soutien à la dictature pakistanaise.

9. a) Les marxistes révolutionnaires soutiennent les revendications anti-impérialistes des travailleurs et des paysans afghans et les mesures progressistes, répondant à leurs besoins, prises par le PPDA. Dans la guerre civile qui avait éclaté en Afghanistan, indépendamment de leur critique à la politique de la direction du PPDA et du Kremlin, ils se placent dans le camp des masses laborieuses et militent pour la victoire sur les forces conservatrices et leurs alliés impérialistes.

b) Ils se placent sur le terrain de la lutte des classes internationale, de l'organisation propre des ouvriers et des paysans, ce qui rompt radicalement avec toute la politique de la bureaucratie du Kremlin.

Ils ne prennent aucune responsabilité pour l'intervention militaire du Kremlin. Ils refusent le moindre soutien politique à cette intervention, prolongement de toute la politique de la caste bureaucratique, qui frappe les forces conservatrices mais ne vise pas le moins du monde à favoriser l'action indépendante des masses.

Ils rejettent dans cette guerre toute attitude de neutralité dans la mesure où l'armée soviétique se trouve, de fait, opposée aux ennemis des intérêts des masses paysannes et ouvrières, ils sont favorables à ce qu'elle leur inflige une défaite. Pour y parvenir, il faut que soient consolidées les conquêtes des travailleurs, que soient prises des mesures sociales et démocratiques radicales et que les masses afghanes soient organisées et armées pour les défendre.

c) Un processus de révolution permanente ne pourra aboutir en Afghanistan que par la mobilisation, l'action et l'organisation autonomes des masses, auxquelles ne peuvent se substituer les blindés de la bureaucratie. C'est la condition indispensable pour remporter une victoire durable contre la réaction et créer les conditions du retrait des troupes soviétiques. Pour l'instant, rien ne prouve que l'intervention de "l'Armée rouge" encourage une telle mobilisation des travailleurs contre les propriétaires fonciers et les capitalistes. Les soviétiques et la direction du PPDA pourraient passer des compromis à partir de considérations se rapportant soit à la situation interne en Afghanistan, soit à la situation internationale. Seules l'action et l'organisation indépendantes des masses laborieuses mettraient en échec de telles manoeuvres. En effet, ces compromis impliqueraient une renonciation à l'application des réformes progressistes, à leur consolidation et à leur accentuation dans la perspective de la lutte pour un gouvernement ouvrier et paysan.

Dans ce cadre, si des heurts se produisent entre "l'Armée rouge" et les ouvriers et paysans mobilisés en défense de leurs intérêts de classe, nous serons aux côtés de ces derniers et nous expliquerons aux soldats soviétiques qu'ils doivent soutenir ce combat.

Une variante ne peut être exclue a priori sur le moyen et le long termes: dans un contexte où les forces semi-féodales et bourgeoises se trouveraient extrêmement affaiblies et où se prolongerait la présence des troupes de l'URSS, l'enracinement de la bureaucratie soviétique dans l'Etat ouvrier issu de la révolution d'Octobre pourrait la conduire à transformer structurellement les rapports de propriété. Même dans une telle hypothèse, notre orientation anti-impérialiste, qui serait centrée sur la défense des nouveaux rapports de propriété, n'impliquerait aucun appui à la politique du Kremlin en Afghanistan. Nous resterions opposés à l'annexion de nouveaux territoires par le Kremlin, auquel nous ne confions aucune mission historique. Nous lutterions pour le droit de l'Etat ouvrier afghan de choisir dans l'indépendance les formes de ses rapports avec les Etats ouvriers de la région.

d) Dans le cours du conflit entre la coalition réactionnaire et l'impérialisme d'un côté, les troupes de l'URSS et le gouvernement du PPDA de l'autre, la revendication de la souveraineté nationale afghane, au nom du droit des peuples à disposer d'eux-mêmes, ne serait qu'une couverture démocratique aux projets de la réaction et de l'impérialisme. Le retrait des troupes soviétiques n'assurerait en rien la liberté pour les nationalités afghanes de choisir leur destin. Il laisserait seulement le champ libre à l'instauration d'un régime réactionnaire opprimant paysans et travailleurs, inféodé à Washington qui consoliderait son dispositif dans la région. La voie d'une réelle autodétermination pour les nationalités concernées passe conjointement par la défaite de l'impérialisme et le renversement des exploiteurs féodaux et capitalistes. C'est pourquoi nous considérons que les partis communistes européens comme le PCI et le PCE, qui ont fait chorus avec les gouvernements bourgeois et les partis sociaux-démocrates pour exiger le retrait des troupes, ont seulement apporté leur contribution à la campagne internationale de la bourgeoisie. Par là, ils manifestent que les bons rapports avec leur propre bourgeoisie passent avant toute préoccupation réelle du sort des masses afghanes et de celui de tous les exploités et opprimés dans cette région du monde.

e) Choisir son camp contre l'impérialisme et les forces conservatrices n'implique aucune trêve ni union sacrée avec la bureaucratie soviétique dont la politique contre-révolutionnaire discrédite le socialisme, constitue un obstacle majeur pour le développement de la révolution mondiale et, dans ce sens, affaiblit la défense des bases matérielles de l'Etat ouvrier de l'URSS. En même temps que nous combattons les initiatives et les menaces de l'impérialisme, nous continuons à appeler le mouvement ouvrier à se mobiliser contre la répression en URSS et dans les "pays de l'Est", en défense des libertés démocratiques et des droits des nationalités, pour le droit des travailleurs à s'organiser au plan politique et syndical, indépendamment de l'appareil d'Etat. Nous menons notre combat pour la révolution politique et le renversement de la bureaucratie. Nous dénonçons les partis communistes, comme le PCF et le PCP qui soutiennent les méthodes politiques de la bureaucratie soviétique et du PPDA, avant les intérêts des travailleurs et paysans afghans ainsi que du prolétariat mondial, ce qui est dans la logique de leur politique bureaucratique de division des rangs ouvriers et de collaboration avec leur propre bourgeoisie dans leur pays.

f) La tâche prioritaire des marxistes-révolutionnaires est :
- de combattre les mesures de rétorsion prises par l'impérialisme, telles que la suspension des livraisons de céréales à l'URSS ou la suppression par la CEE de l'aide alimentaire à l'Afghanistan, action qui indique bien le mépris du sort des populations afghanes par les dirigeants bourgeois ;
- dénoncer multiples chantages sur le plan des liens diplomatiques ;
- appeler à la mobilisation contre la politique d'armement de Washington et des gouvernements européens, australiens et japonais ;
- réclamer le retrait de la région de toutes les forces impérialistes et le démantèlement de toutes leurs bases ;
- dénoncer l'hypocrite campagne d'opinion qui couvre les projets politico-militaires de Washington et de ses alliés au Proche-Orient, en Asie centrale, en Asie du Sud-Est, en Afrique australe et en Amérique centrale, qui sont les véritables, qui sont les véritables porteurs de la menace de guerre ;
- dévoiler l'aide des puissances impérialistes aux forces contre-révolutionnaires en Afghanistan et à la dictature militaire pakistanaise
- s'opposer au boycottage des Jeux olympiques prôné par Carter, Thatcher, etc.

Inprecor n° 70
Février 1980

Résolutions minoritaires sur l'Afghanistan présentées au Secrétariat unifié du 26 au 29 janvier 1980.

Première résolution sur l'intervention soviétique

1. Le renversement du régime Daoud, en avril 1978, a marqué le début de la révolution sociale en Afghanistan. La guerre civile a éclaté quand les capitalistes réactionnaires, les propriétaires fonciers et des secteurs du clergé ont organisé la résistance contre la révolution, en particulier contre les premières mesures de la réforme agraire. Ces forces s'opposèrent aux ouvriers et aux paysans dont les intérêts étaient de développer et d'approfondir le processus révolutionnaire. Dès le départ, la contre-révolution fut soutenue par la dictature militaire capitaliste du Pakistan et par l'impérialisme, en particulier l'impérialisme américain. Le soutien impérialiste fut accru après le renversement du chah par les masses iraniennes.

La possible victoire de la contre-révolution pro-impérialiste en Afghanistan constitue une menace pour l'Etat ouvrier d'URSS. Dès le début, Moscou a fourni une aide militaire au nouveau régime afghan et, en décembre 1979, a envoyé des troupes soviétiques, en nombre important, pour soutenir l'armée afghane contre les classes exploiteuses et leurs appuis impérialistes.

Dans cette guerre civile, la victoire du gouvernement du PDPA (Parti démocratique populaire d'Afghanistan), soutenu par les troupes soviétiques, sur les forces contre-révolutionnaires représenterait un coup pour l'impérialisme et la réaction afghane et correspondrait aux intérêts des masses laborieuses en Afghanistan et partout dans le monde.

2. En toile de fond aux combats actuels en Afghanistan, il y a des dizaines d'années d'oppression et d'exploitation impérialiste, d'abord par la Grande-Bretagne, puis après la Deuxième guerre mondiale principalement par les Etats-Unis. Réduit à une situation semi-coloniale, l'Afghanistan a souffert, sous une forme particulièrement aiguë, des terribles conditions imposées à toutes les nations opprimées.

La révolution d'avril 1978 fut confrontée à la situation suivante : seulement 15 % des terres agricoles potentielles étaient irriguées ; 90 % des hommes et 95 % des femmes étaient analphabètes ; plus de 40 % de la population des campagnes qui représentent 70 % de la population totale du pays, ne possédaient pas de terre et 40 % de petits propriétaires arrivaient à peine à survivre. Le pays a peu de fonds de réserve contre les catastrophes naturelles - un demi-million de personnes périrent lors de la sécheresse de 1969/1972. Dans un pays de 18 millions d'habitants, il n'y a que quatre villes de plus de 100 000 habitants, y compris Kaboul avec ses 750 000 habitants. L'industrie est peu développée ; le taux de chômage est supérieur à 20 % et un million de travailleurs sont contraints de quitter l'Afghanistan pour chercher du travail dans les pays voisins; 14 % de la population sont encore nomades. Un enfant sur deux meurt avant l'âge de cinq ans et l'espérance de vie moyenne est inférieure à 40 ans.

La condition des femmes est particulièrement barbare. Sur 8 enfants scolarisés, il y en a un seulement du sexe féminin. Parmi les femmes qui ont été à l'école, seulement 5 % travaillent. Des traditions réactionnaires, comme le prix de la fiancée et le port obligatoire du voile, subsistent.

La question nationale, dans ses aspects les plus importants, reste sans solution, avec la domination traditionnelle des Pachtouns sur les Balouchi, les Ouzbeks, les Turkmènes, etc.

3. La classe capitaliste et les propriétaires fonciers, en Afghanistan, se montrèrent absolument incapables de répondre aux besoins les plus aigus du pays. Les tentatives de réformes du roi Amunillah, au début des années vingt, furent dans un premier temps arrêtées puis annihilées par son renversement en 1929.

Le gouvernement Daoud, installé au pouvoir en juillet 1973, lors du renversement de la monarchie, se montra également incapable de résoudre les problèmes rencontrés dans le pays. Après des promesses de réformes qui ne furent jamais réalisées, Daoud laissa la famille royale, dont lui-même est membre, continuer à dominer le pays. Le roi et sa famille continuaient à toucher des revenus ; l'armée était toujours dirigée par les officiers de l'ancien régime ; aucune réforme agraire ne fut réalisée. Les partis politiques étaient interdits et ensuite les organisation ouvrières, le PDPA en particulier, furent l'objet d'une répression féroce.

Le régime Daoud n'était que corruption et inefficacité ; on estime que seulement la moitié des fonds destinés au "plan" économique d'après 1975 furent effectivement utilisés pour des objectifs utiles. L'Afghanistan était de plus en plus affaibli par l'importance de la dette extérieure. Face l'approfondissement de la crise sociale, Daoud s'orienta vers l'instauration de liens étroits avec le chah d'Iran et l'impérialisme américain, avec le régime réactionnaire Zia du Pakistan. Des conseillers de la SAVAK aidèrent à construire la police politique de Daoud.

Début 1978, l'Afghanistan se trouva dans une situation telle que le régime Daoud n'avait plus aucune perspective à proposer et s'orientait vers une dépendance de plus en plus directe vis-à-vis de l'impérialisme, principal soutien de la réaction dans ce pays.

4. L'assassinat de Amir Akbar Khyber, un des principaux dirigeants du PDPA le 17 avril 1978, provoqua une réaction immédiate et violente ; une foule de 15 000 personnes assista à ses funérailles en signe de protestation. Les jours suivants, il y eut de nouvelles manifestations. Daoud riposta en arrêtant plusieurs dirigeants du PDPA et en tentant de décapiter l'opposition.

Face aux mesures répressives prises par le régime Daoud et s'appuyant sur la mobilisation antigouvernementale, le PDPA réussit à utiliser une partie de l'armée pour renverser Daoud et instaurer un nouveau régime. Le nouveau régime effectua des purges dans la haute hiérarchie militaire et dans l'appareil d'Etat, annonça un programme de réformes en trente points en faveur des ouvriers et des paysans ; il commença à prendre des mesures pour l'appliquer.

Parmi les mesures sociales, la plus importante était la réforme agraire qui commença à être réalisée le 1er janvier 1979. Il fut fixé un plafond à la propriété de la terre et toutes les propriétés qui dépassaient ce plafond étaient confisquées et distribuées gratuitement aux paysans sans terre et aux nomades. Selon le gouvernement, la première partie de ce programme fut achevée en juin 1979, quand la terre fut distribuée à environ 250 000 familles. De plus, toutes les dettes contractées par les paysans auprès des propriétaires fonciers étaient abolies.

Parmi les autres mesures progressistes prises par le gouvernement du PDPA, il y avait la construction de nouvelles écoles et de centres médicaux, une campagne de masse pour l'alphabétisation qui toucha des centaines de milliers de personnes et, pour la première fois dans l'histoire afghane, la légalisation des syndicats.

Le nouveau régime commença aussi à s'attaquer à deux des problèmes les plus brûlants pour les masses afghanes : l'oppression des femmes et les droits des minorités nationales opprimées en Afghanistan. Des mesures spéciales furent prises pour améliorer la condition des femmes, comme l'enseignement obligatoire pour les jeunes filles, des cours spéciaux pour les femmes mariées, l'interdiction du mariage des enfants et la réduction du montant du "prix de la fiancée". Des mesures furent prises contre l'oppression des minorités nationales, entretenue par les régimes précédents, comme la publication de journaux, la diffusion de programmes de radio et l'enseignement en Ouzbek, en Balouche et en Nouristan.

Ces mesures progressistes et d'autres, comme la libération de 8000 prisonniers politiques, gagnèrent un soutien populaire au nouveau régime. Même dans la presse impérialiste, on trouve des indications de ce phénomène. Par exemple, le *Wall Street journal* du 16 janvier 1979 nota que, quand le gouvernement du PDPA changea le drapeau du pays, *"plus de 150 000 personnes à Kaboul... manifestèrent pour saluer le drapeau le premier jour où il fut levé. Des manifestations de soutien eurent lieu dans d'autres villes. Ces manifestations avaient été organisées, mais d'après les témoins, les participants étaient réellement enthousiastes"*.

Les premières mesures pour l'organisation des masses, impulsées par le PDPA, furent la création d'organisations de femmes et de jeunes, de syndicats et de comités de défense armés, au niveau local, pour répondre aux attaques contre-révolutionnaires.

Contrairement aux mensonges de la presse bourgeoise qui raconte que ce qui s'est produit en Afghanistan n'était rien d'autre *"qu'un coup d'Etat téléguidé d'URSS"* qui imposa des réformes contre la volonté de la population, les faits prouvent qu'une véritable révolution sociale dans l'intérêt des ouvriers et des paysans avait commencé en Afghanistan après avril 1978.

5. Ceux qui profitaient de l'oppression et de l'exploitation en Afghanistan - les capitalistes, les propriétaires fonciers, les usuriers, les producteurs et les marchands d'opium, les contrebandiers, les anciens officiers de l'armée, les monarchistes et des secteurs de la hiérarchie religieuse - ripostèrent à ces mesures progressistes et populaires en commençant une guerre de guérilla contre le gouvernement du PDPA. Ce soulèvement commença vraiment début 1979, après les premières mesures de la réforme agraire.

Cette rébellion réactionnaire a pour centres les régions où l'opium est la principale culture, surtout près de la frontière avec le Pakistan. Les propriétaires de champs d'opium et les contrebandiers, menacés par la réforme agraire et les mesures prises contre le commerce de l'opium, ont utilisé les revenus obtenus par ce sale commerce pour financer les opérations militaires contre-révolutionnaires.

Les forces réactionnaires de la guérilla prétendent mener une *"guerre sainte"* islamique contre le *"communisme athée"*, en essayant ainsi de récupérer le soulèvement anti-impérialiste des peuples islamiques. Les mass-media capitalistes, partout dans le monde, se firent l'écho de cette interprétation. Ce fait s'explique par l'alliance des réactionnaires avec l'impérialisme et se voit dans leurs dénonciations des luttes anti-impérialistes en Iran. De plus, presque tous les Afghans sont musulmans, y compris les partisans du gouvernement. Celui-ci n'a pris aucune mesure restrictive vis-à-vis de la liberté de religion et de nombreux mollahs connus soutiennent le régime. La caractérisation de la guerre civile comme une guerre des *"musulmans"* contre les *"athées"* est uniquement une couverture démagogique pour une guerre de classe des exploiteurs contre les exploités et les opprimés.

Dès le début, l'impérialisme américain s'est montré hostile au gouvernement du PDPA et à ses mesures radicales, en particulier après que la révolution iranienne ait chassé son fidèle allié de Téhéran. Il a peur des répercussions de la révolution afghane sur les peuples opprimés de la région qui menaceraient les intérêts impérialistes. L'administration Carter prit immédiatement des mesures pour essayer d'étouffer et de faire reculer la révolution afghane.

Une campagne de propagande fut lancée dans la presse capitaliste, autour de la menace que constituait la révolution.

Une réunion spéciale se tint au commandement atlantique de l'OTAN, en juin 1978, à Annapolis (Maryland), pour envisager les mesures à prendre.

Les représentants américains arrêtèrent toute nouvelle aide économique en février 1979 et essayèrent de bloquer les prêts consentis à l'Afghanistan par les institutions financières internationales.

Avec la dictature au pouvoir au Pakistan, Washington appuya et aida les forces contre-révolutionnaires qui pouvaient être utilisées contre le gouvernement de Kaboul. Le gouvernement américain utilisa des institutions étroitement liées à la CIA, telles que la Fondation asiatique et l'Agence américaine de répression des trafics de drogue qui a des rapports avec les producteurs et les convoyeurs d'opium. Un des principaux dirigeants de la contre-révolution afghane, Lia Nasseyri, est citoyen des Etats-Unis et eut des entretiens avec les représentants du Département d'Etat américain en mars 1979 avant de quitter les Etats-Unis pour rejoindre la contre-révolution en Afghanistan.

6. La position géographique de l'Afghanistan, en Asie centrale, ses frontières avec l'Iran, le Pakistan et ce qui est aujourd'hui l'URSS, ses minorités nationales imbriquées entre ces différents pays, en ont fait depuis longtemps un centre de lutte internationale. L'impérialisme britannique chercha à contrôler l'Afghanistan pour protéger les frontières de l'Empire indien et faire pression sur la Russie. C'est pour cette raison qu'il se lança à trois reprises dans la guerre contre l'Afghanistan. Après la révolution russe, cette politique était un des aspects de l'effort de l'impérialisme pour s'opposer puis contenir et encercler l'Union soviétique.

Après la Deuxième guerre mondiale, les Etats-Unis tentèrent, sans succès, par une combinaison de menaces et "d'aides", d'intégrer l'Afghanistan dans le Pacte de Bagdad. Parmi les menaces, il y eut le soutien aux mesures prises par le gouvernement pakistanais contre la minorité pachtoun du Pakistan et le blocus économique partiel en 1960/1963, avec la fermeture de la frontière pakistanaise; ce blocus ne fut rompu que grâce à un pont aérien soviétique et indien.

Les mesures prises par Washington vis-à-vis du régime Daoud et aujourd'hui son intervention pour soutenir les forces réactionnaires en Afghanistan, reflètent non seulement la volonté de l'impérialisme d'écraser les ouvriers et les paysans afghans, mais aussi son objectif de longue date d'établir un régime pro-impérialiste maniable qui accepterait aussi l'installation de bases militaires dirigées contre l'URSS et la révolution coloniale dans toute la région.

7. Avec la montée, en Union soviétique, du stalinisme qui représentait les intérêts de la caste bureaucratique privilégiée, les relations

entre l'Union soviétique et l'Afghanistan furent déterminées, non plus en fonction de l'intérêt général des masses laborieuses en Afghanistan et dans le monde entier, comme c'était le cas pendant les premières années de l'URSS, sous la direction de Lénine et de Trotsky, mais dans le cadre contre-révolutionnaire du *"socialisme dans un seul pays"*. Ce que voulait la bureaucratie soviétique, c'était installer en Afghanistan un régime capitaliste "neutre" qui ne deviendrait pas une base militaire de l'impérialisme dirigée contre l'URSS. Dans ce but, à partir des années cinquante, le Kremlin signa d'importants accords commerciaux et militaires avec l'Afghanistan, mais n'éleva aucune protestation sérieuse contre les politiques réactionnaires des différents régimes afghans ni contre les conditions sociales imposées aux masses. Moscou poussa le PDPA à accepter des compromis avec les forces bourgeoises nationales *"tant éprises de la paix"*.

Ces relations furent trou blées d'une part quand Washington obtint que Daoud prenne ses distances vis-à-vis de Moscou au milieu des années soixante-dix, et noue des relations plus étroites avec l'impérialisme et ses clients dans la région. Puis, d'autre part, avec le retournement de 1978 qui n'a été ni orchestré ni prévu par Moscou, et avec le renforcement des luttes menées par la contre-révolution soutenue par l'impérialisme ce qui dérangeait le jeu de la "coexistence pacifique".

Face à cette nouvelle situation, le gouvernement soviétique répondit aux demandes d'aide que faisait le gouvernement du PDPA, en signant une douzaine d'accords économiques et en envoyant des conseillers et de l'équipement militaires. L'aide militaire augmenta avec l'extension et le renforcement de la contre-révolution.

La lutte pour mener à bien une véritable réforme agraire et d'autres mesures, comme l'organisation d'une riposte à l'offensive militaire contre-révolutionnaire soutenue par l'impérialisme, représenterait un formidable défi même pour une direction révolutionnaire. Mais le PDPA est un parti stalinien avec un programme de collaboration de classe.

Le PDPA. par ses hésitations et ses méthodes bureaucratiques, a sapé le large soutien populaire que lui avait gagné les premières mesures qu'il avait prises. Craignant que les masses ne prennent des initiatives qui échapperaient à son contrôle, le PDPA ne fut pas capable d'entraîner les ouvriers et les paysans dans une dynamique révolutionnaire dans les limites du possible et du nécessaire. Déchiré par de sauvages batailles de fractions et par les purges et la répression, n'ayant pas gagné de base sociale dans les larges masses, ce que lui aurait pourtant permis de réaliser ses mesures progressistes, dans les campagnes en particulier, le PDPA a vu sa capacité de mener une lutte efficace contre la contre-révolution annihilée. Ce fut un élément du renforcement de la contre-révolution appuyée par l'impérialisme.

C'est dans ce contexte, qu'après plusieurs mois d'hésitations, Moscou décida d'envoyer des dizaines de milliers de soldats soviétiques en Afghanistan. Le Kremlin pense qu'il y avait menace d'une victoire de la contre-révolution qui mettrait en danger l'Etat ouvrier en Union soviétique, et par là même les intérêts de la caste bureaucratique soviétique elle-même qui dépendent de l'existence et du maintien de l'économie nationalisée et planifiée en URSS.

Certains journalistes bourgeois ont avancé l'hypothèse que le Kremlin avait envoyé ses troupes en Afghanistan parce qu'il craignait que la guerre civile dans ce pays soit un sujet de mécontentement pour les musulmans et les nationalités opprimées en Union soviétique qui vivent près de la frontière afghane. Le niveau de vie et les acquis sociaux, qualitativement supérieurs en Asie centrale soviétique représentent des arguments contre cette hypothèse. L'idée que les Asiatiques d'Union soviétique puissent être attirés par les appels de la réaction afghane *"au nom de l'islam"* est réfutée aussi par la confiance dont a fait preuve Moscou en envoyant une majorité de troupes de ces nationalités en Afghanistan.

La conséquence immédiate de l'entrée des troupes de combat soviétiques a été un renforcement significatif de la lutte contre la contre-révolution. Cependant, cela ne signifie pas que la bureaucratie soviétique ait abandonné son orientation de collaboration de classe dans sa politique étrangère. Au contraire, la caste bureaucratique envisage tous les problèmes du point de vue de la défense de ses propres intérêts privilégiés et parasitaires.

Mais, cette politique de collaboration de classe ne veut pas simplement dire un soutien direct à Washington et aux forces contre-révolutionnaires. Pour assurer sa position face à l'impérialisme, la bureaucratie soviétique cherche des soutiens parmi les ouvriers et les paysans. Ce qui implique non seulement son soutien sans principe au programme de directions bourgeoises ou petites bourgeoises, mais aussi, en certaines circonstances, lorsque c'est une question vitale, une aide économique et militaire à d'autres Etats ouvriers, à des mouvements anti-impérialistes et à des gouvernements en guerre contre l'impérialisme.

Les révolutionnaires ne refusent pas de telles aides, ils refusent la politique contre-révolutionnaire du Kremlin.

Quand les intérêts de la bureaucratie et ceux des travailleurs coïncident partiellement et temporairement, comme c'est le cas pour la défense de l'Union soviétique face aux menaces contre-révolutionnaires, le Kremlin envisage et résout le problème, comme il le fait pour les autres problèmes, de façon absolument indépendante des intérêts et même des idées ou des sentiments du prolétariat international.

Cela s'est vu en Afghanistan par la façon bureaucratique dont Hafizullah Amin a été congédié puis tué et dont il a été remplacé au poste de président par Babrak Karmal ; cela s'est vu aussi dans le fait que l'URSS n'a pas mobilisé la classe ouvrière internationale contre le danger de contre-révolution en Afghanistan. Ces méthodes restent dans le cadre fixé par l'impérialisme et sèment la confusion sur le véritable rôle et les objectifs de l'Union soviétique.

Mais, ce n'est pas l'utilisation de la puissance militaire soviétique dans la lutte contre les forces réactionnaires qui constitue un obstacle au développement de la révolution en Afghanistan, - Quelles que soient les intentions du Kremlin, cette participation est progressiste mais la politique de Moscou est globalement une politique contre-révolutionnaire et de collaboration de classe en Afghanistan et dans le monde entier.

L'écrasement définitif de la contre-révolution suppose l'application de mesures progressistes au niveau social et économique; cela a déjà commencé et doit aller jusqu'à l'expropriation des capitalistes et l'instauration d'un Etat ouvrier.

Pour répondre aux intérêts des ouvriers et des paysans, les moyens les plus efficaces sont la mobilisation et l'organisation indépendantes des masses. Moscou et le PDPA essayeront de contrôler les initiatives indépendantes des masses et de limiter leur participation. Mais quelles que soient les orientations politiques bureaucratiques du PDPA et de la bureaucratie soviétique, les ouvriers et les paysans afghans ne pourront progresser s'ils n'écrasent pas la contre-révolution. Les victoires sur les forces réactionnaires peuvent encourager les masses à lutter pour leurs propres intérêts.

8. Certaines organisations ouvrières, sous la pression de l'impérialisme, ont condamné l'utilisation des troupes soviétiques en Afghanistan. Telle est la position des Partis communistes d'Italie, d'Espagne, du Mexique, de Grande-Bretagne et d'Australie, entre autres, et des Partis sociaux démocrates.

La bureaucratie de Pékin, suivie par les groupes maoïstes, partout dans le monde, a non seulement condamné cette intervention, mais s'est alignée sur la campagne impérialiste, de plus elle a promis d'augmenter son aide à la dictature au pouvoir au Pakistan.

Toutes ces forces se sont alignées dans le camp de la réaction, alors qu'une guerre civile est menée contre les intérêts les plus élémentaires des ouvriers et des paysans afghans et contre l'Etat ouvrier soviétique. Pour ces PC et ces partis sociaux démocrates, leurs relations de collaboration de classe avec l'impérialisme sont plus importantes que la victoire de la contre-révolution en Afghanistan qui condamnerait les masses afghanes à une répression féroce et à la misère.

Accuser les troupes soviétiques d'avoir violé le principe de "l'auto-détermination" de l'Afghanistan, est profondément hypocrite. Ce sont les impérialistes, et non l'Union soviétique, qui ont opprimé l'Afghanistan pendant des dizaines d'années et qui l'ont maintenu dans une situation d'arriération et de sous-développement. La victoire des forces contre-révolutionnaires ne permettrait pas "l'auto-détermination" de l'Afghanistan, mais sa domination encore plus directe par l'impérialisme. De plus, une telle position revient à refuser de reconnaître l'actuel gouvernement du PDPA comme gouvernement légitime de l'Afghanistan, parce que ce gouvernement est pour l'aide des troupes soviétiques.

Un autre argument, c'est que l'intervention soviétique va jeter les masses afghanes entre les mains de la réaction. Cela supposerait que les nationalistes afghans préféreraient une prise de pouvoir réactionnaire à la chilienne ou à l'indonésienne plutôt que la présence soviétique. Cela supposerait de plus que les paysans soutiendraient les propriétaires fonciers, les ouvriers leurs patrons capitalistes et que les opprimés se joindraient aux forces pro-impérialistes simplement parce que les troupes soviétiques sont dans le pays. C'est absolument contradictoire avec les lois de la lutte des classes. La véritable question pour les masses dans le monde, c'est la lutte pour faire échec aux tentatives contre-révolutionnaires de l'impérialisme pour arrêter et faire reculer les conquêtes des ouvriers et des paysans, et non pas de mettre en place un régime contre-révolutionnaire et pro-impérialiste. En faisant chorus avec la campagne de propagande capitaliste contre l'Union soviétique, ces PC, les sociaux-démocrates et les maoïstes ont non seulement planté un couteau dans le dos des ouvriers et des paysans mais ont, une fois de plus, trahi les travailleurs de leur propre pays.

Si l'Union soviétique devait retirer ses troupes, cela constituerait un encouragement pour les forces contre-révolutionnaires et les conduiraient probablement à la victoire. Cela signifierait que les éléments les plus réactionnaires et pro-impérialistes de la société afghane, prendraient le pouvoir en réprimant sauvagement les masses découragées et feraient reculer leurs luttes pour toute une période. L'impérialisme s'assurerait une base dans la région. L'Afghanistan deviendrait le fer de lance de la contre-révolution impérialiste, dirigé contre l'Union soviétique, contre la révolution iranienne (qui serait la première à essuyer la colère des forces impérialistes à nouveau renforcées) et contre les masses opprimées de la région en général. Cela signifierait un coup très grave porté à la révolution mondiale ; cela encouragerait l'impérialisme et augmenterait le danger de guerre.

D'autre part le rôle des troupes soviétiques était d'aider la lutte des Afghans contre la contre-révolution. Une défaite des forces réactionnaires supprimerait un obstacle dans la bataille que mènent les ouvriers et les paysans pour approfondir le processus révolutionnaire et serait un coup important porté contre la politique impérialiste dans la région.

Cela aurait des répercussions sur la lutte des masses pakistanaises contre la dictature au pouvoir. Cela s'est déjà vu dans les manifestations des Balouches au Pakistan en faveur de l'intervention soviétique. Cela affaiblirait les forces réactionnaires en Iran en les privant de l'appui solide de ce bastion réactionnaire et pro-impérialiste et, par conséquent, renforcerait les luttes des ouvriers et des paysans qui se battent pour développer le processus révolutionnaire dans ce pays. En ouvrant un nouveau champ de bataille contre l'impérialisme, cela aiderait les luttes anti-impérialistes du monde entier, de l'Indochine au Nicaragua.

En outre, il serait encore plus difficile alors pour l'impérialisme d'utiliser son énorme puissance militaire contre les masses laborieuses au niveau international ou contre l'Union soviétique et les autres Etats ouvriers. Cela aiderait le prolétariat international à gagner du temps - en particulier aux Etats-Unis - pour désarmer les impérialistes fauteurs de guerre.

Une défaite des forces contre-révolutionnaires en Afghanistan signifierait un nouveau changement du rapport de forces, au niveau international, au détriment de l'impérialisme.

Donc les tâches par rapport à cette lutte sont d'une grande importance. La condamnation de l'utilisation des troupes soviétiques représente une aide a la contre-révolution et a l'impérialisme - que ce soit consciemment, pour des raisons de collaboration de classe, comme c'est le cas pour certains PC ou PS sociaux-démocrates, ou inconsciemment comme c'est le cas pour les maoïstes.

9. L'impérialisme américain a organisé une campagne de propagande dans le but de désorienter la classe ouvrière du monde entier. Il tente de cacher la véritable nature de la guerre civile en Afghanistan et d'accroître la participation de Washington.

Il stimule l'opposition anticommuniste à l'intervention soviétique et tente de rassembler des forces autour de la demande du retrait des troupes.

L'objectif est également de créer un climat favorable pour faire accepter aux travailleurs des Etats-Unis l'utilisation des troupes impérialistes contre les luttes des opprimés dans le monde entier. Washington et ses alliés ont aussi répondu à l'utilisation des troupes soviétiques en Afghanistan en augmentant l'aide militaire aux réactionnaires afghans et à la dictature militaire du Pakistan. Ils ont appliqué des mesures de rétorsion contre l'URSS et l'Afghanistan et ont accéléré leurs préparatifs de guerre. Parmi ces mesures, il y a :
- la suspension des envois de céréales et autres biens à l'URSS ;
- le détournement des envois de nourriture effectués par les organisations charitables internationales destinés à l'Afghanistan vers les bases contre-révolutionnaires du Pakistan ;
- la menace de boycottage des Jeux olympiques de Moscou en 1980 ;
- les tentatives pour réinstaurer le service militaire aux Etats-Unis ;
- l'accroissement des budgets militaires des impérialistes ;
- les pourparlers pour établir de nouvelles bases militaires dans l'Océan indien et le Golf persique.

La tâche essentielle de la IVe Internationale doit être de lutter contre l'offensive réactionnaire en faisant campagne au sein de la classe ouvrière, pour faire connaître la vérité sur la guerre en Afghanistan et le rôle contre-révolutionnaire de Washington.

Nous devons participer aux mouvement de protestation contre les mesures prises par les impérialistes américains et leurs alliés contre la révolution afghane et l'URSS.

Nous devons convaincre la classe ouvrière internationale que défendre la révolution afghane correspond à ses intérêts vitaux.

Deuxième résolution sur l'intervention soviétique

La première tâche des marxistes-révolutionnaires face aux événements qui se déroulent en Afghanistan est de dénoncer l'hypocrisie de la campagne de propagande impérialiste et réactionnaire prenant prétexte de l'intervention des troupes soviétiques à Kaboul pour appeler à la lutte contre le *"communisme athée"*, *"l'impérialisme soviétique"* et autres épouvantails constamment brandis par la bourgeoisie mondiale. En particulier, les marxistes-révolutionnaires doivent mettre en garde les travailleurs de tous les pays, et notamment ceux des pays impérialistes, contre le but réel de cette campagne de propagande qui n'est autre que de préparer les conditions de nouvelles agressions impérialistes contre les luttes populaires.

Ceci dit, il n'en reste pas moins que le fait de contrer la propagande impérialiste ne saurait tenir lieu, en soi, de position politique. Si, en effet, les marxistes-révolutionnaires défendent l'URSS inconditionnellement contre l'impérialisme, ils ne sont nullement tenus de défendre toute action entreprise par la bureaucratie soviétique, fût-elle progressiste ou anti-impérialiste dans ses motivations déclarées. Dans le cas de l'Afghanistan, le mouvement ouvrier est confronté à l'un des problèmes les plus épineux de la lutte des classes, celui du droit des nations à l'auto-détermination. Il est utile de rappeler la position des Bolcheviks à ce sujet. Lénine mena de longues batailles sur cette question, et notamment en 1919, quand il polémiqua contre ceux qui désiraient restreindre le droit des nations à l'auto-détermination en fonction de la nature de leurs directions, quitte à ne l'accorder qu'aux nations dirigées par leurs travailleurs.

"Nous ne pouvons refuser à aucun peuple de l'ancien empire russe le droit à l'auto-détermination... Que pouvons-nous donc pour les peuples jusqu'ici soumis à l'influence de leurs mollahs ?... pouvons-nous aller dire à ces peuples nous jetterons à bas vos exploiteurs ? Nous ne le pouvons pas, parce qu'ils sont entièrement soumis à leurs mollahs. Il faut attendre, en pareil cas, que la nation intéressée ait évolué, que le prolétariat se soit différencié des éléments bourgeois, ce qui est inéluctable...
Les Scheidemann prétendent déjà que nous voulons conquérir l'Allemagne. Ce ne sont naturellement que de ridicules balivernes. Mais la bourgeoisie a ses intérêts, sa presse, qui répand bruyamment ces rumeurs de par le monde à des centaines de milliers d'exemplaires, et Wilson les appuie dans son propre intérêt. Les Bolcheviks ont, disent-ils, une puissante armée et visent à implanter par la conquête le bolchevisme en Allemagne... Nous devons faire en sorte que les social-traîtres allemands ne puissent dire que les Bolcheviks imposent leur système universel, que l'on pourrait soi-disant introduire à Berlin à la pointe des baïonnettes de l'Armée rouge. Or, du point de vue de la négation du principe de l'auto-détermination des nations, c'est bien ce qui peut advenir... Le communisme ne s'implante pas par la violence."

Cependant, la position des marxistes-révolutionnaires n'a jamais érigé le principe démocratique du droit des nations à l'auto-détermination en principe absolu. Ce droit reste tributaire des intérêts de la lutte de classe du prolétariat mondial. Il peut être légitimement, mais provisoirement, outrepassé dans les cas où cet Etat ouvrier est forcé à agir pour des raisons d'auto-défense. Néanmoins, et même en pareil cas, il faut agir avec la plus grande circonspection. C'est à la lumière de ces prémisses qu'il faut examiner l'affaire afghane.

Il est hors de doute que l'intervention soviétique en Afghanistan s'est effectuée en violation grossière du droit des peuples à disposer d'eux-mêmes. Il est en effet notoire que les troupes soviétiques ont elles-mêmes renversé Amin pour le remplacer par Karmal qu'elles ont ramené d'exil avec elles. Il est tout aussi notoire qu'entre les régimes de Taraki, Amin et Karmal, soutenus chacun à son tour par le Kremlin, il n'y a aucune différence qualitative. La récente libération de détenus par le gouvernement Karmal ne saurait constituer une preuve du contraire; elle n'a d'ailleurs pas réussi à lui gagner la sympathie populaire que le fait d'avoir été imposé de l'extérieur lui a aliénée. D'autre part, le soutien impérialiste aux "moudjahidin" afghans dirigés par la réaction féodalo-religieuse n'a jamais atteint des proportions comparables à celles du soutien soviétique à Kaboul, avant même l'intervention directe des troupes du Kremlin. Le soutien impérialiste aux rebelles afghans n'a jamais atteint les dimensions d'une intervention extérieure qui aurait justifié celle des troupes soviétiques, comme le prétendent les dirigeants du Kremlin.

Si tant est, toutefois, que le régime de Kaboul était réellement menacé d'être renversé par les "moudjahidin", le seul moyen correct de prévenir une telle issue aurait été d'inciter ce régime à se départir de ses méthodes de dictature militaire et à chercher à s'appuyer sur une mobilisation des masses autour de leurs propres intérêts, en favorisant leur auto-organisation en soviets. Une telle politique est, comme on sait, aux antipodes de celle de la bureaucratie stalinienne, soucieuse de généraliser ses propres méthodes. Affirmer qu'une prise de pouvoir réactionnaire à Kaboul constituerait une grave menace pour la sécurité de l'URSS est, par ailleurs, totalement ridicule.

Condamner l'intervention des troupes soviétiques en Afghanistan ne résoud pas, cependant, le problème de l'attitude à adopter à leur égard. Il est en

effet possible de soutenir que devant ce "fait accompli", demander le retrait des troupes soviétiques aujourd'hui serait dans l'intérêt de la réaction et de l'impérialisme. Nous soutenons, pour notre part, le contraire.

Toute prolongation de la présence des troupes soviétiques en Afghanistan ne peut qu'alimenter les tendances suivantes :

a) la tendance de la rébellion afghane à s'accroître en force et en popularité, profitant du ressentiment national afghan contre l'intervention soviétique et de l'appui impérialiste prenant prétexte de cette même intervention. Le Kremlin est en train de s'embourber dans une guerre qu'il ne pourra jamais mener à terme, dans la mesure où il est tout à fait illusoire de vouloir supprimer une guérilla dans un pays montagneux, quand celle-ci dispose, de surcroît, de deux bases d'appui : le Pakistan et l'Iran. La logique d'une telle entreprise "contre-insurrectionnelle" est l'élargissement permanent de la zone des combats et l'incursion dans les territoires servant de base d'appui à la guérila.

b) la tendance réactionnaire anticommuniste du mouvement islamique dans l'ensemble du monde musulman. D'ores et déjà, la réaction dans les pays musulmans s'est emparée de l'intervention soviétique en Afghanistan pour organiser un gigantesque tapage contre le *"communisme athée"* présenté comme un régime que l'URSS cherche à imposer par la force aux populations musulmanes. Washington et ses alliés comptent aujourd'hui sur l'affaire afghane pour renverser l'orientation anti-occidentale dominante imprimée au mouvement islamique par l'affaire des otages américains de Téhéran. En outre, cette campagne peut avoir des répercussions au sein même de l'URSS où l'oppression nationale bureaucratique lui crée des conditions idéales.

c) la justification par les impérialistes de leur reprise de la course aux armements, sous prétexte que l'URSS démontre en Afghanistan qu'elle vise à imposer par la force des régimes qui lui sont dévoués. L'affaire afghane a, d'ores et déjà, réduit à néant les efforts du mouvement ouvrier des pays impérialistes contre les plans d'accroissement du potentiel militaire nucléaire de l'Europe de l'ouest. Elle contribue à dissiper les effets paralysants de la guerre du Vietnam sur les capacités d'intervention militaire extérieure de l'impérialisme américain. Elle contribue, en outre, à désorienter l'opposition antibureaucratique dans les Etats ouvriers.

Dans ce contexte, il est impérieux que les troupes soviétiques se retirent sans délai d'Afghanistan et que le Kremlin reconnaisse au peuple de ce pays le droit de disposer de lui-même, réparant ainsi le tort causé par son intervention au processus de la révolution permanente en Afghanistan et dans l'ensemble de la région. L'éventualité d'une prise de pouvoir par les rebelles musulmans à Kaboul - qui n'est en aucune manière inéluctable - est, à tout prendre, beaucoup moins nuisible à la révolution mondiale que ne le serait une guerre prolongée menée par l'URSS en Afghanistan. Les marxistes-révolutionnaires se doivent de prendre part et d'impulser les actions de pression politique du mouvement ouvrier et anti-impérialiste sur l'URSS, pour un retrait immédiat des troupes soviétiques d'Afghanistan. Ce faisant, ils doivent combattre toute forme de boycott de l'URSS et s'opposer à toute argumentation du type de celles qui la qualifient d'impérialiste. Ils doivent aussi exercer leur devoir de solidarité envers les forces afghanes antiféodales et anti-impérialistes, expliquant que la demande du retrait des troupes soviétiques ne saurait en aucune façon être confondue avec un soutien aux "moudjahidin". Les marxistes-révolutionnaires auront ainsi l'occasion d'expliquer la différence entre leur conception du socialisme et celle de la bureaucratie stalinienne.

Rouge n° 900
4 janvier 1980

AFGHANISTAN
L'URSS installe son nouveau protégé à Kaboul.
Les dirigeants impérialistes se réunissent pour préparer une riposte.

Depuis le début du mois de décembre, c'est à l'aide d'un véritable pont aérien que l'URSS a acheminé quelque cinq milles hommes de troupe en Afghanistan, doublant ainsi le nombre des soldats de l'armée soviétique présents dans ce pays. En deux jours, vers la fin de la fin de la semaine dernière, cent cinquante avions de transport Antonov 22 se sont posés sur l'aéroport de Kaboul. Depuis, ce n'est que valse d'hélicoptères et d'avions qui déposent hommes et matériel lourd.

Les autorités américaines s'en inquiétaient déjà un peu en déclarant que l'Union soviétique "a franchi une nouvelle étape dans son déploiement militaire en Afghanistan". Mais les troupes soviétiques semblaient essentiellement destinées à soutenir le régime d'Aman contre les rébellions islamiques et régionalistes.

Surprise donc dans les chancelleries occidentales lorsque l'on apprit qu'un coup d'Etat avait déposé Amin le 27 décembre au profit de Babrak Karmal, jusque là réfugié dans les pays de l'Est. On s'aperçut très rapidement que les troupes soviétiques et les Mig 21 qui quadrillaient le pays avaient joué un rôle fondamental dans l'installation au pouvoir de Babrak Karmal que Léonid Brejnev félicitait aussitôt pour *"son élection au poste de secrétaire général du parti populaire démocratique et à de hautes fonctions d'Etat"*. Karmal fit alors des déclarations promettant la garantie des libertés démocratiques et annonçant la composition d'un gouvernement de *"toutes les forces progressistes"*. Il dénonça son prédécesseur, pourtant soutenu par l'URSS, comme un *"agent de l'impérialisme américain"* et un *"fasciste"* et affirma vouloir utiliser *"les canaux politiques pour trouver une solution aux problèmes militaires"*. Après avoir exécuté Amin, Karmal se retrouve Premier ministre et chef des forces armées du nouveau gouvernement.

De leur côté, les dirigeants soviétiques ont justifié leur action au nom d'une demande d'aide urgente sollicitée par le gouvernement afghan en vertu des accords de décembre 1978 qui lient les deux pays. La Pravda, organe du PC soviétique, ajoute que les troupes soviétiques seront retirées lorsque *"n'existera plus la cause qui a entraîné la nécessité de cette action"*, c'est-à-dire, en clair, quand sera réglée la question des rébellions musulmanes.

C'est que l'URSS s'inquiète vraiment des effets possibles de cette agitation religieuse alimentée par l'impérialisme sur ses propres minorités musulmanes. La question nationale dans l'Etat soviétique est un problème qui n'est toujours pas réglé, malgré les déportations de l'ère stalinienne. C'est, au demeurant, dans toute la région un potentiel d'explosion considérable.

Les Etats impérialistes profitent évidemment de cette situation pour dénoncer l'hégémonisme soviétique et faire planer toute sorte de menaces. Jimmy Carter déclara, à ce propos, que l'action de l'URSS en Afghanistan *"affectera gravement les relations actuelles et futures entre nous"*, *"je pense*, ajouta-t-il, *qu'il est impératif que dans les prochains jours les dirigeants du monde et nous, après nous être consultés, fassions clairement comprendre aux Soviétiques qu'ils ne peuvent avoir entrepris de violer la paix dans le monde... sans en subir les sévères conséquences politiques."* Voilà un discours que l'on n'a pas entendu lors de l'intervention française en Centrafrique.

Les dirigeants américains, français, canadiens, italiens, allemands et britanniques se sont donc réunis le 31 décembre à Londres, puis à Bruxelles dans le cadre de l'OTAN. Pour l'instant, seules des menaces concernant un éventuel boycott des Jeux olympiques de Moscou ont été proférées. S'il est peu probable que l'on assiste à d'authentiques mesures de rétorsion, l'impérialisme américain qui n'arrive pas à faire l'unanimité des capitales occidentales autour de lui, va toutefois accentuer sa propagande anticommuniste. Ce sera peut-être aussi l'occasion, pour lui, de trouver un terrain d'entente avec la direction islamique iranienne qui, elle aussi, a condamné l'action de l'URSS en Afghanistan.

De son côté, le gouvernement français s'est contenté d'une réaction somme toute limitée en exprimant sa *"vive préoccupation"* devant l'intervention soviétique.

En Afghanistan, et malgré les appels du pied de Babrak Karmal en direction des rebelles musulmans, on voit mal comment la situation militaire pourrait être rapidement redressée. Et ce, d'autant plus qu'une fraction de l'armée afghane semble avoir résistée au récent coup d'Etat et s'être affrontée aux militaires soviétiques.

La présence soviétique massive, maintenant chiffrée à plusieurs dizaines de milliers de soldats ne peut, au contraire, qu'attiser les réactions nationalistes afghanes et rejeter les masses paysannes dans les bras de leurs dirigeants féodaux et religieux, lorsque cela n'a

pas déjà été fait par la politique répressive du régime d'Amin.
S'il s'agit, dans cette situation, de s'opposer à toute forme de rétorsion de l'impérialisme contre l'Etat soviétique, et de condamner l'aide qu'il fournit aux guérillas islamiques réactionnaires, nous ne devons avoir aucune illusion sur la "révolution par le haut" que Babrak Karmal tente d'imposer aux masses afghanes.

Vincent Kermel

AFGHANISTAN
Troisième coup d'Etat "pro-soviétique" en 18 mois.

Le coup d'Etat appuyé par l'armée soviétique qui vient de porter au pouvoir Babrak Karmal, dirigeant de l'aile dite "Parcham" du Parti populaire démocratique (PPD), est le troisième en dix-huit mois et constitue la dernière péripétie de la lutte fractionnelle au sein de ce parti au pouvoir depuis avril 1978.

C'est en 1966 que le PPD se scinde en deux pour donner le Khalq (le Peuple) dirigé par Nour Mohamed Taraki et le Parcham (le Drapeau). Depuis lors, divergences d'appréciation et querelles personnelles divisèrent ces deux fractions. Le Parcham privilégie une stratégie d'infiltration des organes du pouvoir d'Etat. De ce fait, ses compromissions avec la classe dirigeante semblent avoir été plus poussées. Ainsi, sous le règne du roi Zaher Shah, était-il appelé ironiquement le "Parti communiste royal".
Lorsqu'en 1973, le prince Daoud, cousin déchu du roi, profite de l'absence de Zaher Shah pour manigancer un coup d'État, il reçoit l'appui de Babrak Karmal et de son organisation. La république est proclamée et le discours du prince-président du 23 août 1973 reprend le programme du Parcham en appelant à la formation d'un *"large front de toutes les forces nationales, progressistes et patriotiques"*.
Mais les promesses démocratiques firent long feu. La constitution adoptée concentre les pouvoirs entre les mains de Daoud et la réforme agraire n'est pas appliquée.

A la mi-1975, Daoud se sépare de Babrak Karmal et se rapproche des dignitaires de la monarchie et des chefs féodaux, qui avaient conservé les postes clefs du régime.

La révolution du 27 avril 1978
Les événements vont se précipiter en 1978. La grève des pilotes de l'Ariania Airlines et l'assassinat, le 18 avril, d'Akbar Khaiber, dirigeant très connu du Parcham, déclenchèrent les plus grosses manifestations jamais vues dans la capitale. Le 26 avril, Taraki et les dirigeants des deux ailes du PPD sont arrêtés. Le 27 avril, c'est le coup d'Etat, appuyé par l'aviation et des officiers nationalistes qui déposent Daoud, ce dernier étant tué.
La révolution d'avril 1978 est donc le résultat d'une action militaire conjointes d'officiers nationalistes et de dirigeants du PPD ; dont les deux fractions se sont réunifiées en août 1977. Les mobilisations de masse qui ont accompagné ce putsch ont été des plus réduites, hormis dans la capitale, et cela pose d'emblée les limites du soutien au processus en cours.

Les réformes d'en haut
Le secrétaire général du PPD, Taraki est désigné comme Premier ministre et président d'un conseil révolutionnaire qui comprend des militants de la fraction Khalq du PPD, des militaires et des personnalités civiles ayant eu des fonctions élevées dans l'administration ou le secteur privé sous la république de Daoud. Taraki précise que sa *"principale préoccupation est d'améliorer le sort des travailleurs, des paysans et des couches opprimées qui constituent la majorité de la population"*. Pour cela, le nouveau régime se propose d'appliquer une réforme agraire qui s'inspire des textes adoptés sous Daoud.
Cette réforme agraire a deux objectifs : donner une assise paysanne au régime et augmenter la production agricole en brisant la structure foncière féodale. Mais en l'absence d'une mobilisation consciente de la paysannerie, l'application de cette réforme agraire par le haut eut un succès inégal. En juillet 1979, le ministre de l'Agriculture annonçait la fin de la première phase de la réforme agraire qui a vu la distribution de six cent mille hectares de terre à deux cent trente mille familles. Mais de nombreux paysans n'ayant pas ensemencé leur nouvelle par-

celle faute de moyens, la production agricole a enregistré le maintien d'un déficit do cinq cent mille tonnes.

La production industrielle sera nationalisée pour moitié et le monopole du commerce extérieur établit. La pratique de l'usure sera abolie dans le but de *"faire pénétrer la lutte de classes dans les villages"*.

Une tentative de régler la difficile question linguistique dans un pays où l'on compte plus de vingt groupes linguistiques différents, a été entreprise par le PPD. L'enseignement primaire fut donné dans la langue maternelle et des programmes radio en différentes langues ont été institués. Mais, pour ne pas s'aliéner la majorité pachtoune de la population (sept millions sur dix-sept millions d'habitants), Taraki n'ose aborder une décentralisation plus conforme aux revendications d'autonomie culturelle des différents sous-groupes. Le bilan des mesures radicales reste donc mince. Le caractère essentiellement petit-bourgeois et urbain de la direction au pouvoir, l'absence de mobilisation des couches inférieures de la paysannerie sur le mot d'ordre de la terre aux paysans seront les germes qui rejetteront dans bien des cas les paysans pauvres dans les bras des chefs tribaux et des dirigeants féodaux islamiques. Cela explique aussi l'ampleur de la résistance au régime. D'autant plus que les dirigeants du PPDéssaient surtout de régler leurs querelles fractionnelles. Après avoir tenté de s'allier des nationalistes bourgeois, comme le colonel Abdul Qader, que Taraki nomma général et ministre de la Défense, le Khalq évinça progressivement les membres du Parcham et ses compagnons de route, tandis que le pouvoir du numéro deux du Khalq, et vice-Premier ministre, Hatizullah Amin, augmenta.

L'épuration de Taraki

Fin août 1978, le régime du PPD connaît sa première grave crise interne. Des dirigeants nationalistes bourgeois dont le général Qader et les membres du Parcham au sein du gouvernement sont arrêtés et accusés d'avoir fomenté un complot. Babrak Karmal en est dénoncé comme l'instigateur. Des confessions obtenues des *"comploteurs"* sont largement diffusées et Babrak et ses amis sont exclus des instances dirigeantes. Babrak se retrouvera ambassadeur en Tchécoslovaquie avant de s'y réfugier en octobre 1978 lorsque Taraki rappelle à Kaboul tous les ambassadeurs membres du Parcham.

Les places laissées vides par les membres du Parcham évincés seront attribuées à des proches d'Amie qui sera nommé Premier ministre en mars 1979. Le pouvoir se concentre entre les mains de ce petit clan. La répression se fait de plus en plus violente à l'encontre des opposants. En juin 1979, une manifestation est réprimée à Kaboul, faisant cent vingt morts. Les mutineries dans l'armée de conscription se multiplient. En août, ce sont les tanks qui viennent à bout de la garnison révoltée de Bala Hissar. Et, en septembre, Amnesty International dénombre douze mille détenus dans la seule prison de Poule Charki, près de la capitale, dont bon nombre seront exécutés.

La politique répressive du régime aura réussi, par ailleurs, à généraliser la rébellion islamique jusqu'à l'embrasement de la moitié des vingthuit provinces do pays. De nombreux fonctionnaires de l'Etat, des militants du PPD et même des coopérants soviétiques furent assassinés.

Les rébellions dont le seul point commun semble être le rejet des mesures radicales prises par le PPD et la lutte contre la présence soviétique, sont de deux types. En dehors des zones pachtounes, ces révoltes sont fondées sur des critères ethnolinguistiques et régionalistes et reflètent donc des aspirations d'autodétermination des masses locales. Dans l'aire pachtoune se sont surtout des rébellions religieuses dirigées par des féodaux musulmans et entraînées par des agents impérialistes au Pakistan.

L'aggravation de la situation militaire favorisa le recours à l'aide militaire soviétique et envenima les débats au sein de l'équipe dirigeante. Amin revendiquait une solution militaire radicale pour exterminer la rébellion. Ces débats se termineront à coups de mitraillette dans le palais présidentiel en septembre 1979. Hafizullah Amin liquide Taraki qu'il donnera tout d'abord pour malade, le 16 septembre ; et l'URSS devant le fait accompli salue "l'autopromotion" d'Amin.

L'URSS à la rescousse

Une grande offensive est alors lancée en novembre contre les rébellions et les prisons se remplissent. Toutefois, cette fuite en avant renforce le ressentiment populaire contre la présence de plus en plus voyante des militaires soviétiques et contre leur protégé sanguinaire, et facilite les projets d'unification des différents groupes de guérilla. Le 15 décembre, deux coopérants civils soviétiques sont assassinés dans le vieux bazar de Kaboul et Amin reste retranché dans sa forteresse présidentielle.

L'URSS voit d'un mauvais oeil cet embourbement militaire dans lequel la plonge l'aveuglement obstiné d'Amin.

Devant l'extension des rébellions, elle accuse le Pakistan de soutenir les réactionnaires islamiques. Le 1er juin, la Pravda avertissait déjà : *"Il s'agit, en effet, d'un conflit à proximité de nos frontières et, en fait, d'une agression contre un Etat avec lequel l'URSS a une frontière commune."* Le coup de semonce est clair, mais personne ne croit alors à une Intervention.

L'URSS a toujours considéré l'Afghanistan, pays avec lequel elle dispose d'une frontière commune de douze cents kilomètres, comme d'un intérêt stratégique pour elle. Aussi le Kremlin a-t-il toujours entretenu de bons rapports avec son voisin, notamment sous la république de Daoud.

Toutefois, la présente intervention soviétique au côté de Babrak Karmal, par son audace et son ampleur, mérite réflexion. C'est bien évidemment l'empêtrement de l'impérialisme dans l'affaire des otages de Téhéran qui a laissé cette opportunité à l'URSS. Mais, plus globalement, cette intervention soviétique illustre la paralysie politique relative. Sans remettre en cause sa politique de coexistence pacifique l'URSS a pu profiter de l'éclosion en Afghanistan d'un processus démocratique antiféodale pour étendre ses intérêts bureaucratiques en s'insérant dans les différents du PPD au pouvoir. Devant le danger que les rébellions islamiques soutenues par l'impérialisme n'ouvrent la voie à un régime moins coopératif, l'URSS a tenu aussi à colmater ces brèches qui pourraient, demain, avoir des effets dévastateurs parmi sa propre population musulmane et parmi ses propres minorités ethniques et culturelles, qui, comme les Turkmènes, les Ouzbèks et les Tadjiks se retrouvent des deux côtés de la frontière soviéto-afghane.

Vincent Kermel

Rouge n°901
11-17 janvier 1980

L'intervention soviétique en Afghanistan fait le jeu de Carter.

Relayée par les mass media, la bourgeoisie des principaux pays impérialistes mène une campagne effrénée sur les dangers d'une Troisième Guerre mondiale. La campagne a commencé à propos de l'Iran ; l'intervention soviétique en Afghanistan a donné l'occasion de redoubler son ampleur.

Ce chantage à la guerre est un écran fumée qui dissimule mal la volonté de l'impérialisme américain de recréer le consensus nécessaire à toute nouvelle aventure militaire pour défendre ses intérêts. C'est aussi l'occasion pour les USA d'accroître de façon importante leur potentiel militaire en Asie et au Moyen-Orient en prétextant de la supériorité militaire soviétique. Les guérilleros islamiques dirigés par les féodaux afghans sont présentés comme des *"combattants de la liberté"*, alors que les étudiants qui gardent les otages américains à Téhéran ne sont que d'*"horribles fanatique religieux"*.

En Afghanistan, où sévissait le régime dictatorial du prince-président Daoud, le Parti populaire démocratique (PPD) lié à Moscou prit le pouvoir par un coup d'Etat en avril 1978 ; le processus de réformes démocratiques, qu'il enclencha alors, correspondait plus à la volonté "moderniste" de la petite bourgeoisie urbaine qu'à la mobilisation des masses ouvrières et paysannes.

L'URSS comme à son habitude profita de la brèche ouverte pour envoyer de nouveaux "conseillers" et apporter son soutien inconditionnel au régime *"progressiste"*, sans se soucier des intérêts réels des masses populaires.

Après de vagues mesures, telles que la suppression de l'usure ou la réforme agraire, le régime a pris un tour de plus en plus autoritaire, multipliant les luttes de fractions en son sein et faisant de la répression la forme privilégiée pour imposer des réformes. Le résultat ne se fit pas attendre. Sa base sociale se rétrécit, par contre les guérillas islamiques dirigées par des éléments réactionnaires trouvèrent un écho de plus en plus grand.

L'enlisement militaire des dirigeants afghans, les affrontements internes multipliant les révolutions de palais marquaient l'échec du processus ouvert en avril 1978. L'URSS ne pouvait que s'inquiéter de la fragilité de ce régime, l'impérialisme que s'en réjouir et renforcer son aide aux soulèvements des féodaux.

On connaît la suite, l'éviction par les Soviétiques des partisans d'H. Amin, dont la politique répressive aveugle ne pouvait conduire qu'à la défaite politique, et l'envoi massif de troupes.

Pas plus le soutien inconditionnel de l'URSS aux divers gouvernements *"progressistes"* de l'Afghanistan que l'intervention militaire ne vont dans le sens des intérêts des masses de ce pays. Ni l'une ni l'autre de ces politiques n'ont eu pour but, ou pour résultat, de faciliter le cheminement des travailleurs et paysans afghans sur la voie de l'auto-organisation, de l'autodétermination, du socialisme. Au contraire, ces travailleurs et ces paysans se voient placer devant une fausse alternative. Soutenir le régime bureaucratique du nouveau dirigeant B. Karmal et supporter la présence de l'armée soviétique qui ne peut être perçue que comme une armée d'occupation. Ou bien rallier le projet réactionnaire des guérillas islamiques appuyées par l'impérialisme.

C'est pour ces raisons que nous condamnons sans réserve l'intervention soviétique. Non pas en versant des larmes de crocodile avec tous ceux qui se sont peu souciés jusqu'à présent de dénoncer la politique de l'impérialisme qui sans cesse conteste, dans les faits, les droits des peuples à disposer d'eux-mêmes. Mais, parce que l'armée soviétique n'est pas en Afghanistan pour aider les masses à s'émanciper, parce que la lutte pour le socialisme n'est pas séparable de la lutte pour l'autodétermination des peuples.

Antoine Artous, Vincent Kermel

AFGHANISTAN
L'impérialisme américain prépare-t-il une contre-offensive musclée ?

"Les Russes attaquent", ce titre de l'hebdomadaire l'Express, donne le ton de la propagande bourgeoise depuis l'intervention soviétique en Afghanistan. Un tel conditionnement idéologique n'est pas gratuit. Il appelle autant qu'il prépare une contre-offensive impérialiste. Il permet de justifier l'ensemble des mesures de rétorsion déjà prises par l'impérialisme US, et prépare l'opinion à d'éventuelles actions plus musclées.

Tout en excluant l'action militaire directe le porte-parole de la Maison-Blanche a annoncé la couleur : *"Les USA iront au-delà de mesures symboliques ou verbales."* Le 4 janvier, Carter annonça l'interruption des ventes de céréales, l'arrêt des fournitures de *"matériel stratégique"* et de technologie avancée à l'URSS. En un mot : profiter de la gabegie bureaucratique qui fait que l'URSS est incapable de satisfaire ses propres besoins alimentaires, pour affamer les travailleurs soviétiques.

D'autres mesures de moindre importance ont été prises : réduire les facilités de pêche des bateaux soviétiques dans les eaux territoriales américaines, réduire la coopération culturelle, empêcher l'ouverture de nouveaux consulats, etc. Ces mesures, sans toucher la bureaucratie, rendront encore plus difficile la vie du simple citoyen soviétique : réduisant non seulement son niveau de vie mais aussi ses possibilités d'information et de voyage...

La vente totale de céréales à l'URSS sera donc pour cette année de dix-sept millions de tonnes inférieures à celle envisagée (vingt-cinq millions de tonnes) et les limitations de fournitures commerciales sont prévues, si l'on en croit le secrétaire d'Etat adjoint, Christopher, *"pour une durée considérable".* L'essentiel de ces céréales étant destiné à l'alimentation du bétail, l'Union soviétique se trouvera contrainte d'abattre la partie de son cheptel qu'elle ne pourra nourrir. Les conséquences structurelles à long terme en sont évidentes.

Afin *"d'étudier les moyens à mettre en œuvre pour que la réduction des exportations américaines vers l'URSS soit pleinement efficace"*, les USA ont pris l'initiative d'une réunion à Washington des pays exportateurs de céréales. La Communauté européenne pourrait donc être entraînée sur ce chapitre à la suite des USA, même si le ministre français des Affaires étrangères, François Poncet déclarait le 6 janvier : *"Nous n'avons pas l'intention de modifier nos relations commerciales avec l'Union soviétique."* La CEE a déjà décidé de suspendre l'aide alimentaire à l'Afghanistan qui comprenait quelques milliers de tonnes de céréales et trois cents tonnes de lait en poudre.

Derrière ces mesures de rétorsions économiques s'en profilent encore de plus inquiétantes, qui ont trait au renforcement du potentiel militaire impérialiste dans la région.

La menace impérialiste

Les Etats-Unis s'emploient ainsi à rameuter leurs alliés dans la région. Il viennent de parapher avec la Turquie un nouvel accord prévoyant l'utilisation de trois bases militaires dans ce pays, signifiant ainsi son maintien dans le cadre de défense de l'OTAN. Le ministre égyptien de la Défense a aussi confirmé que son pays continuerait à accorder des *"facilités militaires"* aux USA.

Comme devait l'expliquer le très *"démocrate"* Kennedy, ces mesures sont nécessaires au *"renforcement de la position politique, économique et militaire des Etats-Unis au Moyen-Orient et en Asie du Sud-Ouest".*

C'est pourquoi Carter s'est déclaré prêt à revenir sur l'embargo d'aide militaire au Pakistan et a pris des contacts avec *"des pays occidentaux et industrialisés mais également du Proche-Orient"*, pour mettre en place un "consortium" destiné à réarmer et aider financièrement le Pakistan. Ce réarmement impérialiste du Pakistan où, il y a seulement quelques semaines, le régime dictatorial du général Zia Ul Haq laissait des manifestants pro-islamiques brûler l'ambassade américaine, n'est pas le moindre des paradoxes de la situation régionale actuelle.

En cette occasion, l'administration Carter n'a pas manqué de relancer ses projets de coopération avec la Chine, en envoyant le secrétaire de la Défense Harold Brown à Pékin rencontrer les dirigeants chinois, pour faire assumer par la Chine une partie au moins de l'aide militaire au Pakistan et aux guérillas islamiques féodales afghanes qui y sont installées. Les appels de Deng Xiaoping, à tous les pays afin de *"conclure une alliance"* pour s'opposer à *"l'expansionnisme soviéti-*

que", ne peuvent que rencontrer les espérances américaines de voir le front contre-révolutionnaire s'élargir au maximum. C'est à ces manœuvres préparatoires à une escalade impérialiste qu'il faut s'opposer, quelle que soit l'appréciation portée sur l'intervention soviétique en Afghanistan.

Vincent Kermel

Rouge n° 902
18-24 janvier 1980

Editorial
Pas de mesures de rétorsion contre l'URSS.

Il y a quelque chose d'indécent dans la vague d'indignation soudaine qui secoue les gouvernements impérialistes à propos de l'Afghanistan. Ceux qui sont aujourd'hui si hypocritement préoccupés de démocratie et de souveraineté nationale ne se sont jamais souciés de la misère et du dénuement dans lesquels a toujours vécu le peuple afghan.

En 1972, la famine a fait cent mille morts. Des populations entières ont été décimées. Plus d'un enfant sur deux mourait en bas âge. 90 % de la population était illettrée et sans assistance médicale. Qui s'en souciait alors ?

C'est contre cette oppression, contre la corruption de l'appareil d'État, que le peuple afghan a commencé à se mobiliser en 1978 et à secouer l'immobilité mortelle d'un ordre médiéval. Loin d'avoir fomenté son renversement, le Kremlin a été parmi les premiers surpris de la chute brutale du régime Daoud.

Depuis lors, les gouvernements anti-impérialistes qui se sont succédé ont adopté une série de mesures limitées mais progressistes : suppression des dettes pour les paysans pauvres, début d'une réforme agraire, légalisation des syndicats pour la première fois dans l'histoire de l'Afghanistan, programme d'alphabétisation et de scolarisation, publication d'une presse dans la langue des minorités opprimées (Uzbeks, Turcomans, Balouches), suppression de la vente des femmes et mesures d'émancipation en leur faveur.

Les guérillas tribales et féodales se sont dressées contre ces mesures, soutenues en sous main par la réaction pakistanaise et l'impérialisme. Dès le mois de juin 1978, Washington réunissait, au centre de commandement de l'OTAN à Annapolis (Maryland), une conférence de deux cent soixante-dix généraux, amiraux, diplomates et autres mercenaires galonnés, pour tracer les plans de la contre-révolution.

Devant le risque de voir la contre-révolution l'emporter et un régime pro-impérialiste s'installer à sa frontière, l'URSS est intervenue militairement. Cette intervention n'est qu'un maillon de la chaîne dans la politique du Kremlin : l'aboutissement logique d'une politique opposée à la mobilisation révolutionnaire des masses afghanes et au soutien authentiquement internationaliste à leur lutte. Mais maintenant, la région entière s'installe dans la guerre et cette guerre réfracte, en dernière analyse, des antagonismes de classe. Nous ne sommes pas neutres : nous sommes contre laisser le champ libre aux menées impérialistes, contre les mesures de rétorsion de Carter envers l'URSS, contre sa course aux armements et ses menaces de guerre.

Mais parce que nous serons toujours les premiers dans la mobilisation contre l'impérialisme, nous avons le droit et le devoir de dire toute la vérité. Nous sommes dans le camp de la révolution, pas dans celui de la bureaucratie. Nous combattons l'impérialisme en gardant toute indépendance envers le Kremlin et en disant clairement que seule la mobilisation des masses afghanes pour une réforme agraire radicale et pour les droits des minorités nationales en Afghanistan permettra une victoire solide et durable contre l'impérialisme.

S'il est évident que le culot de l'intervention soviétique illustre une fois encore l'affaiblissement de l'impérialisme américain, il est plus douteux qu'elle produise un effet positif sur l'évolution du rapport de force dans la région et dans le monde. Déjà, la mobilisation des masses iraniennes est canalisée vers une seconde cible, sur la frontière afghane.

La confusion est à son comble dans le mouvement ouvrier européen. Certes la propagande officielle exploite au maximum la situation et mène une campagne aussi tapageuse que l'été dernier sur les *"boat people"*. Mais l'écho de ces campagnes dans la classe ouvrière correspond à une racine réelle. S'il existait en URSS une authentique démocratie socialiste, elle exercerait un attrait irrésistible auprès des nations opprimées à ses frontières. L'oppression des nationalités par des méthodes policières, en URSS même, ne peut, au contraire, qu'alimenter la méfiance et la répulsion des masses dans les pays voisins, faciliter la propagande impérialiste, et faire percevoir l'intervention militaire comme un acte de violence et non de libération.

C'est pourquoi, faire face à l'ennemi principal impérialiste n'implique pour nous aucune union sacrée avec la bureaucratie, mais au contraire, simultanément, la lutte acharnée, en URSS même, pour l'autodétermination des nationalités, pour la démocratie socialiste, pour le renversement de la bureaucratie.

L'URSS s'installe en Afghanistan face aux rébellions islamiques.

Les troupes soviétiques s'installent en Afghanistan. Fortes de plusieurs dizaines de milliers d'hommes, elles ont essaimé dans tout le pays pour réduire les foyers de résistance des rebelles islamiques. La politique annoncée par le nouveau dirigeant Babrak Karmal propose une union nationale de toutes les forces antiféodales, revenant sur les *"excès"* commis sous le régime d'Amin qui est maintenant ouvertement qualifié de fasciste alors même qu'il fut à l'époque soutenu par l'URSS.

Mais cette union nationale se limite pour l'instant à une tentative de réunification des ailes opposées du PPD qui s'étaient farouchement affrontées ces derniers mois. Ainsi, Aslam Wataniar, ex-ministre de l'Intérieur de Taraki, qui a participé à l'élimination des partisans de Babrak Karmal en été 1978, se retrouve aux côtés de ceux-ci dans le nouveau gouvernement.

Cet équilibre précaire à l'intérieur même des structures de l'appareil d'Etat augure mal des possibilités de constitution d'un Front national démocratique antiimpérialiste et antiféodal tel qu'il est annoncé. Et ce d'autant plus que l'intervention soviétique risque fort de développer un courant d'opposition nationale.

En attendant, les troupes soviétiques se heurtent à la résistance des rébellions islamiques dans la région qui longe la frontière pakistanaise et autour d'Herat dans l'ouest du pays. Pour mener à bien leur opération, elles ont aussi dû s'opposer à une partie de l'armée afghane elle-même et aux éléments restés fidèles à Amin.

L'hiver afghan va probablement geler les positions militaires pour un temps, et donner aux soviétiques le délai nécessaire à la reconstruction de l'Etat afghan. C'était là d'ailleurs une des raisons de l'intervention de l'URSS comme le note l'article de la page 3.

Mais cela ne sera pas aisé. Le nouveau pouvoir, malgré la libération de plusieurs milliers de détenus politiques, dispose encore d'une base de masse assez étroite.

L'équilibre fragile au sein du PPD réunifié sous l'impulsion soviétique rendra encore plus difficile la résolution des problèmes délicats que constituent la réforme agraire, l'alphabétisation, la reconnaissance des droits des minorités ethniques et culturelles et l'indépendance nationale, qui sont les tâches sur lesquelles a déjà trébuché la *"révolution d'avril 1978"*.

Vincent Kermel

Les réformes de la "révolution" d'avril 1978.

Dès après le coup d'Etat d'avril 1978 qui porta le PPD au pouvoir, des réformes radicales furent annoncées par Taraki dans un programme de gouvernement en trente points. Dans son discours, celui-ci promit un contrôle plus strict de l'Etat sur l'import-export et annonça que le gouvernement prendrait au moins 51 % de participation dans les entreprises.

Une épuration limitée des hautes sphères de l'appareil d'Etat fut effectuée. La garde républicaine de Daoud fut dissoute et vingt-deux membres de la famille royale furent privés de leur citoyenneté, y compris ceux qui, avec Daoud, avaient été tués lors du coup d'Etat. Huit mille personnes furent libérées des prisons et des hauts dignitaires remplacés par des militants.

Un décret de juin 1978 supprima la pratique de l'usure et du servage liée à celle de l'hypothèque. En octobre de la même année, les mariages forcés et ceux concernant les femmes de moins de seize ans, seront interdits. Le prix de la dot était réduit à trois cent cinquante afghanis (soit sept francs) alors qu'il était d'usage d'y consacrer des milliers d'afghanis. Une vaste campagne d'alphabétisation fut aussi lancée, et une diversification de l'usage des langues instaurée. L'enseignement primaire fut effectué en langue maternelle, des programmes radio et des journaux furent créés dans les différentes langues du pays.

Dans un décret du 28 novembre 1978, le gouvernement du PPD annonça une réforme agraire qui fixait le plafond de la propriété terrienne familiale à trente jeribs pour les bonnes terres, soit six hectares. Les terres excédentaires ont été distribuées à des paysans pauvres, des métayers ou des Kouchis (semi-nomades). La location et la vente de la terre étaient aussi interdites.

Dans un pays aux structures précapitalistes encore puissantes, ces mesures radicales ne pouvaient que rencontrer l'opposition des féodaux, des chefs tribaux et religieux. Mais l'absence de préparation politique des campagnes, les méthodes bureaucratiques violentes du PPD et la faiblesse du mouvement ouvrier ont favorisé l'incompréhension des paysans pauvres devant ces réformes et alimenté en dernière analyse la réaction féodale.

Les révoltes paysannes contre les réformes du parti populaire démocratique.

La société afghane reste caractérisée par la longévité de ses structures précapitalistes. L'Etat et de larges pans de l'économie ont toujours été détenus par les grands propriétaires fonciers. Le développement capitaliste y est limité et la bourgeoisie quasiment inexistante, sauf dans le secteur commercial.

Le système monarchique consacra la domination politique d'une fraction pachtoune, les Durranis, sur un pays composé d'une véritable mosaïque de nationalités.

Cette royauté tira longtemps sa légitimité du sentiment national afghan qu'elle incarna en s'opposant aux invasions anglaises, à la fin du XIXe siècle.

En 1967, des statistiques officielles précisaient que 2,2 % de la population possédaient 42 % des terres. Par contre, 80 % des paysans survivaient sur des parcelles de moins de quatre hectares ou n'en possédaient pas du tout. Ils se répartissaient 29% des terres. Ces inégalités s'accroîtront avec la famine des années 1970-1972.

A la veille de la *"Révolution d'avril"*, il n'y a que 1 % de travailleurs industriels et la moitié des travailleurs urbains sont employés par l'Etat. Par contre, deux cent cinquante mille mollahs se font les gardiens d'une législation archaïque que le coup d'Etat républicain de Daoud, en 1973, n'a pas fait disparaitre.

La montée des luttes en Afghanistan

Après l'échec, en 1966, de la *"nouvelle démocratie"* faussement impulsée par la dynastie en place, une certaine agitation sociale se manifeste. Les grèves ouvrières se multiplient en 1968 dans le secteur de la construction et, en 1970, une manifestation de femmes dénoncera, dans la capitale, la législation rétrograde en vigueur.

Après le coup d'Etat de 1973, de grands espoirs sont fondés dans le nouveau régime qui a l'appui du Parcham et promet des réformes démocratiques. La république est proclamée sans pour autant que les structures précapitalistes soient détruites. Les représentants des propriétaires fonciers et des féodaux reviendront en force au sein de l'appareil d'Etat après l'éviction du Parcham, en 1975.

En avril 1978, Daoud fait assassiner le leader du Parcham, Akbar Khyber. Quinze mille personnes défileront dans les rues de Kaboul, dans un cortège funéraire qui se transformera en manifestation anti-impérialiste devant l'ambassade américaine. Cette mobilisation urbaine provoqua arrestation des dirigeants du PPD et précipita le coup d'Etat du 27 avril 1978.

Les premières mesures du nouveau régime furent incontestablement bien accueillies par la population. Les rébellions antigouvernementales ne prirent véritablement de l'ampleur qu'à la fin 1978, après la promulgation de la forme agraire et l'aggravation des conflits de cliques dans le PPD.

Le 16 janvier 1979, le *Wall street journal* publiait une dépêche de Kaboul qui rendait compte de la mobilisation de *"plus de cent cinquante mille personnes, le tiers de la population de Kaboul"* en soutien au PPD qui venait de changer les couleurs du drapeau national.

De telles manifestations se déroulèrent dans plusieurs villes de province. Mais très rapidement, le PPD dilapida le capital de confiance que les masses avaient placé en lui. Ses réformes radicales rencontrèrent l'opposition des couches féodales religieuses et des propriétaires fonciers et l'incompréhension des masses paysannes. Dès lors se constituait la base objective d'une entreprise impérialiste de déstabilisation de l'Afghanistan que le shah d'Iran n'avait cessé d'appeler de ses vœux.

L'opposition au régime s'organisa autour des royalistes déchus, des propriétaires fonciers, des dignitaires musulmans et des membres de la classe dominante évincés de l'appareil d'Etat (professeurs, ingénieurs...). Les réactions répressives du pouvoir alimentèrent régulièrement les rébellions islamiques en contribuant à leur donner une base de masse paysanne.

La rébellion islamique

Ces mouvements trouvèrent auprès du Pakistan et de certains Etats arabes, comme le Koweït et l'Arabie Saoudite, l'aide qui leur était nécessaire. Le Pakistan, qui s'était montré conciliant de peur que le gouvernement du PPD ne réalimente les guérillas des Balouches et des Pachtounes pakistanais, s'emploiera toutefois à aider les mouvements islamiques d'opposition à Kaboul. En février 1979, un correspondant de l'AFP témoigne de cela en racontant sa visite dans *"un camp d'entraînement de rebelles, situé tout près de la frontière, à une vingtaine de kilomètres de Peshawar en territoire pakistanais"*. Le Parti islamique a revendiqué une douzaine de camps identiques le long de la frontière, d'où sont lancées les actions contre l'Afghanistan.

L'échec relatif de l'application bureaucratique de la réforme agraire, sans mobilisation des masses paysannes ni encadrement technique suffisant, et la timidité des réformes concernant les minorités ethniques et culturelles expliquent, sans doute, l'ampleur des réactions antigouvernementales. Elles se développent sous la forme de soulèvements dans des régions entières comme le Nouristan et le Badakhchan, dans le nord du pays. Aux réactions de rejet du pouvoir central par la minorité Tadjik vont très vite s'associer des révoltes à caractère religieux, fomentées par les mouvements islamiques pour s'opposer aux réformes impulsées par le PPD.

Ainsi, en mars 1979, des milliers de paysans attaquent la ville de Heriat dans l'Ouest, au nom de l'islam. Ils massacrent allègrement conseillers soviétiques et militants du PPD. Taraki accusera, à ce propos, l'Iran d'avoir infiltré des agitateurs dans cette région. La répression fut massive. C'est l'époque où l'ayatollah Chariat Madari appelait *"tous les musulmans du monde à soutenir les musulmans afghans"* (Le Monde, 20 mars 1979). Le 23 juin, une manifestation d'Hazaras proclamant leur attachement à l'islam chiite sera très violemment réprimée dans la capitale. Un peu plus tard, des répercussions se feront sentir dans l'armée afghane, avec la tentative de soulèvement des soldats de la caserne du fort Bala-Hisser, en août 1979. Alors que des régions entières échappent au contrôle du pouvoir central, que les rébellions islamiques esquissent un processus d'unification, les affrontements internes au PPD réduisent encore la base sociale du régime, essentiellement urbaine.

Vincent Kermel

Les guérillas islamiques.

Les rébellions islamiques et paysannes antigouvernementales qui s'opposent au PPD sont, grossièrement, de deux sortes. En dehors des zones pachtounes, elles regroupent des minorités ethnolinguistiques, comme les Tadjiks au Nord, traditionnellement rebelles à tout pouvoir central, et prenant la forme de jacqueries régionalistes.

C'est le cas par exemple du Nouristan dans le nord-est du pays, où les paysans se soulevèrent fin 1978. Au mois de mars, les rebelles nouristanais contrôlaient leur région qu'ils décrétèrent *"libérée"*.

Un autre exemple exprime le ressentiment de minorités nationales, en l'occurrence les Tadjiks du Nord qui représentent une minorité ethnique et religieuse puisque de rite chiite dans un pays à dominante sunnite. Le Setem I Melli (*"Contre l'oppression nationale"*) créé par un membre du PPD, combina un verbiage maoïste et des préoccupations ethno-centristes pour lancer les paysans tadjiks du Badakhchan dans la guérilla à partir de 1975.

Par contre, dans l'aire d'implantation pachtoune qui s'étend le long de la frontière avec le Pakistan, les rébellions paysannes sont dominées par des groupes religieux féodaux en lutte contre le régime *"marxiste"* de Kaboul, et ses réformes. Elles se caractérisent par la multiplicité des groupes fondés le plus souvent sur des bases tribales ou familiales.

On peut dénombrer :

- Le Rassemblement islamique dirigé par Ustad Rabbani qui entretient de fructueux rapports avec son homologue pakistanais qui est la principale force politico-religieuse soutenant le général Zia Ul Haq. C'est par ce canal que transiterait l'aide de l'Arabie Saoudite ;

- le Parti islamique de l'ingénieur Gulbuddin Mekmatyar, fondé en 1965, qui accuse le Rassemblement islamique d'avoir collaboré avec la monarchie. Ce mouvement a mené une lutte depuis le coup d'Etat de Daoud en 1973. Depuis cette époque il est réfugié au Pakistan. Il se revendique de feu l'ayatollah Talleghani, intervient principalement au nord de Jalalabad, dans la région du clan des Durranis, et recrute parmi les hauts dignitaires épurés sous Daoud ou sous Taraki ;

- le Parti nationaliste révolutionnaire islamique de Syyid Ahmed Gailani qui a lancé un appel à la guerre sainte le 13 avril dernier. Ce groupe est dénoncé par les autres comme étant *"pro-américain"* ;

- le Front national de libération de Hazrat Sebratullah Mojadidi qui est issu d'une vieille famille religieuse ;

- le Mouvement de la révolution islamique de Mohammad Nali Mohammadi.

Quelles critiques à l'intervention soviétique ?

Nous ne voulons pas discuter de l'intervention soviétique avec les divers représentants de la bourgeoisie internationale qui profitent de la situation pour déverser une propagande effrénée. Au contraire, la tâche principale pour les révolutionnaires est de combattre cette propagande et les mauvais coups qu'elle prépare. Par contre, il faut revenir sur des arguments développés par ces secteurs importants du mouvement ouvrier. En France, du PS à Elleinstein, l'on en appelle souvent aux "règles du droit international", au "principe" de le non-ingérence dans les affaires d'un autre Etat. Autant de choses qui permettent de mettre sur le même plan l'intervention soviétique en Tchécoslovaquie, en Afghanistan, l'intervention américaine au Vietnam, etc. Les prises de position de la direction du PCF ne peuvent que renforcer l'écho de telles déclarations.

Il n'y a pas de principe de non ingérence

Disons le tout net : nous avons peu à faire du soi-disant principe de non ingérence. Qu'un Etat ouvrier apporte son soutien politique et militaire a un mouvement - ou un Etat - révolutionnaire ou anti-impérialiste, dans un autre pays n'est pas pour nous gêner. Au contraire, il s'agit pour nous d'un devoir élémentaire. Nous savons que l'URSS ne mène pas une politique révolutionnaire et allons y revenir. Mais il est bon de rappeler que nous ne jugeons pas des événements en fonction de principes abstraits, mais du cours concret de la lutte des classes, des forces sociales en présence.

De ce point de vue, l'on ne peut, par exemple, comparer l'intervention soviétique en Tchécoslovaquie et en Afghanistan. Dans les deux cas la bureaucratie du Kremlin est intervenue non au nom des intérêts du prolétariat, mais pour défendre ses propres intérêts. Sauf qu'en Tchécoslovaquie, c'était contre un mouvement de masse antibureaucratique dont la logique était de lutter pour une réelle démocratie socialiste. Alors qu'en Afghanistan, l'intervention se fait contre des guérillas dirigées par des féodaux.

Des guérillas de la liberté ?

L'on va nous rétorquer que derrière ces guérillas s'exprime un mouvement populaire de même nature que celui qui est apparu derrière la *"révolution islamique"* d'Iran. Justement, l'analogie ne tient pas. Ni en Afghanistan, ni en Iran nous ne sommes pour la *"révolution islamique"*. Mais nous savons distinguer les forces sociales qui s'engouffrent sous l'enveloppe des mots.

En Iran, il s'agissait de la révolte de tout un peuple contre un régime dictatorial a la solde de l'impérialisme : le cours concret des événements montre bien comment s'agence, au-delà de cette enveloppe islamique, la lutte des travailleurs et des minorités nationales. Pour l'instant, les forces qui dominent la majorité des guérillas islamiques de d'Afghanistan - aidées par l'impérialisme - s'apparentent plus aux Chouans contre lesquels la jeune République française de 1789 eut à lutter.

Certes, il y a parmi eux des paysans pauvres que les féodaux manipulent, c'était la même chose parmi les Chouans qui avaient une assise populaire. Certes, la politique bureaucratique répressive des différents gouvernements *"progressistes"* qui se sont succédé depuis 1978 a contribué à jeter dans les bras de ces féodaux de nombreux paysans. Mais les faits sont là qui traduisent l'affrontement, même déformé, des forces sociales antagoniques.

Prétendre que derrière ces guérillas se cristallise la volonté d'indépendance nationale, c'est aller un peu vite en besogne. C'est oublier comment des questions ethniques et tribales s'entrecroisent aux intérêts féodaux.

La politique de l'URSS

Est-ce à dire que nous portons aux nues les différents régimes afghans que se sont succédé depuis 1978 ? Non. Mais il n'empêche que - avec des méthodes bureaucratiques et plus pour les intérêts de la petite bourgeoisie urbaine que des masses populaires - ces régimes ont pris une série de mesures démocratiques heurtant de plein fouet les féodaux. (Voir les articles précédents.) Un processus de guerre civile, plus ou moins ouvert suivant les périodes, s'en est suivi.

Contre la réaction, les révolutionnaires sont prêts à défendre un tel régime et a appuyer toutes ses mesures positives. Sauf que les Soviétiques n'ont pas fait cela. Toute leur politique est, dans le cadre du statu quo, de maintenir leurs positions au travers du régime Karmal, de refouler la réaction appuyée par l'impérialisme, mais en aucun cas de stimuler et d'organiser la mobilisation des masses.

Ils se soucient fort peu de faire déboucher les réactions anti-impérialistes et antiféodales qui existaient en Afghanistan sur un processus de révolution permanente ouvrant la voie du socialisme.

Voilà les intentions de l'intervention militaire car l'on ne peut pas dire qu'elle est justifiée par un danger imminent d'agression des puissances impérialistes contre l'URSS. C'est même le contraire : cette intervention a été possible à cause de l'affaiblissement relatif et des difficultés actuelles (voir Iran) de l'impérialisme US.

Elle n'est finalement que le résultat de l'impasse d'une politique de soutien inconditionnel aux différentes cliques petites bourgeoises qui se sont succédé depuis 1978 et qui, à cause principalement de leur politique, risquaient d'être renversées par les forces de la réaction. L'URSS ne pouvait se permettre de perdre une telle "place stratégique" et a envoyé ses troupes.

Exiger le retrait des troupes

Nous condamnons cette intervention, comme nous avions condamné la politique précédente du Kremlin qui n'allait pas dans le sens de l'intérêt des masses populaires, de l'approfondissement du processus révolutionnaire. Les effets de cette intervention ne peuvent même que pousser une fraction plus grande des masses afghanes sous l'étendard de l'islam brandi par la réaction féodale.

Dans la guerre civile contre la réaction féodale, la politique de l'URSS ne vise pas à l'organisation et à la mobilisation consciente des masses. D'où la condamnation de l'intervention ; mais notre critique se fait du point de vue du combat contre la réaction féodale. Nous ne restons pas neutres, commentateurs dans l'affrontement des forces sociales qui se joue actuellement en Afghanistan. Même si ces affrontements prennent des aspects déformés.

Vu la situation créée, le retrait des troupes soviétiques signifierait, de fait, l'effondrement de la lutte contre la réaction afghane et le renforcement des positions de l'impérialisme dans cette partie du monde. Voilà pourquoi nous ne menons pas, dans la situation actuelle, campagne pour le retrait, même si nous n'avons aucune illusion sur les objectifs de l'URSS. Même si nous savons et expliquons que pour aller vers la voie d'une réelle émancipation sociale et politique les masses afghanes devront trouver elles-mêmes le chemin, non seulement contre la réaction féodale. mais aussi contre la politique du Kremlin.

Rouge n°903
25-31 janvier 1980

Après l'intervention soviétique en Afghanistan.
Carter élabore une "nouvelle doctrine" impérialiste.

Depuis sa défaite au Vietnam, l'impérialisme américain cherche à redevenir le gendarme mondial incontesté qu'il était auparavant. Du renforcement de son dispositif militaire, avec l'installation des fusées Pershing en Europe et la réorganisation des bases US dans la Caraïbe, jusqu'aux mesures contre la révolution iranienne, tout concourt, depuis un certain temps, vers cet objectif. Mais l'obstacle politique majeur à toute intervention contre-révolutionnaire directe des USA reste la persistance d'un puissant sentiment antiguerre dans la population américaine. C'est ce véritable "traumatisme vietnamien" qui lia les mains des Etats-Unis lors des récentes explosions révolutionnaires. C'est leur relative paralysie politique qui permit l'intervention soviétique en Afghanistan que les dirigeants américains utilisent maintenant pour essayer de retourner la situation.

Malgré les tentatives pour lier les décisions récentes : visant au *"renforcement de la puissance militaire des Etats-Unis et de leurs amis"* à l'actuelle situation en Afghanistan, les choses viennent de plus loin.

En octobre dernier, par exemple, après avoir fait monter la vapeur autour de la présence, à Cuba, d'une brigade soviétique, en pleine conférence des non-alignés, Carter décida d'accroître la présence militaire américaine dans la région de la Caraïbe. Il annonça alors l'établissement d'un quartier général à Kay Weat, en Floride, tout près de Cuba, l'extension dus manœuvres militaires régionales et l'augmentation du contingent américain à la base de Guantanamo à Cuba. Le tout était accompagné d'une menace à peine voilée de recours au traité interaméricain d'assistance mutuelle de 1947 pour couvrir toute éventuelle intervention impérialiste.

Une politique concertée

Ces dernières semaines, cette politique s'est considérablement intensifiée. Avec le refus de vente des dix-sept millions de tonnes de céréales et de certains matériels technologiques, Carter impose à l'URSS des mesures de rétorsion plus que symboliques. Il réussit, au passage, une opération de politique intérieure, en ralliant, in extremis, sur ses propositions, son principal adversaire électoral, Kennedy. A défaut d'obtenir encore le consensus national qu'il poursuit, Carter aura au moins réussi à unifier les différents représentants politiques de la bourgeoisie américaine.

De plus, la diplomatie américaine obtient aussi un relatif succès dans ses efforts pour entraîner dans son sillage les différentes capitales occidentales. Si la France et l'Allemagne restent réticentes au boycott des jeux Olympiques de

Moscou, le Conseil des ministres de l'Europe des Neuf a néanmoins garanti l'efficacité des mesures de rétorsion américaines en refusant de se substituer aux exportateurs des États-Unis pour fournir l'Union soviétique en produits alimentaires et en remplaçant l'aide alimentaire accordée à Kaboul par une aide plus importante en faveur des *"réfugiés afghans"* du Pakistan.

Sur le plan diplomatique, les Etats-Unis ont mené une intense campagne pour obtenir une condamnation soviétique à l'ONU. Ils ont réussi à faire voter une majorité des pays représentés à l'Assemblée générale de l'ONU pour le retrait des troupes étrangères d'Afghanistan, faisant ainsi éclater le bloc des pays non-alignés favorables aux thèses soviétiques. Une telle condamnation massive de la politique soviétique n'avait pu être obtenue par les USA y compris au plus fort de la guerre du Vietnam. Elle ne pourra que renforcer les velléités belliqueuses de l'impérialisme.

Mais c'est surtout dans le redéploiement de leur force militaire dans la région autour de l'Afghanistan que l'impérialisme US semble vouloir diriger ses efforts. Serait-ce donc cela que la "nouvelle doctrine Carter" dont Cyrus Vance expliquait qu'elle consistera en une nouvelle définition d'un *"cadre pour une coopération régionale"* au Proche-Orient et en Asie du Sud.

Outre une augmentation du budget consacré à l'armement, cette doctrine prône, comme le déclara le secrétaire d'Etat adjoint Christopher, la recherche *"sur le plus grand nombre de fronts possibles"* d'une attitude *"unifiée et forte"* des capitales occidentales. Mais cette volonté d'obtenir un consensus déborde le cadre européen, et Washington lorgne aussi bien du côté du Japon que de la Chine pour l'aider dans sa politique.

L'aide au Pakistan
A la Chine, les USA assignent un rôle de partenaire dans le *"consortium"* de pays qui devraient s'entendre pour soutenir la dictature pakistanaise et les rébellions islamiques afghanes par son intermédiaire.

Or, la phobie de l'encerclement soviétique, qui a conduit les Chinois à s'attaquer au Vietnam, les poussent aujourd'hui à participer aux menées antisoviétiques organisées par Carter. Ainsi, Huang-Hua, ministre chinois des Affaires étrangères vient de se rendre au Pakistan pour y célébrer *"l'alliance sino-pakistanaise"*. Même si le soutien militaire effectif de la Chine à la dictature militaire pakistanaise semble encore limité, les dirigeants chinois ont déjà accepté des actions "parallèles" à celles des USA pour consolider la réaction pakistanaise et aider les rébellions afghanes.

Le ministre des Affaires étrangères pakistanais, accompagné d'experts militaires, vient de se rendre à Washington, où il exposa sa "liste d'achats" de fournitures militaires au gouvernement américain qui a déjà débloqué quatre cent millions de dollars, répartis par moitié entre l'aide militaire et civile. Mais le général-dictateur Zia Ul-Haq, qui traite cette somme de *"cacahuètes"* entend bien jouer sur son rôle stratégique dans cette affaire pour en obtenir plus.

Il désirerait, notamment, voir les USA lever l'embargo sur les armes stratégiques à l'égard du Pakistan, ce qui lui permettrait de se doter de l'arme atomique. Il entend aussi que l'impérialisme américain abandonne à tout jamais ses intentions de favoriser un Etat pakistanais à la façade plus démocratique. Et c'est avec une certaine ironie qu'il marchande tout cela en déclarant tout de go à l'égard des USA : *"Les élections ne sont pas un remède pour le Pakistan aujourd'hui. Oubliez vos idéaux d'Occidentaux et vos modèles de liberté et de démocratie. Vous êtes ici dans un pays musulman, le seul de cette partie du monde, de la Turquie au Vietnam, où la présence américaine soit acceptée."* A bon entendeur, salut et n'en déplaise à Carter dont les *"droits de l'homme"* furent, il n'y a pas encore si longtemps, un cheval de bataille démagogique.

Mais le déploiement des forces impérialistes s'étend jusqu'à l'océan Indien où des avions B 52 américains viennent d'effectuer une démonstration de force en survolant des navires soviétiques, alors même que les missions d'observation sont rarement attribuées à des bombardiers.

La préparation de l'impérialisme à une action contre-révolutionnaire est donc de plus en plus tangible. Nous ne sommes pas à la veille de la Troisième Guerre mondiale et les USA n'entendent pas s'affronter directement à l'URSS, mais Washington espère bien réaffirmer sa prédominance sur sa zone traditionnelle d'influence et préparer les conditions de répression et de blocage des processus révolutionnaires en cours. Le porte-parole de la Maison-Blanche n'exprimait pas autre chose en déclarant à la cantonade : *"Vous pouvez être sûrs que nous sommes parfaitement bien préparés à faire face à n'importe quelle situation d'urgence."* Ces propos sont complétés par les décisions de Carter de limiter le contrôle du Congrès américain sur l'activité de la CIA afin de lui redonner son "opérationnalité" d'antan, et de constituer une *"force à déploiement rapide"*.

Le tapage fait autour des divisions soviétiques prêtes à pénétrer en Iran, complaisamment relayé en France par *le Matin*, ne doit donc pas nous masquer ce que l'impérialisme américain essaye de dissimuler derrière sa dénonciation de *"l'expansionnisme soviétique"*. Et cela, même si l'intervention soviétique en Afghanistan lui facilite la tâche en lui en offrant le prétexte.

Vincent Kermel

Rouge n° 904
1er - 6 février 1980

Non au stalinisme, mais rien avec l'impérialisme contre l'URSS.

Les libertés n'ont jamais eu autant de défenseurs que ces dernières semaines : Sakharov déporté - des dizaines de voix s'élèvent pour protester contre le non-respect par l'URSS des accords d'Helsinki. Alors que des dizaines de dissidents avant lui étaient envoyés dans les camps, internés dans les hôpitaux psychiatriques soumis à l'arbitraire policier, nous étions bien peu à protester.

Lorsque Giscard envoyait ses paras au Zaïre, faisait chasser par les mêmes son sinistre pantin Bokassa, mitraillait avec ses avions les populations au Sahara ou au Tchad, les vertueux défenseurs du "droit des peuples à disposer d'eux-mêmes", qui s'insurgent tant contre les crimes de Brejnev en Afghanistan, se taisaient.

Le climat de *"tension internationale"* entretenu par les gouvernements impérialistes et leur presse n'a d'autre but que de faire accepter aux travailleurs - et en premier lieu à ceux des Etats-Unis - l'intervention armée là où la lutte du prolétariat risquerait de bousculer les gouvernements à leur solde. L'Iran, le Nicaragua, demain le Salvador peut-être, sont autant de coups que l'impérialisme, malade de sa défaite au Vietnam, a dû encaisser sans réagir. Il espère que l'Afghanistan va lui fournir l'occasion de se remettre en selle pour aller rétablir son ordre là où les masses révolutionnaires le mettent à mal. Et ce n'est pas le moindre des crimes de Brejnev que de lui avoir donné cette occasion.

L'intervention soviétique en Afghanistan, si elle a pour résultat momentané de faire reculer les bandes de féodaux afghans soulevés contre l'atteinte à leurs privilèges, contribue à jeter dans les bras de la réaction de larges secteurs de la population paysanne. D'autant plus qu'elle vient à la rescousse d'un régime que ses luttes de clans sanglantes et ses méthodes répressives avaient privé de la sympathie qu'auraient dû lui valoir les quelques mesures progressistes qu'il avait prises à l'encontre des potentats et des grands propriétaires fonciers. Moscou est accouru non pour étendre la révolution mais pour sauver ce régime de l'effondrement et empêcher qu'il soit remplacé, à ses frontières, par un gouvernement réactionnaire à la solde de l'impérialisme.

En son temps, nous avons soutenu l'intervention cubaine en Angola, quand elle était décisive pour battre les guérillas contre-révolutionnaires appuyées par les mercenaires racistes de l'Afrique du Sud. Nous avons réclamé que les Etats ouvriers aident massivement le FNL sud-vietnamien en butte à l'impérialisme US.

Ce n'est donc pas au nom d'on ne sait quel principe de neutralité face aux puissances impérialistes que nous condamnons l'intervention soviétique en Afghanistan. Tous les coups contre l'impérialisme sont bons à donner. Mais pas ceux qui entravent le combat des travailleurs, sèment le désarroi dans leurs rangs et facilitent la sale besogne de la bourgeoisie, y compris contre la classe ouvrière soviétique elle-même.

Notre condamnation de l'intervention militaire soviétique ne doit pas pour autant nous faire oublier que celle-ci a créé un fait nouveau : il y a maintenant une véritable guerre sociale avec les bandes de féodaux réactionnaires armées par les Etats-Unis, via le Pakistan.

Nous sommes avec le peuple afghan pour sa libération nationale et sociale, pour la réforme agraire, pour l'alphabétisation des masses, l'émancipation des femmes de leur condition d'esclaves, pour la nationalisation des biens de féodaux et de grands propriétaires. Le peuple afghan n'a rien à gagner au rétablissement des privilèges de la monarchie renversée par le coup d'État d'avril 1978, auquel aspirent les chefs de la rébellion actuelle.

Brejnev prétend que l'Armée sovié-

tique est venue aider les travailleurs contre la réaction, alors il lui reste une seule chose à faire : les aider à s'organiser pour combattre la réaction eux-mêmes. Ce sont des mesures sociales radicales qu'il doit favoriser et non remettre en place une autre clique petite-bourgeoise, qui votera peut-être avec l'URSS à l'ONU, mais maintiendra le peuple afghan dans sa terrible misère. C'est seulement en favorisant ces mesures, que Brejnev pourra se sortir du "bourbier afghan" dans lequel sa politique de soutien sans principe aux cliques petite-bourgeoises en place l'a empêtré. C'est ce "prix" qu'il devra payer pour défendre l'Etat ouvrier soviétique que sa politique criminelle met en danger.

B-I 103
Février 1980

Les textes qui suivent se rapportent aux trois résolutions qui ont été soumises au vote du SU et publiées dans Inprecor n°70.

Compte-rendu du Comité central des 2 et 3 février 1980.
Débat sur l'Afghanistan après rapport sur le dernier SU.

Explications de vote sur l'Afghanistan.

Mill, Varennes, Fosco, Sérafin, Chaudet, Mathilde, David, Frédérique, Erivan, Cléo, Lafca.

Nous partageons les opinions exprimées par la résolution Jaber-Tariq, et avons voté pour elle. Cependant, au vu des autres résolutions présentées au SU et des arguments échangés en CC, certaines précisions apparaissent nécessaires.

1. Contrairement à ce qui apparaîtrait par une analyse superficielle, les divergences entre la résolution majoritaire du SU et celle de JaberTariq (J.T.) ne porteraient pas uniquement sur la question du maintien des troupes soviétiques. Elles portent au premier chef sur la portée de notre condamnation. Le fait que la résolution du SU refuse la condamnation (le terme même y est soigneusement évité) de l'intervention militaire de la bureaucratie est, à notre avis, le fait saillant de cette résolution. Il est clair que, du point de vue de ses rédacteurs, l'aspect fondamental de l'intervention n'est pas son caractère contre-révolutionnaire. Or, quels que soient les intérêts propres de la bureaucratie à conquérir des positions face à l'impérialisme, l'intervention en Afghanistan est fondamentalement contre-révolutionnaire dans ses conséquences.
- En Afghanistan même, où elle provoque le passage massif des travailleurs du côté de la réaction féodale et ne favorise d'aucun point de vue une mobilisation autonome des masses, en particulier paysannes.
- Dans la région, où elle favorise le renforcement de la présence impérialiste, lève une vague anticommuniste, favorise l'islamisme intégriste et réactionnaire. Le cas est particulièrement flagrant en Iran. Ce faisant, elle participe du combat contre la mobilisation en cours.
- Dans le reste du monde, par l'accélération extraordinaire des processus à l'œuvre depuis un an en ce qui concerne le renforcement militaire de l'impérialisme US, de son leader-ship sur les autres bourgeoisies occidentales et surtout en terme de moyens politiques nouveaux pour l'intervention contre-révolutionnaire en Iran, au Moyen-Orient et en Amérique latine. Par ses conséquences à long terme, l'intervention soviétique va dans le sens du maintien du statu quo car ses répercussions jouent clairement un rôle de frein au développement des mouvements de masse dans la région, et, ainsi, contribue à perpétuer l'actuel rapport de force entre les classes à l'échelle internationale.
- Par le confusion jetée dans le mouvement ouvrier en général par ce piétinement cynique du droit des peuples à s'autodéterminer. C'est à cela que l'on mesure le coup donné à la portée émancipatrice du communisme.

Le refus d'une condamnation claire de l'intervention bureaucratique de la part de la majorité du SU repose sur un seul et unique argument : les coups militaires portés par l'Armée rouge à la réaction féodale, car on ne peut sérieusement retenir l'argument selon lequel la sécurité de l'URSS était en jeu. Que, dans la tête de Brejnev, ce ne soit pas la progression du socialisme qui explique l'intervention ne sera contesté par personne. Mais, même "objectivement", l'intervention ne va pas dans ce sens, y compris, et surtout, en Afghanistan.

Si cela était, alors l'intervention mériterait un jugement circonspect de notre part, voire un soutien critique (cf: intervention de Cuba en Angola par exemple), comme le proposent le SWP ou la section japonaise. D'ailleurs, si cela était vrai, nous aurions avec nous, sur cette position, le prolétariat militant.

La résolution majoritaire ne va pas jusque-là. Mais en refusant une condamnation claire, en refusant de caractériser l'intervention comme entièrement contre-révolutionnaire, elle glisse inévitablement de ce côté, comme le montrent les divers articles de Rouge parus à ce jour.

2. Le même argument de "real politic", à courte vue, préside au refus, de demander le retrait des troupes. Car, disent les camarades, ce serait ipso facto le triomphe des féodaux, une victoire de l'impérialisme.

Mais, pourquoi ne mesurent-ils pas le prix payé par un embourbement de longue durée de l'Armée rouge en terme de renforcement de l'impérialisme ? En terme d'affaiblissement de l'URSS ? Pourquoi en rester à une vision étroitement nationale des choses et rejeter, à ce niveau du raisonnement, ce qui est dit unanimement sur les effets contre-révolutionnaires dans ses pays dominés (Iran...) du maintien soviétique ?

N'est-il pas clair que le retrait des troupes serait une victoire de l'impérialisme sans doute (et dont la bureaucratie porte l'entière responsabilité), mais incomparablement moins grave que le maintien en l'état, ou une défaite politico-militaire sur le terrain ?

La position du retrait des troupes est cohérente avec une condamnation sans appel de l'intervention militaire. Il est hors de question d'en faire un mot d'ordre central, isolé de l'ensemble de nos explications ; ces dernières étant, elles, toujours combinées avec une dénonciation prioritaire de l'impérialisme, comme l'explique parfaitement la résolution J.T.

Cette position est cohérente. A un point tel que les camarades qui refusent de demander le retrait des troupes sont conduits (et le seront de plus en plus) à mener bataille contre ce retrait, et donc à demander le maintien des troupes, du moins tant que la mobilisation des masses ne permettra pas une lutte autonome hors de la protection du grand frère...

La relativisation de la condamnation de l'intervention elle-même est, dans ces conditions, inévitable, ce que démontre d'ailleurs la résolution du SU d'une manière éclatante.

3. Enfin, des camarades ont posé le problème d'une possible intervention de l'URSS dans la base sociale du pays et se fondent sur une telle possibilité pour condamner le retrait des troupes. Cet argument est inacceptable.

Parce que, dans l'immédiat, rien ne va dans ce sens, au contraire. Si c'est le cas, nous reprendrons ce débat.

- Parce que, surtout, comme toute intervention militaire de l'URSS comporte une telle possibilité, soutenir un tel argument, c'est soutenir à l'avance, et quelles que soient les conditions, une telle présence dans une quelconque partie du monde. C'est clairement une position de soutien critique à la bureaucratie, la croyance en un rôle "progressiste" permanent de celle-ci, un ralliement sans gloire à la théorie des "camps" au détriment de la lutte des classes. Ce ralliement est même susceptible de se doubler d'une argumentation autour d'un thème de *"la guerre qui vient"* à partir de la politique d'armement de l'impérialisme. De telles allégations qui font système rappellent un passé que l'on pourrait croire révolu. Une telle position, présentée comme une position de principe général, saperait la légitimité même de l'existence de notre mouvement.

Explications de vote sur l'Afghanistan.

Nîmes, Matti, Jérôme, Legolfe, Quentin, Blasco, Robert, Puech, Serge, Anna.

Nous approuvons la ligne générale de la motion votée majoritairement par le SU sur l'Afghanistan. Mais nous pensons que notre orientation aurait gagné en clarté si, au lieu et place du paragraphe *"Ils ne prennent aucune responsabilité pour l'intervention militaire du Kremlin. Ils refusent le moindre soutien politique à cette intervention, etc"*, nous avions exprimé sans périphrases notre condamnation de l'intervention militaire. Il n'était pas difficile d'expliquer que cette condamnation découlait de notre condamnation d'ensemble de la politique contre-révolutionnaire de la bureaucratie soviétique. Que nous portons cette condamnation au vu du bilan globalement négatif de l'intervention, tant du point de vue du niveau de conscience des masses que du point de vue du rapport de force mondial. Que donc, nous portons cette condamnation en nous plaçant du point de vue des intérêts de la classe ouvrière et que tout nous oppose à ceux qui portent cette condamnation du point de vue des intérêts de l'impérialisme, ou, à l'exemple des divers leaders eurocommunistes, en se présentant comme les loyaux conseillers de Brejnev.

Explication de vote sur l'Afghanistan

Je m'étais abstenue sur la précédente résolution majoritaire au comité central parce que, bien que d'accord avec l'essentiel de ses analyses (dénonciation de la politique impérialiste, condamnation de l'intervention), je n'étais pas d'accord avec le paragraphe sur le retrait des troupes.

Je vote contre la résolution majoritaire du SU, parce qu'il n'y a pas de condamnation claire de l'intervention soviétique et qu'il me paraît grave d'en être réduits à *"n'avoir aucune responsabilité dans la politique du Kremlin"*.

J'avais voté contre la résolution ire [*ainsi dans le texte*] du précédent CC, préconisant le retrait des troupes, parce qu'elle était totalement déséquilibrée politiquement, n'évoquant la dénonciation de la politique impérialiste que de façon lapidaire dans le dernier paragraphe.

Si je suis pour le retrait des troupes, je suis contre que cette position se confonde avec les principes de non-ingérence, et avec la campagne impérialiste : ce qui implique d'opposer dans le mouvement ouvrier nos propres motions à toute motion confusionniste, ou de refuser une campagne d'agitation sur le seul mot d'ordre de retrait des troupes.

Je suis davantage d'accord et je vote donc pour, en conséquence, la résolution Jaber-Tariq, minoritaire au SU. Je regrette néanmoins que la façon dont le droit des peuples à disposer d'eux-mêmes est traitée soit assez abstraite et ne s'oppose pas explicitement aux arguments de non-ingérence. Il doit être très clair, en outre, que nous ne sommes pas indifférents aux forces qui se confrontent en Afghanistan, mais que la stabilité des rapports de forces entre l'impérialisme et la stabilité et l'avancée des mesures progressistes réalisées exigent le développement d'un mouvement de masse afghan auquel la présence soviétique fait obstacle.

Contribution au débat sur l'Afghanistan.

Darmelle

Notre prise de position sur l'intervention soviétique en Afghanistan dépend de l'appréciation qu'on porte sur :
- la nature des conflits de classes en Afghanistan : de quel côté se trouvent les troupes soviétiques ?
- la possibilité d'attaques impérialistes contre l'Etat ouvrier soviétique ;
- la façon dont cette intervention est perçue par les travailleurs et donc son effet sur leurs luttes (sur le plan mondial).

Pour les camarades du SWP, il y avait danger réel pour l'Etat ouvrier soviétique : c'est l'impérialisme US qui est intervenu pour soutenir le renversement du régime Amin et pour la mise en place d'un nouveau régime appuyé par les féodaux, favorable à la politique impérialiste contre l'Etat ouvrier. Pour se protéger (à sa manière bureaucratique, évidemment) le Kremlin a donc décidé l'intervention de ses troupes qui ne peuvent s'opposer à l'entreprise impérialiste qu'en se portant aux côtés de la révolution afghane en lutte contre les propriétaires féodaux : quelles que soient les visées propres à la bureaucratie (qui ne cherche évidemment pas à développer le mouvement des masses pour une révolution socialiste), quelles que soient les confusions que provoque cette intervention, il ne faut pas condamner celle-ci car son effet est bénéfique à la lutte de classes en Afghanistan et dans le monde.
Une telle analyse est cohérente. Et si telle était la situation, il faudrait la reprendre à notre compte. Le débat porte sur les faits eux-mêmes. Certains camarades portent le débat ailleurs
- soit ils nient ou minimisent la possibilité que, de par sa nature, la bureaucratie puisse être amenée à soutenir (de façon certes contradictoire, comme au Vietnam ou en Angola) de réels mouvements de masses révolutionnaires et même partiellement à les stimuler ;
- soit ils contestent que nous ayons à défendre quoi que ce soit de l'Etat soviétique : il s'agirait finalement d'une forme d'impérialisme contre une autre ;
- soit ils considèrent que l'intervention soviétique porte atteinte à un principe supérieur : le droit des peuples à disposer d'eux-mêmes. Ce dernier argument est partiellement un débat sur les faits, car les camarades du SWP considèrent que c'est l'impérialisme US qui a porté atteinte au droit du peuple afghan à disposer de lui-même et que l'intervention soviétique favorise finalement le processus révolutionnaire en cours. Mais au-delà du débat sur les faits, il y a aussi débat sur la place de la question nationale dans nos prises de position.

La résolution minoritaire au CC qui réclamait le retrait des troupes soviétiques, à l'opposé de la position des camarades du SWP :
- n'abordait pas la question des dangers menaçant l'Etat soviétique ;
- insistait sur le caractère totalement nul ou dérisoire des mesures progressistes antiféodales qu'aurait pris le régime Amin et que les troupes soviétiques seraient susceptibles de favoriser et sur l'absence de mouvement de masse progressiste aux côtés duquel se seraient portées les troupes soviétiques ;
- insistait sur les effets négatifs de l'intervention soviétique, sur la maturation de la conscience des masses afghanes.

La résolution majoritaire au CC :
- condamnait l'intervention soviétique, en fonction du troisième critère : l'effet négatif de cette intervention sur la conscience des masses afghanes et sur les luttes anti-impérialistes dans le monde (ce qui signifie une appréciation divergente des camarades du SWP) ;
- mais refusait de mettre en avant le mot d'ordre de retrait des troupes avec des arguments qui ont varié par la suite : défense de l'Etat ouvrier désormais menacé ?, rôle des troupes dans la "guerre civile" ?
A la diversité de ces positions, s'ajoutent beaucoup d'autres, qui seront des chassés-croisés d'arguments : personnellement, je me suis abstenue sur la résolution majoritaire à cause du paragraphe sur le retrait des troupes, tout en étant d'accord avec l'essentiel des analyses et de l'angle d'attaque des problèmes (dénonciation de la politique impérialiste, condamnation ferme de l'intervention soviétique avec des arguments qui me paraissent corrects). J'ai voté contre la résolution proposant le retrait des troupes (bien que d'accord avec ce mot d'ordre, un autre débat étant de savoir comment on l'utilise, j'y reviendrai), parce qu'elle me semblait totalement déséquilibrée politiquement, sous-estimant gravement la politique impérialiste à dénoncer.
Il faut comprendre que cette diversité de positions provient d'abord d'une situation effectivement contradictoire, dont l'issue n'est nullement claire.
- Supposons que les troupes soviétiques se retirent, après quelques changements au sommet. Quelle sera l'analyse et la position des camarades qui sont opposés au

mot d'ordre de retrait des troupes soviétiques ? Si l'on pense réellement qu'il y avait - ou qu'il y a maintenant - un danger réel d'attaque de l'Etat ouvrier, devrions-nous nous opposer à un tel retrait des troupes soviétiques ? Devons-nous considérer qu'il s'agirait d'un acte suicidaire de la bureaucratie ? D'une dramatique erreur qui porte un coup très grave à la défense même de l'Etat soviétique et de la révolution afghane ? Personnellement, je ne pense pas que l'Etat soviétique était - ni n'est aujourd'hui, dans le contexte mondial de la coexistence pacifique - directement menacé. Je pense donc que le retrait des troupes est le plus probable. Et j'y suis favorable. Autrement dit, l'Afghanistan ne me paraît pas être la Finlande, du point de vue de la politique impérialiste. Certes, l'impérialisme ne renoncera jamais à préparer une intervention ultérieure si elle s'avérait à nouveau possible ; il ne renoncera surtout jamais à soutenir les régimes contre-révolutionnaires sur lesquels il peut s'appuyer. Mais assimiler ces préparatifs et cette politique (qu'il faut dénoncer), ou les dangers - réels - de guerre à la guerre elle-même, à l'agression directe contre l'Etat ouvrier me semble profondément erroné : cela conduit de fait à s'engager dans une logique de "camps" et - quelles que soient nos bonnes intentions - cela nous conduit à des formes de soutien de la politique du Kremlin et non de défense des rapports sociaux de l'URSS.

- Si les troupes soviétiques demeurent une longue période en Afghanistan, elles ne pourront probablement le faire qu'en cherchant à renforcer la base sociale du régime qu'elles soutiennent du côté des masses afghanes anti-féodales. Et si la guerre civile prend de l'ampleur, il est probable que les soviétiques maintiendront leur présence. Les camarades qui sont contre le retrait des troupes s'appuient en fait (en dehors du premier argument sur les menaces contre l'URSS) sur une certaine appréciation de la guerre civile en cours et ses développements possibles. Mais sur l'ampleur de cette guerre civile, les faits sont pour le moins douteux. Et l'intervention soviétique semble donc s'être, en réalité, ramenée à une opération de sommet. L'affirmation selon laquelle les mesures progressistes prises *"ne pouvaient que provoquer les réactions des féodaux"* doit se combiner en fait avec le constat de l'échec de ces mesures ; dès lors, les conflits n'ont pas nécessairement pris encore la forme claire d'une guerre civile. Incontestablement, nos informations sont limitées. Mais il semble que les camarades du SWP exagèrent à l'extrême la réalité d'un mouvement révolutionnaire. S'il est vrai que celui-ci n'existe pratiquement pas, alors, il est plus que probable que les troupes soviétiques rencontrent une vaste passivité hostile des masses afghanes, dans le meilleur des cas. Dans ce cas, que dire aux soldats soviétiques qui partent ? Et à ceux qui voudraient ne pas partir ? D'aller porter la bonne parole pour l'auto-organisation des masses afghanes révolutionnaires, alors que le moindre embryon d'auto-organisation n'existe, ni dans l'expérience des soviétiques, ni dans celle des masses afghanes aujourd'hui ? Nous ne pouvons établir notre mot d'ordre aujourd'hui sur des pronostics douteux pour l'avenir. Autrement dit, la réalité du danger d'intervention contre l'Etat ouvrier et la réalité d'une mobilisation anti-féodale me paraissent être les deux critères essentiels pour guider notre position, car ils interfèrent sur le troisième : quel est l'effet de l'intervention soviétique sur le développement de la conscience et des luttes des travailleurs. Le caractère anti-féodal du régime soutenu par les soviétiques, le risque réel qu'un régime plus réactionnaire prenne sa place sans l'intervention soviétique sont des critères insuffisants en l'absence d'un réel mouvement de masse antiféodal, car un tel mouvement est indispensable :
- pour que le rapport de force soit durable (y compris du point de vue de la défense des frontières soviétiques...) ;
- pour que notre soutien à la présence des troupes puisse prendre la forme d'exigences concrètes adressées aux troupes soviétiques du point de vue des masses afghanes en lutte, et ce faisant...
- pour que notre position se distingue toujours radicalement de la politique du Kremlin.

En conclusion, je dirais que si nous devons donc, dans l'état actuel des informations, être pour le retrait des troupes soviétiques, nous devons en même temps nous dissocier très clairement de tous ceux pour lesquels l'Afghanistan serait "libre" sans troupes soviétiques, tous ceux aussi qui s'opposent à cette intervention pour des raisons de "non-ingérence", tous ceux enfin qui ne dénoncent pas la politique impérialiste et l'hypocrisie de sa campagne. C'est la raison pour laquelle il serait erroné de descendre dans la rue avec ce seul mot d'ordre, ou de signer des pétitions sur la "non-ingérence". Mais exprimer dans nos résolutions et articles, dans nos meetings l'intégralité de notre appréciation, jusque et y compris notre opposition à la présence des troupes, est actuellement une condition essentielle pour que nos positions soient écoutées par les masses afghanes, par les travailleurs d'Union soviétique et des démocraties populaires, soumis à la domination du Kremlin. Si les fondements sociaux de l'URSS sont un jour attaqués par l'impérialisme, cela se traduira par des régressions évidentes dans les conditions de travail et de vie des masses de ces pays. Notre défense de ces "acquis" - là peut être comprise et s'appuiera sur les réactions des travailleurs eux-mêmes. Parce que le stalinisme a trop vécu, parce qu'il est encore trop identifié au *"socialisme réellement existant"*, il est très grave que notre position puisse jamais être assimilée à un quelconque soutien à la politique de la bureaucratie au pouvoir.

Afghanistan : débattre ! changer de ligne ! (Chaudet, Fosco, Touvais)

Un débat nécessaire

Par dix-sept pour, dix-sept contre, et cinq abstentions, le comité central de janvier de la SFQI venait d'arrêter sa position sur l'Afghanistan. Près d'un mois plus tard, le malaise persiste toujours dans l'organisation. Une prise de position ne remplace pas un débat. Surtout lorsque les problèmes posés sont d'une telle importance. En regard des implications au niveau du mouvement ouvrier français, il est de la première importance que la LCR définisse une position claire, élaborée et prise en charge par l'ensemble des militants. C'est à cette condition que nous pourrons peser sur les militants critiques du PCF et de la CGT qui s'interrogent sur l'attitude de leurs organisations. Sans ce débat - limité dans le temps - cette question introduira un nouvel élément de crise dans la LCR, voire dans la IVe. Surtout lorsqu'on connaît la multiplicité des prises de position, contradictoires entre elles, puisque cela va du SWP qui approuve l'intervention de l'URSS jusqu'à l'IMG qui avance le mot d'ordre de retrait des troupes soviétiques en passant par les condamnations mesurées, mais divergentes de la LCR française et de la LCR espagnole. C'est la raison pour laquelle nous demandons l'ouverture immédiate d'un tel débat dans toute l'organisation, qui, après plus de trois semaines, n'a toujours pas connaissance des trois autres résolutions minoritaires, des textes et explications de vote faits par les camarades du CC. Simple détail...

Un débat difficile

Avant tout, entendons-nous sur les questions de méthode :
- L'invasion de l'Afghanistan par les troupes soviétiques constitue un événement historique spécifique, qui pose des problèmes nouveaux. Aucune analogie historique, pour utile qu'elle soit à notre réflexion, ne peut permettre de trouver la réponse à nos interrogations : l'Afghanistan n'est ni la Mandchourie de 1929, ni la Pologne de 1939, encore moins la Tchécoslovaquie de 1968.
- Elle exige une réponse claire des marxistes révolutionnaires si nous voulons avoir un impact - même limité - vis-à-vis des travailleurs. Ceci est possible à l'heure où le PS retrouve le langage de la SFIO ; où le PCF retrouve celui de la troisième période ; où la CGT attend *"d'avoir de plus amples informations"* pour s'aligner ensuite sur la position du PCF ; où la CFDT en profite pour accentuer la division et se tourner encore plus vers les ornières de la collaboration de classes. A l'heure où les grandes organisations dites "trotskystes" développent des "analyses politiques" d'une grande finesse du genre : *"Marchais aime les peuples... comme il aime les biftecks, c'est-à-dire saignants"* (LO) ou *"l'URSS écrase les masses afghanes... parce que Carter et l'impérialisme ne peuvent directement le faire"* (OCI).
- Tout militant révolutionnaire ne peut que réprouver et condamner les méthodes infâmes employées par l'URSS en soutien aux régimes répressifs des Taraki et autres Amin. Seuls, ceux qui confondent le rapport de force entre les classes avec le rapport de force diplomatique et militaire peuvent se tromper sur la question. Mais l'indispensable dénonciation de Brejnev et ses complices ne saurait suffire à déterminer notre position politique.
- Dans le monde entier, les militants les plus conscients ne s'y sont pas trompés : dans leur grande majorité, ils se prononcent contre l'occupation de l'Afghanistan, pour le retrait des troupes soviétiques. De cette réaction, il va de soi que, seuls, des fonctionnaires très coupés de la vie quotidienne pourraient ne pas tenir compte. Mais il convient d'ajouter que les révolutionnaires ont le devoir de ne pas se plier à l'opinion majoritaire du mouvement ouvrier, si celle-ci, comme en 1914 par exemple, s'exprime dans un sens opposé aux intérêts de la révolution. Il faut savoir être à contre-courant... quand on est capable de justifier ses vues et d'expliquer quel processus social et politique les rend momentanément inaccessibles à la majorité du mouvement ouvrier.

Ces remarques préalables ont pour seule fonction le désir d'éviter tout faux débat. Nous devons juger de l'Afghanistan comme les marxistes révolutionnaires ont jugé de toutes les guerres et de toutes les actions militaires, dès lors qu'il ne s'agissait pas de conflits intercapitalistes: dans quelle mesure l'occupation de Kaboul aide-t-elle à la progression du rapport de force international en faveur de la révolution ? Dans quelle mesure aide-t-elle à la prise de conscience révolutionnaire des travailleurs et de leur avant-garde, dans le monde, dans la région et dans les pays concernés ?

Il s'agit là du seul critère applicable parce qu'il découle directement de l'analyse de la réalité mondiale comme déterminante de toutes les réalités nationales, fondement même de la théorie de la révolution permanente. Dans le cas présent, il doit nous amener à répondre aux questions suivantes :
- Quels objectifs poursuit l'URSS en intervenant en Afghanistan ? (Précisons, au passage, que le caractère non capitaliste de l'Etat soviétique ne suffit pas à répondre à la question)
- Quels sont les enjeux réels de la lutte de classes en Afghanistan ?
- Dans quel sens peuvent-elles évoluer après l'entrée de l'Armée rouge ;
- Quelles conséquences aura l'occupation sur le déroulement du processus révolutionnaire en Iran, dans tout le Moyen-Orient ? Quelles répercussions sur les rapports de force entre réformistes et révolutionnaires dans le mouvement ouvrier international ?
- Quelles tâches pour la IVe Internationale ?

C'est autour de ces questions qu'existent les divergences au sein de l'internationale : incompréhension du pourquoi de l'intervention soviétique, analyse superficielle de ce qui s'est passé en Afghanistan entre avril 1978 et décembre 1979, interprétation dogmatique des textes de référence de notre mouvement. Le débat doit porter sur ces points. Il serait parfaitement réducteur que de le cantonner à la seule question du pour ou contre le mot d'ordre de retrait des troupes soviétiques.

Pourquoi l'intervention soviétique ? Deux raisons doivent être immédiatement écartées : celle écrite dans l'édito (non signé) de *Rouge* dans son numéro 902 : *"Devant le*

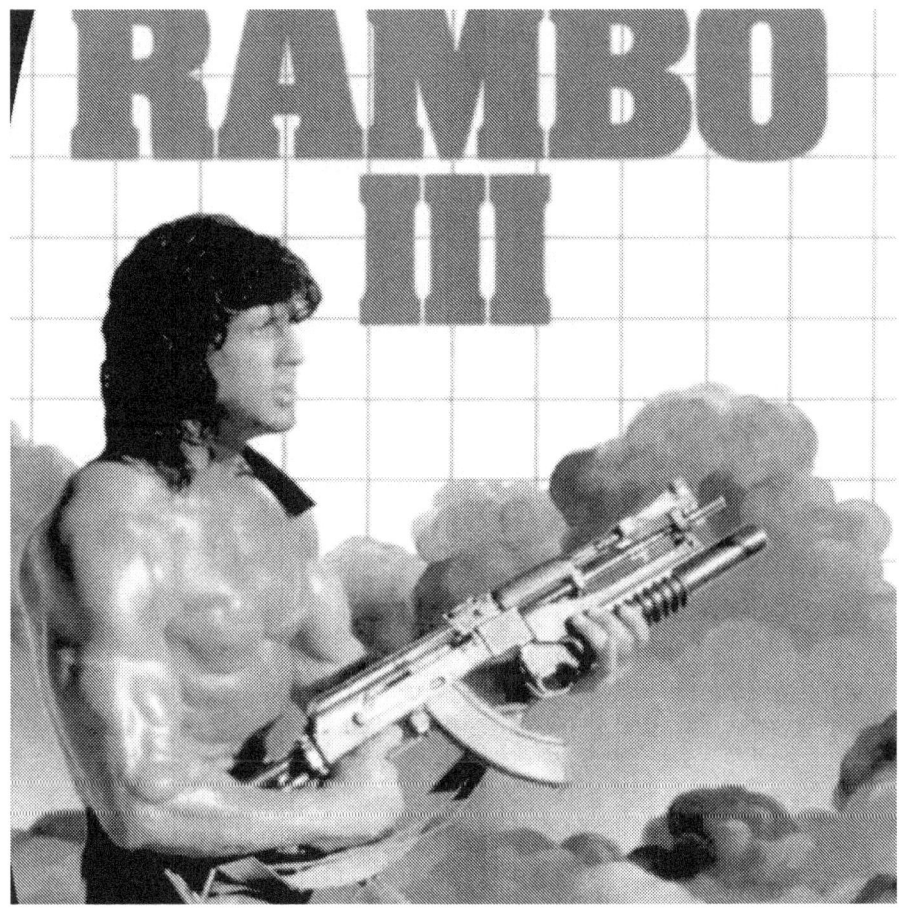

risque de voir la contre-révolution l'emporter et un régime pro-impérialiste s'installer à sa frontière, l'URSS est intervenue militairement". Signalons simplement qu'un tel régime a existé entre 1973 et 1978 sans que l'URSS ne modifie en rien son attitude... Parler de la *"contre-révolution"* est nécessaire, il implique néanmoins de savoir si nous considérons le coup d'Etat d'avril 1978 et les événements qui lui ont succédé comme le début de la *"révolution afghane"* et de se prononcer alors sur la nature des gouvernements qui se sont succédés. La seconde raison à réfuter serait celle d'une intervention d'auto-défense. Ni l'effondrement des régimes de Taraki, d'Amin ou même celui de Karmal ne saurait constituer une menace pour l'existence de l'URSS. Le simple bon sens montre que la disproportion des forces militaires entre les troupes soviétiques et les guérillas islamiques (bien qu'aidées par l'impérialisme), est entièrement en faveur de Moscou.

Il est vrai, par contre, que ce pays fait partie de la zone d'influence soviétique depuis près de soixante ans ; les différents souverains du clan Mohammedzaï qui ont gouverné le pays ont toujours cherché, même lorsqu'ils poursuivaient la politique la plus réactionnaire à l'intérieur des frontières, à maintenir ses relations assez étroites avec leurs voisins ; en définitive, il semble que, si l'URSS a accepté de cautionner, en 1978, le renversement de Daoud par Taraki et Karmal, c'est parce qu'agir autrement aurait signifié l'installation en Afghanistan d'une anarchie permanente, dangereuse pour la stabilité de la région. On peut sans hésiter caractériser la politique traditionnelle de l'URSS à l'égard de l'Afghanistan comme une relation de grande puissance à satellite, satellite non intégré au système économique et social de l'URSS. La perte du pays équivaudrait donc pour le Kremlin à un recul d'influence dans la région. Ceci semble expliquer les raisons de l'occupation de décembre 1979. En fait, cette analyse pêche par simplisme dans la mesure où l'intervention soviétique, par les réactions multiples qu'elle suscite, a directement provoqué (outre la campagne hystérique de l'impérialisme) un isolement de l'URSS, tant au niveau mondial que dans le Moyen-Orient (cf. conférence d'Islamabad). On peut certes supposer que les dirigeants de Moscou ont sous-estimé les risques qu'entraînaient leur opération. Rien n'est plus vraisemblable de la part d'une bureaucratie d'Etat, à l'heure actuelle en proie à de très grosses difficultés internes dans le climat de fin de règne que détermine la sénescence de Brejnev. Mais une telle interprétation ne saurait rendre compte de la totalité des motivations de l'URSS qui, en tant que grande puissance, vouée à la "realpolitik", est contrainte par son insertion dans la réalité mondiale à agir avec un maximum de précision dans l'action. Il ne s'agit, bien évidemment, pas non plus de croire que l'intervention armée en Afghanistan constitue un tournant de l'URSS dans sa politique de "détente", c'est-à-dire du maintien et de la défense du statu quo. Il s'agit simplement, face au développement des luttes et de la radicalisation des masses dans la région d'une attitude plus violente plus agressive mais qui se situe dans le cadre d'une même politique.

Il faut donc rechercher les déterminations les plus profondes de l'URSS en les enserrant dans le domaine des luttes de classes à l'échelle mondiale. Nous nous bornerons à quelques affirmations essentielles :

1. Du Mahgreb à l'Iran, l'ensemble du "monde musulman" est soumis

à de violentes contradictions, causées par les conflits des grandes puissances et surtout par un développement du mouvement de masse.

2. Cette radicalisation s'opère surtout sous la conduite de directions petites bourgeoises qui se réclament de l'idéologie islamique, dont l'impact de masse est aussi évident que la confusion.

3. Le rapport existant entre la combativité populaire et la nature de l'idéologie qui l'inspire détermine une déstabilisation générale de la zone et ouvre la possibilité, dans les années qui viennent, d'importants progrès de la révolution socialiste.

4. En tant que puissance mondiale visant au contrôle politique et militaire des zones clés du monde (et l'ensemble du Mahgreb et du Moyen-Orient est l'une des plus importantes de ces zones), l'URSS est totalement en porte-à-faux vis-à-vis des développements qui s'effectuent dans la région, en Iran notamment. Au cours des dernières années (rupture avec l'Égypte : rapprochement Sadate-Begin, Irak, etc.), l'URSS a connu une série de reculs qui accentuent son affaiblissement.

5. Le développement du mouvement islamique, avec la multiplicité de ses manifestations, ne peut qu'avoir des échos dans les républiques soviétiques d'Asie centrale, dont les rapports avec Moscou ont traditionnellement été difficiles. Dans ce domaine, il faut se garder de tout schématisme : on ne peut, en l'absence d'informations sérieuses, estimer le niveau : de mécontentement dans ces pays ; mais il est tout aussi impossible de conclure à l'absence de toute difficulté, parce que, depuis la Révolution d'Octobre, les conditions de vie de la population y ont été spectaculairement améliorées. Une telle vision de l'histoire (que semble faire sienne *Intercontinental-Press*) relève de bien des choses, mais peu du marxisme. Elle sous-estime à la fois le degré d'oppression par la bureaucratie de toutes les minorités nationales et la force d'expansion d'une idéologie comme l'idéologie islamique qui peut fort bien devenir, pour un temps, le véhicule des revendications antibureaucratiques. Nul doute que les sages de Moscou n'aient décidé de frapper à Kaboul pour être entendus à Tachkent : même si le danger n'est pas immédiat, les bureaucrates savent agir pour prévenir.

6. L'ensemble de ces facteurs doit être inséré dans le contexte de "paix chaude" qui s'instaure à l'heure actuelle. L'impérialisme US, contraint à une série de reculs depuis la victoire des Vietnamiens, cherche à rétablir le rapport de force en sa faveur. Il pratique une politique de réarmement qui contribue avant tout à atténuer les conséquences de la crise économique. Il a trouvé dans la Chine un allié bien disposé contre l'Union soviétique. Celle-ci est obligée de répondre : elle est, par nature, incapable de le faire sous la forme d'une aide au mouvement des masses. Elle l'est encore plus - si l'on peut dire - à effectuer une quelconque révolution par en haut; elle agit au même niveau et avec les mêmes méthodes que l'impérialisme par la voie de la force armée.

L'intervention soviétique en Afghanistan est inspirée par trois considérations principales

a) Arrêter la déstabilisation au Moyen-Orient. C'est-à-dire combattre pour le statu quo. Mais, en l'occurrence, il s'agit là, non pas de combattre politiquement les forces contre-révolutionnaires qui s'expriment dans le mouvement islamique (l'attitude du Toudeh en Iran, soutien de Khomeiny aussi inconditionnel qu'aligné sur les positions des bureaucrates du Kremlin, est significative à cet égard) mais de chasser hors de l'URSS les forces populaires qui ont trouvé dans la référence à l'Islam leur volonté de renverser l'ordre établi. De ce point de vue, l'intervention soviétique doit être analysée et jugée comme une intervention contre-révolutionnaire.

b) C'est la réponse contre-révolutionnaire à la question nationale dont la note du bureau du SU reconnaît *"l'extrême acuité en Afghanistan"*. Celle-ci, certes, apparaît de manière déformée - et donc dévoyée - à travers certaines guérillas afghanes. Si, dans la zone de peuplement des Pachtouns, la rébellion religieuse est dirigée par les féodaux, les rébellions régionales des minorités Turkmènes, Ouzbek, Tadjik (situées des deux côtés de la frontière) reflètent leur aspiration à s'autodéterminer. Le gouvernement soviétique, inquiet des effets de cette agitation religieuse sur ses propres minorités musulmanes (près de cinquante millions de personnes) et qui pourraient avoir des conséquences désastreuses pour la bureaucratie en cas de réveil des revendications nationales de celles-ci, a donc choisi de colmater ces brèches par l'épreuve de force. C'est cela la raison principale de l'intervention soviétique, c'est cela qui permet de comprendre pourquoi l'URSS ne s'en est pas tenue à une quatrième révolution de palais et pourquoi l'armée soviétique a immédiatement engagé le combat contre les rébellions dont on aurait tort d'ailleurs de généraliser l'importance.

c) Arrêter l'offensive de l'impérialisme en profitant de la faiblesse momentanée de sa principale composante. Mais cet objectif, que tous les révolutionnaires ne peuvent qu'approuver en soi, est poursuivi avec des méthodes qui servent et renforcent l'impérialisme. Craignant une éventuelle intervention des Américains en Iran, l'armée soviétique entre en Afghanistan et déploie ses troupes le long de la frontière iranienne. Un équilibre est rétabli à chaud, dans un climat de menaces réciproques. En apparence, l'Iran et avec lui les potentialités de développement ultérieur de la révolution y ont gagné un répit. Le résultat est, en réalité, bien différent : un compromis se fait, dans la tension, entre les deux grandes puissances. De part et d'autre, il est significatif que toute nouvelle déstabilisation, y compris et surtout celles qui résulteraient d'une victoire révolutionnaire des masses, amènerait une intervention militaire de l'une ou l'autre puissance dominante. Or, aucune des deux ne souhaite

un affrontement généralisé, l'accord tacite se passe donc sur le dos des masses du Moyen-Orient d'abord, mais du monde entier aussi et de l'Amérique latine en particulier ; possibilité accrue d'intervention des USA contre les développements de la révolution au Nicaragua, au Salvador.

La révolution afghane en marche?

"C'est contre cette oppression (famine, mortalité, dénuement culturel, médical, etc.), contre la corruption de l'appareil d'État que le peuple afghan a commencé à se mobiliser en 1978... Depuis lors, les gouvernements anti-impérialistes (sic !) *ont adopté une série de mesures progressistes... Devant le risque de voir la contre-révolution l'emporter... l'URSS est intervenue militairement"* (Rouge n° 902). L'article confond la radicalisation - pour l'essentiel limitée aux zones urbaines - des masses afghanes avec un réel processus révolutionnaire. S'il est vrai qu'entre avril 1978 et début 1979, le gouvernement bénéficiait d'un attentisme bienveillant, il serait erroné d'en voir les symptômes d'une révolution en marche. Les rares mobilisations populaires ne se firent pas en soutien au PPDA mais pour bloquer tout processus de retour à une situation antérieure, en particulier celle vécue sous le régime du roi Zaher Sha (statut des femmes, constitution, etc.). Si les réformes initiées en avril 1978 furent bien accueillies, elles ne touchèrent pas l'essentiel de la population afghane: les paysans. Les régimes passèrent, la féodalité resta. Comme le disait le premier article de *Rouge* (n° 890) : *"Le bilan de celles-ci est minces."* Faute de s'en prendre aux féodaux, tous les gouvernements afghans se sont interdit toute modernisation du pays. A au moment ils ne manifestèrent la moindre volonté de s'appuyer sûr les paysans pauvres pour combattre les féodaux. Au contraire, ils laissèrent à ces derniers de nombreux privilèges, en particulier le monopole de l'eau. Ce faisant, ils laissèrent les paysans sous la férule des propriétaires fonciers, des dignitaires musulmans et des membres de la classe dominante de l'appareil d'État qui constituèrent ainsi les premières poches de rébellion. La réforme agraire, déjà ridiculement limitée, était largement entravée par la non-nationalisation du crédit bancaire, empêchant ainsi les paysans de s'équiper.

Le régime Amin, à la fin de 1979, se trouvait privé de tout soutien populaire non pas tant - loin s'en faut - par l'influence grandissante de la réaction que par sa politique répressive, son refus de mettre en avant les revendications qui lui auraient amené le soutien des masses. Ceci sans parler des luttes de clan au sein du PPDA.

Aujourd'hui, le gouvernement Karmal ne bénéficie pas d'un soutien populaire accru. Il est pour le moins hasardeux de parler de "guerre civile". Il faudrait préciser alors si, en face de la réaction, c'est-à-dire dans le camp Karmal, se trouvent les forces de la révolution...

Fausse orthodoxie, un vrai opportunisme

Au nom d'une volonté réelle de l'impérialisme de reconquérir des positions perdues, on en vient à un raisonnement de camp : "Nous sommes dans le camp de la révolution, pas dans celui de la bureaucratie". Le hic, c'est qu'en Afghanistan, le camp de la révolution ne se trouve certes pas dans le camp des rébellions, il n'est pas non plus dans celui de Karmal (voir ci-dessus). Nous nous déterminons en fonction des intérêts des masses afghanes d'abord, non en fonction des manœuvres de l'impérialisme ou de l'URSS. Il faut être clairs : nous condamnons l'intervention armée du Kremlin pas tant par la mise sur pied par des moyens étrangers au mouvement ouvrier du gouvernement Karmal, que parce qu'elle se fait contre les masses afghanes, parce qu'elle les pousse chaque jour un peu plus dans les bras de la réaction et, ce faisant, sert en dernière analyse les intérêts de l'impérialisme : déclenchement de la campagne anti-URSS avec mesures de rétor-

sion à la clé ; réorganisation de la région au profit de l'impérialisme US (conférence d'Islamabad) c'est-à-dire contre la révolution mondiale. En cela nous nous opposons totalement aux camarades du SWP qui écrivent : *"Comme en Iran, comme au Nicaragua, l'URSS aide la révolution afghane à s'accomplir"*. Allant jusqu'à oser écrire que *"le PCI et le PCE sont un coup de poignard dans le dos de celle-ci"*. C'est simplement oublier que l'URSS est intervenue au nom de ses intérêts, non en soutien aux masses. Et ce qui est prioritaire pour nous, c'est la mobilisation des masses pour leur émancipation et non pas en fonction de la géopolitique de la région qui se transforme vite en real-politic, c'est-à-dire en une politique opportuniste. Trotsky écrivait à propos de l'invasion de la Pologne par Staline en 1939 *"Le critère politique prioritaire pour nous n'est pas la transformation des rapports de production dans cette région ou une autre, mais plutôt le changement à venir dans la conscience du prolétariat mondial, l'accroissement de la capacité de défendre les conquêtes antérieures et d'en faire de nouvelles."* C'est de cette position de principe que nous devons nous revendiquer. C'est pour cela que nous réclamons le retrait des troupes soviétiques. Pour que cesse le dilemme pour le paysan ou l'ouvrier afghan : soit lutter contre la réaction et appuyer une armée d'occupation honnie de tous, soit la rejeter et se retrouver dans le camp de la contre-révolution.

Oui, mais disent les camarades du CC qui ont voté la résolution "majoritaire" du CC, si les troupes russes partent, le régime s'effondre. C'est en effet une hypothèse plus que probable. Trotsky écrivait pourtant : *"Le mal ainsi fait l'emporte de beaucoup sur le contenu progressiste des réformes staliniennes en Pologne"* et de continuer *"Pour que la propriété nationalisée dans les zones occupées devienne une base pour un développement authentiquement progressif, c'est-à-dire socialiste, il est nécessaire de renverser la bureaucratie du Kremlin"* (*Sur la Deuxième Guerre mondiale*). Or Trotsky écrivait ces lignes au moment même où c'était l'avenir du seul Etat ouvrier qui était posé au travers de l'avènement de la Seconde Guerre mondiale. A un moment où la défense de l'URSS déterminait la ligne de partage entre révolutionnaires et philistins de tout genre. Or, aujourd'hui, personne ne peut prétendre que l'URSS est menacée. Ainsi tombent toutes les analogies avec la Pologne et la Finlande de 1939-1940. Ainsi tombe l'affirmation grotesque de Ségur (à l'AG de la région parisienne) sur la prétendue subordination des questions nationales à la défense de l'Etat ouvrier. Car n'en déplaise à certains, c'est exactement le contraire de ce qu'a dit Trotsky : *"Nous avons été et nous demeurons contre les annexions de nouveaux territoires par le Kremlin. Nous sommes pour l'indépendance de l'Ukraine soviétique et si les Biélorusses le souhaitent eux-mêmes, pour l'indépendance de la Biélorussie soviétique."* (*Sur la Deuxième Guerre mondiale*). Il a toujours condamné les tentatives d'exportation de la révolution à la pointe des baïonnettes. Que ce soit lors de la guerre russo-polonaise en 1920 (cf. *Ma vie*, page 524-529), que ce soit à propos de la Géorgie en 1921 (cf, sa décision de soulever le problème en pleine séance du CC et forcer le coupable à s'expliquer, dans *Le Prophète armé* de Deutscher, pages 358-360) et où vingt ans plus tard, il n'avait pas changé d'avis : *"En 1921, la République soviétique soviétisa par la force la Géorgie... Du point de vue des principes, on aurait pu avancer bien des objections contre ce mode de soviétisation. Du point de vue de l'élargissement de l'arène de la révolution socialiste, l'intervention militaire dans un pays paysan représentait une entreprise plus que douteuse..."* (*Défense du marxisme*) Que ce soit enfin sur la Finlande : *"Dans ces conditions, l'invasion de l'Armée rouge a eu le caractère direct et manifeste d'un acte de violence militaire. La responsabilité de cet acte retombe entièrement et indivisiblement sur l'oligarchie de Moscou."* (Conférence d'alarme de la IVe, mai 1940).

Certes, dans ces quatre cas, Pologne (1920), Géorgie (1921), Pologne (1939), Finlande (1939-1940), Trotsky n'a jamais réclamé le retrait des troupes soviétiques. La raison en est simple : pour les deux premiers cas, minoritaire au Politburo, il appliqua la ligne mais surtout il y avait encore la guerre civile, les armées françaises en appui direct aux armées blanches et donc se posait avant tout la défense de l'État ouvrier. Dans les deux derniers cas, même chose : en face de l'URSS se trouvait non une poignée de réactionnaires mais l'armée impérialiste la plus puissante du monde : celle de l'Allemagne nazie. C'est pourquoi Trotsky, après avoir condamné sans la moindre équivoque l'invasion de la Finlande conclut par *"...Du point de vue de l'autodéfense de l'État ouvrier entouré d'ennemis, la soviétisation forcée était justifiée : le salut de la révolution socialiste se place au-dessus des principes formels de la démocratie"* (*Défense du marxisme*).

Il est difficile de prétendre que

quarante ans plus tard, l'URSS se trouve dans la même position. Dès lors, non seulement nous condamnons cette intervention, mais nous nous battons pour que cesse cette opération contre-révolutionnaire, pour que les masses afghanes reprennent leurs luttes contre l'ennemi de toujours, la féodalité, et derrière elle la réaction et l'impérialisme. Cette lutte sera leur oeuvre... non celle de la bureaucratie stalinienne. *"Nous ne confions aucune mission historique au Kremlin"* disait Trotsky.

Pour une condamnation sans équivoque, pour le retrait des troupes soviétiques !

Encore une fois, pour éviter tout faux débat : nous n'avons rien à voir avec la revendication bourgeoise du "principe" de non-ingérence, nous ne condamnons pas l'intervention en première analyse à cause du droit des nations à l'autodétermination érigé en principe absolu. Ce droit reste tributaire des intérêts de classe du prolétariat au cours de ses luttes. Il est lié à l'existence, au degré de mobilisation de celles-ci. Nous la condamnons en première analyse parce qu'elle est une intervention contre-révolutionnaire à cent pour cent. Elle vise à empêcher la déstabilisation de la région, largement commencée par la révolution iranienne. Elle vise à écraser par la force ceux qui posent le problème de la question nationales (ou si l'on veut, des questions nationales) dont on ne peut nier la portée subversive aujourd'hui. Nous la condamnons parce qu'elle s'aliène chaque jour un peu plus les masses afghanes et les pousse dans les bras de la réaction. C'est d'ailleurs la principale raison pour laquelle nous croyons le retrait des troupes nécessaire.

Condamner l'intervention des troupes soviétiques ne résout pas, cependant, le problème de l'attitude à leur égard.

A l'exception des camarades du SWP qui, au travers de leurs articles dans *The Militant* et *Intercontinental Press*, totalement acritiques vis-à-vis de l'intervention russe, nombre de camarades qui refusent le mot d'ordre de retrait des troupes se retranchent derrière un seul argument : demander le retrait signifierait l'entrée dans Kaboul de la réaction. Nous avons déjà dit que nous ne demandons pas le retrait des troupes parce que les M-R ne peuvent défendre un régime qui ne tient que grâce aux chars, ce qui serait une position moraliste. Nous ne nous battons pas quant à nous pour la défense du régime Karmal. Il n'y a aucune différence entre celui-ci et ceux de ses sinistres prédécesseurs. Il ne représente pas l'ombre d'une garantie contre la réaction. Significatif est le fait que l'une de ses premières déclarations a été de dire que les réformes (qui pour la plupart en sont restées au stade des promesses) seraient appliquées mais plus lentement ! et, surtout, raisonner uniquement en terme de si les soviétiques s'en vont, c'est la réaction qui entre à Kaboul, c'est donc une défaite de l'URSS, c'est donc son existence qui peut être menacée, etc., etc., relève d'une vision étroite des choses. C'est d'abord se révéler plutôt sceptiques sur la perspective de la révolution permanente en général et ne pas comprendre la dynamique enclenchée par la révolution iranienne et ses répercussions en Afghanistan. C'est ne pas voir qu'une fois l'Armée rouge partie, la lutte continuera de la part des paysans et ouvriers afghans... contre les féodaux. C'est enfin ne concevoir une défaite de la bureaucratie de l'URSS qu'en termes militaires (ce qui est une de l'esprit).

Ce serait une défaite de la bureaucratie, non de la révolution. Or la IVe doit défendre l'URSS contre les attaques de l'impérialisme et, certes, contre toute mesure de rétorsion. Pas dans sa politique contrerévolutionnaire : *"La IVe Internationale ne peut défendre l'URSS que par les méthodes de la lutte de classes révolutionnaire... La défense de l'URSS coïncide en principe avec la préparation de la révolution prolétarienne mondiale."* (Conférence d'alarme de mai 1940).

Toute prolongation de la présence des troupes soviétiques ne peut qu'entraver le déroulement de la lutte des classes, renforcer la réaction, la tendance anti-communiste du mouvement islamique dans l'ensemble du monde musulman, justifier la course aux armements par les impérialistes.

Dernier argument qu'on nous oppose : c'est de dire qu'il faut préparer les conditions à un retrait des troupes soviétiques. Cela ne tient pas la mer une seule seconde ! Pour deux raisons élémentaires : nous croyons qu'il est particulièrement important que ce soit le mouvement ouvrier qui impose cette condition à Brejnev et non la bourgeoisie. Qu'à l'évidence, c'est une pression politique qui doit y parvenir. Lui seul, au plan international, peut créer les conditions de ce retrait en liant évidemment cette exigence avec les revendications incluant les revendications démocratiques, la révolution sociale et donc la lutte pied à pied contre la réaction. Deuxièmement, qui, sur le terrain, peut créer ces conditions ? Est-ce le gouvernement Karmal ? Certainement pas tant qu'il ne mettra pas en place un programme allant vers la défense des masses afghanes, en poussant à leur auto-organisation en soviets, et que les troupes soviétiques seront sur place. Est-ce l'Armée rouge ? Ce serait véhiculer de grave illusions et faire une analyse quelque peu différente du pourquoi de l'intervention russe, celle avancée par le SWP. Est-ce eux qui inciteront les masses à s'auto-organiser ? Est-ce eux qui pousseront *"plus loin qu'il ne le voudrait"* Karmal dans les réformes en cours ? Bien évidemment que non. Y aura-t-il enfin assimilation structurelle ? Nous n'en savons strictement rien à l'heure actuelle et ne pouvons fonder notre politique sur une hypothèse.

Si nous avions une section, les camarades dans leur programmes, développeraient trois points : les revendications démocratiques ; les mesures pour la révolution sociale et le départ des troupes soviétiques. C'est pour ces raisons que nous pensons indispensable de mener une campagne sur ces points. Cela veut dire dans notre presse : combattre aussi vigoureusement la campagne de l'impérialisme que la politique du Kremlin, les articles de Rouge sont d'un déséquilibre patent et donc opportuniste. Dans les syndicats, si tous ces considérants sont mentionnés et s'il ne subsiste aucune ambiguïté, nous ne nous battons pas pour le retrait du mot d'ordre de retrait.

PS : Ce texte a été écrit avant d'avoir connaissance de la résolution majoritaire du SU, les camarades prendront connaissance (rapidement nous l'espérons) de l'explication de vote que nous avons faite sur celle-ci et des raisons pour lesquelles nous votons en faveur de la résolution minoritaire au SU des camarades Jaber et Tariq.

Chaudet-Fosco-Touvais

Rouge n°905
7-13 février 1980

L'intervention soviétique en Afghanistan
5 Questions - 5 Réponses

L'intervention soviétique en Afghanistan a semé le désarroi parmi les travailleurs. Les prises de position successives de Mitterrand, Marchais, Séguy et Maire, sans parler de Bergeron, ne permettent en rien de le surmonter. Lorsque Maire, qui condamne violement l'intervention, explique que "l'obstacle que constitue l'attitude de la CGT sur l'invasion en Afghanistan est fondamental pour l'action syndicale", on est en droit de se demander si c'est seulement des chars russes qu'il s'agit, si ce n'est pas un prétexte de plus pour diviser les rangs du prolétariat. Et quand Marchais, en direct de Moscou, apporte un soutien inconditionnel à Brejnev, sa préoccupation de la terrible oppression féodale des masses afghanes n'est pas crédible.

Entre l'alignement sur l'impérialisme, que choisissent les états-majors social-démocrates ou le PC italien et l'alignement sur Moscou de Marchais ou de Cunhal, les intérêts de la classe ouvrière afghane, les intérêts de la révolution socialiste mondiale risquent fort de disparaître.

Nous publions ci-dessous les réponses de la Ligue communiste révolutionnaire à quelques questions que pose l'intervention soviétique en Afghanistan. Elles sont tirées de la brochure Afghanistan treize questions, treize réponses *qui va être publiée prochainement par la LCR. Nous renvoyons les lecteurs intéressés par le débat que l'intervention en Afghanistan a suscité dans les rangs de la IVe Internationale aux numéros 69 et 70 d'*Inprecor*, qui publient les résolutions majoritaires et minoritaires du secrétariat unifié. De même, le comité central de la LCR a décidé de rendre publiques dans* Rouge *les positions minoritaires qui se sont exprimées en son sein.*

Y avait-il réellement un début de guerre civile en Afghanistan ?
C'est une question clef. Ceux qui voudraient pouvoir adopter une position de neutralité distante, éviter de se prononcer, ont tendance à nier ce fait ou à le minimiser : s'il n'y avait pas de guerre civile, plus besoin de se demander qui il fallait soutenir dans la confrontation armée !
Or, il ne faut pas concevoir la guerre civile conformément à une image d'Epinal. Elle ne prend pas nécessairement la forme de la bataille rangée entre forces équivalentes. Il faut partir des caractéristiques propres de la société afghane, de son extrême pauvreté, du poids du tribalisme, du taux écrasant d'analphabétisme, de ses 90 % de paysans encadrés par deux cent cinquante mille mollahs, de ses 1 à 2 % d'ouvriers dispersés et sans traditions politiques et organisationnelles.
La lutte de classes n'a pas revêtu dans ces conditions des formes classiques et limpides opposant d'un côté le prolétariat à ses alliés et, de l'autre, la bourgeoisie et ses alliés.
Trotsky s'interrogeait dans *La Révolution permanente* sur l'avenir de la révolution dans ce type de pays : *"Cela signifie-t-il que tout pays, même un pays colonial arriéré, est mûr pour la dictature du prolétariat, s'il ne l'est pas pour le socialisme ? Non, cela ne le signifie pas (...) Dans les conditions de l'époque impérialiste, la révolution démocratique nationale ne peut être victorieuse que si les rapports sociaux ou politiques d'un pays sont mûrs pour porter au pouvoir le prolétariat en tant que direction pour les masses populaires. Et si les choses n'en sont pas encore arrivées à ce point ? Alors, la lutte pour la libération nationale n'aboutira qu'à des résultats incomplets dirigés contre les masses travailleuses (...) Un pays colonial ou semi-colonial arriéré, dont le prolétariat n'est pas suffisamment préparé pour grouper autour de lui la paysannerie et pour conquérir le pouvoir est de ce fait incapable de mener à bien la révolution démocratique."*
L'ordre féodal commençait à s'effondrer en Afghanistan. Une petite bourgeoisie de fonctionnaires, d'enseignants, d'officiers secouait la torpeur de cette société. Le vieil

ordre a commencé à basculer. Daoud commença par chercher de nouveaux appuis du côté de l'impérialisme et de l'Iran. Il fut renversé.

Dans un pays pareil, même une direction révolutionnaire authentique aurait été confrontée aux pires difficultés objectives, plus écrasantes encore qu'au Nicaragua ou en Iran. La direction petite-bourgeoise et d'inspiration stalinienne du PDPA ne pouvait qu'aggraver les choses avec un programme de demi-mesures. Plus qu'ailleurs encore, il était illusoire de vouloir s'arrêter à une étape démocratique bourgeoise dans le programme de réformes.

Supprimer l'usure et limiter la propriété foncière, sans nationaliser la banque et le crédit, sans assurer à l'Etat le contrôle de l'eau et des engrais, sans instituer le monopole du commerce extérieur, ne pouvait qu'exaspérer les féodaux et les grands propriétaires, sans pour autant gagner la confiance de la masse des paysans, incertains quant à l'avenir du lointain gouvernement de Kaboul, toujours sous la coupe directe du cacique ou du mollah, souvent contraints à payer sous la table les dettes officiellement abolies.

Nous devions critiquer la politique suicidaire du PDPA. Mais ce n'est jamais une raison pour nous pour adopter une attitude de Ponce Pilate. Les gouvernements de Taraki et d'Amin ont pris un certain nombre de mesures antiféodales et anti-impérialistes que nous devions soutenir malgré leurs limites : début de réforme agraire, suppression de l'usure, mesures d'émancipation des femmes, plan d'alphabétisation. Fallait-il être neutre quand les jeunes instituteurs du PDPA étaient massacrés dans les villages pour avoir demandé que les femmes assistent aux séances d'alphabétisation ?

Il a fallu du temps aux bolcheviques pour gagner la guerre civile. Et c'étaient les bolcheviques ! La Commune a été écrasée et pourtant c'était la Commune du prolétariat parisien, avec derrière lui un siècle de tradition révolutionnaire !

La politique du PDPA creusait sa propre tombe et précipitait le pays vers le chaos. Mais il y avait des racines de classe à la guerre civile qui a commencé à se développer. Les guérillas réactionnaires se sont mobilisées contre les mesures progressistes du nouveau régime. Elles ont reçu l'appui des féodaux, des gros trafiquants, des bourgeois liés à l'impérialisme. Elles ont reçu le soutien de l'impérialisme luimême qui a tenu, dès juin 1978, une conférence militaire de l'état-major de l'OTAN sur la situation créée par le renversement de Daoud, et qui a coupé, début 1979, toute aide économique et alimentaire à l'Afghanistan pour l'étrangler davantage.

Quel que soit notre jugement sur la politique du PDPA, nous ne sommes pas neutres dans un affrontement de ce type.

Quels sont les effets de l'intervention soviétique du point de vue de la révolution mondiale, de l'élévation du niveau de conscience et d'organisation du prolétariat international ?

C'est en effet, pour nous, la question et le critère décisif pour nous orienter face aux événements les plus imprévus de la lutte des classes. Nous nous plaçons du point de vue d'ensemble du développement international de la lutte des classes et non du point de vue de tel ou tel intérêt particulier.

Ainsi, devant les mesures de transformation sociale entreprises en 1939 par l'Armée rouge en Pologne, Trotsky disait que ces mesures d'expropriation des capitalistes étaient en elles-mêmes progressistes, mais que les conditions dans lesquelles elles avaient été prises constituaient *"une injure aux sentiments démocratiques les plus élémentaires des classes et peuples opprimés de la terre entière, et qui, par là même, affaiblit considérablement la situation internationale de l'URSS"*. *"Ce que ne peuvent compenser, ajoutait-il, même au dixième, les transformations effectuées dans les régions occupées"* par l'Armée rouge. Il accusait la bureaucratie de sacrifier ainsi *"les intérêts essentiels du mouvement ouvrier international au profit d'avantages secondaires et instables"*.

C'est donc bien là le problème décisif. L'intervention a nécessairement des effets contradictoires. La bureaucratie intervient pour ses propres motifs et intérêts. Il n'empêche qu'elle reste la bureaucratie d'un Etat ouvrier, et qu'elle est perçue comme telle. La grossièreté de l'intervention soviétique à Kaboul

constitue, à sa manière, objectivement, et quelles que soient les intentions des bureaucrates, une preuve supplémentaire de l'affaiblissement politique de l'impérialisme et un nouveau camouflet à son égard.

Aux yeux de nombreux peuples opprimés, il apparaîtra que l'impérialisme n'a pu réagir à ce coup de main que par une campagne d'opinion déchaînée, des mesures de rétorsion limitées, mais sans aucune réplique militaire immédiate.

Il faut tenir compte de cela et du sentiment répandu dans la population, américaine depuis le traumatisme vietnamien "qu'on ne peut pas gagner militairement", si on ne veut avoir une vision trop unilatérale et européenne des conséquences de l'intervention soviétique.

Il n'en demeure pas moins que les balances ne sont pas égales et que les effets négatifs l'emportent largement. L'intervention détourne une partie de l'énergie des masses iraniennes, jusque là concentrées contre l'impérialisme américain favorise leur maintien sous l'emprise des dirigeants islamiques et constitue un obstacle supplémentaire par rapport à la tâche centrale de l'heure qui est l'organisation d'un mouvement ouvrier indépendant en Iran.

Elle désoriente le mouvement ouvrier européen, certes sous la pression de l'extraordinaire campagne impérialiste, mais aussi en raison d'un profond sentiment antistalinien sur un continent qui a connu les interventions contre-révolutionnaires de la bureaucratie du Kremlin en Pologne, Hongrie, Tchécoslovaquie.

Elle fournit un prétexte en or à la campagne déchaînée de l'impérialisme qui cherche tous les motifs (agitation sur la présence d'une brigade soviétique à Cuba, sur l'affaire des otages de Téhéran) pour justifier la course aux armements et tenter de renverser le courant d'opinion anti-interventionniste vivace aux USA depuis la guerre du Vietnam. L'écho dans l'opinion américaine n'est pas nul si l'on considère la remontée de la popularité de Carter et ses résultats face à Ted Kennedy aux primaires de l'Iowa.

Elle peut avoir pour revers un nouveau durcissement du régime en URSS même et la répression contre tous les opposants. Il n'est pas tout à fait fortuit que l'arrestation de Sakharov soit intervenue quelques semaines après le débarquement à Kaboul.

Elle peut, enfin, favoriser les entreprises de l'impérialisme auprès des pays arabes (conférence d'Islamabad à laquelle participait l'OLP et qui a demandé le retrait des troupes soviétiques) et mettre en difficulté la position de Cuba dans le mouvement des non-alignés.

En bref, la note est lourde. C'est le prix d'une fuite en avant typique des contradictions de la bureaucratie. C'est la raison majeure pour nous de n'apporter aucun soutien à cette intervention et de combattre avec plus d'acharnement encore la politique bureaucratique dont elle est partie intégrante.

Si l'URSS n'est pas intervenue pour défendre la révolution afghane, si les effets de son intervention, du point de vue de la révolution mondiale sont négatifs, faut-il condamner cette intervention ?

Il y a deux facons, diamétralement opposées, de juger l'intervention soviétique, à partir de deux points de vue de classe antagoniques. Il y a ceux qui la jugent du point de vue des intérêts de la bourgeoisie et nous qui la jugeons du point de vue des intérêts du prolétariat mondial.

Les premiers condamnent l'intervention en tant qu'acte militaire, au nom du principe de la non-ingérence, dont la bourgeoisie se sert quand bon lui chante. Pourtant, l'impérialisme ne se prive pas d'intervenir directement ou indirectement, partout où il considère ses intérêts menacés. A Saint-Domingue et au Vietnam hier, au Tchad et en Centrafrique, pourquoi pas demain au Salvador et en Tunisie... Sans parler de l'action quotidienne de la CIA et des services secrets, des manigances des multinationales comme au Chili...

La lutte de classes est mondiale. La bourgeoisie en est parfaitement consciente. Nous sommes pour l'aide matérielle et humaine si nécessaire aux révolutions en difficultés. Nous avons critiqué la Chine et l'URSS parce qu'elles n'aidaient pas assez le Vietnam pendant les années soixante. Nous étions pour l'intervention des Cubains en Angola face aux troupes sud-africaines.

En se plaçant sur le terrain de la non-ingérence, des gens comme Maire ou Eilleinstein se sont placés intégralement sur le terrain de la bourgeoisie.

Ce que nous condamnons, c'est l'intervention en tant que maillon d'une politique contre-révolutionnaire de la bureaucratie du Kremlin. Beaucoup de gens, qui s'indignent soudain à propos de l'intervention en Afghanistan, s'accommodent, en général, de cette politique et restent silencieux sur ses racines. Nous, nous condamnons et combattons toute la politique contre-révolutionnaire de la bureaucratie dont l'intervention à Kaboul est le produit et l'aboutissement. Nous la combattons au nom de l'internationalisme et de l'extension de la révolution mondiale. C'est toute la différence.

Et c'est pourquoi nous devons être précis sur ce point, jamais nous contenter de condamner l'intervention tout court, sans préciser les raisons, jamais mêler notre voix à ceux qui condamnent pour des raisons radicalement opposées aux nôtres. Voilà qui sèmerait une confusion encore plus grande auprès des travailleurs.

Si l'intervention soviétique a des effets négatifs du point de vue de la révolution mondiale, n'est-il pas possible de les réparer en exigeant le retrait immédiat des troupes soviétiques ?

Dans une affaire comme celle-là, il faut se méfier comme de la peste de la fausse logique, de la logique formelle : si le résultat est négatif, nous condamnons ; si nous condamnons, nous sommes pour le retrait... ; si nous ne sommes

pas pour le retrait, nous sommes pour le maintien...

La politique n'a pas grand-chose à voir avec ces enchaînements mécaniques. Nous ne soutenons pas l'intervention soviétique et nous combattons la politique dans laquelle elle s'inscrit. C'est une chose. Maintenant, l'intervention a eu lieu. Elle crée une situation nouvelle. Il y a une guerre et une guerre civile imbriquées. La bureaucratie est certes intervenue en fonction de ses propres intérêts réactionnaires. Mais la contre-offensive de l'impérialisme ne fait pas de détail, elle ne vise pas seulement la bureaucratie comme couche privilégiée au sein de l'Etat ouvrier. Elle vise à affaiblir l'Etat ouvrier lui-même.

Trotsky disait qu'il n'y avait pas de recette pour discerner dans chaque cas concret *"où et quand l'Armée rouge intervient seulement en tant qu'instrument de la réaction bonapartiste et où elle défend les fondements sociaux de l'URSS"*. Malheureusement, on a rarement affaire à des cas chimiquement purs. L'Armée rouge reste en même temps un instrument aux mains de la bureaucratie et l'armée de l'Etat ouvrier soviétique. A Stalingrad, malgré Staline, elle se battait directement en défense de l'Etat ouvrier. A Prague, elle était strictement l'instrument de la bureaucratie contre la révolution politique montante.

Mais la plupart du temps la question est plus complexe. Lors de l'intervention à Kaboul, on peut dire que l'Armée rouge a agi principalement comme instrument de la bureaucratie bonapartiste. Mais face à l'offensive impérialiste aujourd'hui, elle se trouve mise en position de défense de l'Etat ouvrier.

Maintenant, même à travers l'intermédiaire pourri de la bureaucratie, l'affrontement sur le terrain réfracte le conflit mondial entre les classes. Nous ne sommes pas neutres : nous sommes pour la défaite des féodaux et de l'impérialisme.

La question de l'Afghanistan ne peut donc plus désormais être traitée isolément. Elle est prise dans l'étau des rapports de forces mondiaux. C'est dans ce contexte qu'il faut la poser et envisager la signification qu'aurait le mot d'ordre de retrait immédiat des troupes soviétiques.

Il faudrait, en effet, d'abord éclaircir le sens d'un tel mot d'ordre. Quand il y a guerre, affrontement les armes à la main, on peut moins que jamais se permettre de jouer avec les mots d'ordre. De les considérer comme une opinion sans en envisager les conséquences pratiques.

La seule façon de prendre ce mot d'ordre au sérieux et de lui donner un contenu pratique, c'est d'appeler sur le terrain à la résistance armée contre l'occupant soviétique et de soutenir internationalement cette résistance par une campagne de pression sur Moscou. Cette position n'est pas exclue par principe. Si le rapport de forces avait permis de la concrétiser, c'est celle qu'il fallait adopter face aux interventions à Budapest et à Prague : la résistance à l'occupant et une campagne internationale du mouvement ouvrier.

Ce qui nous guide, c'est de savoir quelles forces sociales sont capables aujourd'hui de s'emparer d'un tel mot d'ordre. A coup sûr la réaction afghane, les gouvernements bourgeois, l'impérialisme. Mais certainement pas les travailleurs et les paysans afghans, organisés de façon indépendante pour combattre en même temps l'impérialisme et la bureaucratie à partir de leurs propres intérêts et d'une politique internationaliste ! Il y a guerre. Il y a un front et non pas deux ou trois. Si la révolution afghane était assez forte socialement et assez mûre politiquement (avec une direction prolétarienne révolutionnaire) pour qu'il y ait insurrection simultanée sur deux fronts, contre Washington et contre le Kremlin, non seulement nos problèmes seraient aussitôt résolus, mais ils ne se seraient jamais posés dans les termes où ils se posent.

Il y a aussi tous ceux qui veulent avancer le mot d'ordre de retrait des troupes sans lui donner le sens d'un mot d'ordre d'action. C'est difficile en pleine guerre. C'est une tentative pour apparaître libéral et démocrate, sauver la face et sa conscience dans une histoire délicate. Pour ceux-là, il ne s'agit pas d'appeler sur le terrain à la résistance, mais seulement de faire pression sur Brejnev (en priorité ou exclusivement de la part du mouvement ouvrier international) pour qu'il retire ses troupes... L'attitude inconséquente aboutit à se mettre en position de conseiller à la bureaucratie la meilleure façon de se tirer d'un mauvais pas.

Comme si les effets négatifs de l'intervention pouvaient maintenant être effacés par un simple retour en arrière comme sur une ardoise magique. Du point de vue des effets sur la lutte du prolétariat mondial, le mal est fait. Demander et obtenir (car si on le demande, c'est nécessairement pour l'obtenir) le retrait des troupes, pour laisser le champ libre à l'impérialisme (car à qui d'autre ?), ce n'est pas maintenant réparer le mal. C'est l'aggraver et en doubler le prix. Il apparaît seulement, qu'après être intervenue avec ses méthodes répugnantes, la bureaucratie a dû battre en retraite au premier grognement de Carter. Ce ne serait en rien une victoire morale mais, à coup sûr, un renforcement des positions de l'impérialisme dans le rapport de forces mondial.

Sur le terrain, la traduction de cette politique serait le défaitisme circonstanciel. Non pas la résistance active à l'occupant, mais le défaitisme renvoyant dos à dos bandes réactionnaires et troupes soviétiques. Ce défaitisme-là est un calcul périlleux. Il consiste à considérer que l'instauration d'un régime réactionnaire, inféodé à l'impérialisme, serait un moindre mal par rapport à la présence soviétique. Il se réserve la possibilité ultérieure de revenir à une position de défense de l'URSS si l'Etat ouvrier était menacé par la place forte réactionnaire et la place d'armes installée à ses portes. Mais personne ne peut mesurer a priori les effets en chaîne, en Afghanistan, dans la région (vis-à-vis de l'Iran) et par rapport à l'URSS (dans le cadre d'un dispositif d'ensemble de l'impérialisme) qu'aurait une victoire de la réaction en Afghanistan.

C'est un risque à ne pas courir. Comme toujours, le défaitisme circonstanciel est une aventure irresponsable. Il n'est guère possible de biaiser en disant qu'on est pour le mot d'ordre de retrait des troupes, mais seulement dans la propagande aujourd'hui, pas dans l'agitation. On rencontrera toujours des gens dans les syndicats, parmi les bureaucrates, les sociaux-démocrates, les eurocommunistes, qui sont pour lui donner une portée pratique et immédiate. Et il devient alors difficile d'expliquer qu'on est pour, mais pas tout de suite, pas pour le mettre dans une motion ni sur une banderole de manifestation.

C'est pourquoi, il faut expliquer clairement quand la question se pose que nous sommes contre ce mot d'ordre aujourd'hui.

Toutes ces questions de mots d'ordre s'appliquent à une conjoncture précise, qui peut évidemment changer. Si demain les Soviétiques installent à Kaboul un régime de compromis, d'union nationale, un régime capitaliste à sa solde, perpétuant l'exploitation des masses afghanes ; si se développe une mobilisation autonome des masses afghane sur des bases de classe (ce que nous devons aider au maximum de nos possibilités), alors le mot d'ordre de retrait des troupes peut prendre un autre contenu de classe, positif, et nous pouvons être amenés à le reprendre.

Comment déterminer nos tâches dans une situation aussi complexe?

Du point de vue du développement de la révolution mondiale, nous devons intervenir autour de trois axes indissociables.

D'abord pour la révolution afghane, pour la mobilisation et l'organisation autonome des travailleurs et paysans afghans autour de leurs propres revendications sociales et nationales, pour la défaite militaire des forces réactionnaires soutenues par l'impérialisme.

Ensuite, contre la campagne impérialiste, contre les sanctions économiques envers l'Union soviétique, contre les préparatifs de guerre et l'escalade de l'armement (notam-

ment l'installation des fusées Pershing en Europe). Nos camarades du SWP, aux Etats-Unis, se trouvent en première ligne dans la citadelle impérialiste face au déchaînement d'une campagne anticommuniste et anti-ouvrière.

Enfin, contre la bureaucratie pour la révolution politique, sans céder un pouce de nos tâches, dans la défense des dissidents réprimés (et quels que soient nos désaccords avec leurs opinions), pour les droits des nationalités, pour le droit à l'organisation des travailleurs, politique et syndicale, indépendante de la bureaucratie. Cet aspect est très important si on veut éviter précisément que les travailleurs soient acculés à "choisir leur camp" en se rangeant soit derrière l'impérialisme, soit derrière la bureaucratie. Toute défaillance de notre part dans la lutte du mouvement ouvrier - sans le moindre compromis avec les gouvernements bourgeois - contre la répression bureaucratique, ne ferait que laisser le champ libre à la propagande bourgeoise, aux nouveaux philosophes, et accentuer le désarroi dans la classe ouvrière.

Ce sont là les grands axes en tant que IVe internationale. Pour être plus précis, on pourrait essayer de penser à ce que devrait être l'attitude de militants internationalistes authentiquement révolutionnaires, en URSS (mobilisés dans l'Armée rouge par exemple) et en Afghanistan.

En Afghanistan, tout l'effort devrait porter sur l'organisation autonome des masses autour des revendications les plus pressantes (dont une réforme agraire radicale avec nationalisation de toutes les banques et du crédit, monopole du commerce extérieur) ; création de syndicats paysans, de comités. Il faudrait demander des armes pour combattre les guérillas réactionnaires. Au gouvernement, mais aussi aux soldats soviétiques en cherchant à fraterniser avec eux (d'autant plus que bon nombre proviennent des nationalités musulmanes d'URSS), tout en semant le germe de la lutte antibureaucratique dans leurs rangs. Tout cela est décisif, car il n'y aura pas de victoire durable contre les manoeuvres impérialistes par la seule présence des blindés soviétiques. Seule une mobilisation propre des masses afghanes peut assurer une victoire sociale et politique. C'est un argument que les soldats russes envoyés sous prétexte de combattre l'impérialisme peuvent finir par comprendre.

En URSS, le problème est concret. Faut-il appeler les soldats à mettre crosse en l'air ou à déserter ? Ce serait le cas si nous engagions immédiatement la bataille pour le retrait des troupes. Aujourd'hui, un marxiste-révolutionnaire sous l'uniforme ne dirait pas cela. Il dirait qu'il est contre la politique de la bureaucratie qui a conduit à cette aventure afghane, mais que maintenant l'Armée rouge est engagée sous prétexte de défendre les intérêts sociaux des travailleurs et paysans afghans ; que dans ces conditions, pour éviter un bourbier fatal, il faut aller jusqu'au bout, jusqu'à l'écrasement de la réaction ; que pour aboutir à ce résultat, il faut gagner la sympathie des masses exploitées par des mesures anti-impérialistes et anticapitalistes radicales ; qu'il faut armer les travailleurs afghans eux-mêmes. Il dirait qu'il met la bureaucratie, qui opprime ses propres nationalités et pactise sans cesse avec l'impérialisme, au défi de remplir ces tâches ; qu'il faut s'organiser pour la renverser si, comme prévisible, elle s'y oppose.

De part et d'autre, le militant révolutionnaire afghan et le militant révolutionnaire soviétique agiraient donc de façon convergente, pour vaincre l'offensive impérialiste et créer les conditions du retrait des troupes soviétiques.

Un schéma idéal ? Peut-être, mais conforme aux intérêts de la révolution mondiale et de l'internationalisme. Pas plus abstrait que la répétition hors du temps et des forces en présence, de principes sur l'autodétermination et le retrait des troupes. Il faut chercher à voir ce qui est juste et ce qui serait possible si existait un parti révolutionnaire afghan significatif et une opposition antibureaucratique implantée en URSS. Cette politique n'aurait rien d'illusoire. Il faut donc tendre à créer les conditions de son application.

Les choses seraient évidemment plus simples si l'Afghanistan n'était pas un des pays les plus pauvres du monde, à grande majorité paysanne, mais un pays avec une classe ouvrière forte et concentrée. S'il existait en URSS une opposition prolétarienne fortement organisée. S'il existait aux USA un parti révolutionnaire de masse capable de lier les mains à l'impérialisme. Ce n'est pas le cas et les tâches apparaissent d'autant plus énormes et inaccessibles que nous sommes tout petits. Il n'y a pourtant pas de raccourci.

Notre politique s'oppose donc aussi bien à celle des directions des PC (italien, espagnol) qui joignent leurs voix à celles des gouvernements bourgeois et de la social-démocratie pour réclamer le retrait des troupes soviétiques. Autant on peut comprendre, même si on n'est pas d'accord, que des militants de ces partis signent des pétitions demandant le retrait des troupes, parce qu'ils veulent manifester ainsi, dans la confusion, une condamnation des méthodes staliniennes. Autant on doit discuter avec ces camarades pour les convaincre, autant la position des directions social-démocrates ou des PC espagnol, italien, mexicain a un sens contre-révolutionnaire : celui de donner à leur propre bourgeoisie des gages de bonne conduite et de civisme sur le dos du prolétariat mondial. De même les PCF comme le portugais et le français, qui soutiennent en tant que telle l'intervention soviétique, ne se placent pas davantage sur le terrain de l'internationalisme, de la défense de la révolution afghane, indissociable de la lutte ouverte contre la bureaucratie soviétique. Ils s'alignent simplement sur les intérêts propres et la politique de la bureaucratie du Kremlin.

Rouge n° 907
22-28 février 1980

DEBAT SUR L'AFGHANISTAN

Le comité central de la de la LCR a décidé de rendre publiques les discussions qu'il a eues à propos de l'intervention soviétique en Afghanistan. On trouvera donc dans les deux pages qui suivent les positions de la minorité du comité central sur le sujet et une réponse faite par le bureau politique au nom de la majorité. Nous rappelons, par ailleurs, que le dernier numéro d'Inprecor a publié la résolution majoritaire du secrétariat unifié de la IVe Internationale et publiera dans son prochain numéro les deux résolutions minoritaires.

Pour le droit des peuples à disposer d'eux-mêmes.
Minorité du Comité central de la LCR

Qu'on ne s'y trompe pas : personne au comité central de la LCR ne soutient, même de manière critique, l'intervention soviétique en Afghanistan. Nous sommes tous d'accord pour la condamner. Nous sommes tous d'accord pour combattre la propagande anticommuniste de l'impérialisme, pour exiger que cessent toutes les mesures de boycott économique de l'URSS. Nous ne respectons pas le principe de non-ingérence agité par la bourgeoisie internationale pour justifier sa propagande. Nous étions pour une aide militaire de l'URSS et de la Chine à la lutte des peuples d'Indochine. Nous demeurons partisans de cette tâche internationaliste élémentaire. Mais c'est justement au nom de l'internationalisme prolétarien que nous condamnons l'intervention soviétique.

Où le débat commence, c'est lorsque nous abordons les conséquences concrètes et politiques de cette condamnation. La résolution minoritaire, déjà présentée au secrétariat unifié de la IVe Internationale, écrit notamment : *"Il est impérieux que les troupes soviétiques se retirent sans délais de l'Afghanistan et que le Kremlin reconnaisse au peuple de ce pays le droit de disposer de lui-même (...) Les marxistes-révolutionnaires se doivent de prendre part et d'impulser les actions de pression du mouvement ouvrier et anti-impérialiste sur l'URSS, pour un retrait immédiat des troupes soviétiques* (Motion à paraître dans *Inprecor*)."

Le désaccord principal porte donc sur l'appréciation de la situation actuelle. Nous l'exposerons, vu les limites de cet article, autour de trois questions essentielles.

Pourquoi condamner l'intervention soviétique ?

Nous partons, pour nous orienter dans une telle situation, des effets de l'intervention du point de vue de la révolution mondiale, du point de vue de l'élévation du niveau de conscience et d'organisation du prolétariat mondial. Ce *"critère décisif"*, dit *Rouge* du 7 février, nous est apparemment commun. Nous jugeons en effet tous globalement négative l'intervention soviétique. Mais il faut aller jusqu'au bout. En Afghanistan même, cela signifie que le quadrillage du pays par les troupes de l'Armée rouge a deux conséquences essentielles : il bafoue le droit des peuples à l'autodétermination, il rejette les peuples de cette région dans les bras de directions réactionnaires et pro-impérialistes. Deux conséquences très négatives pour le développement de la révolution mondiale. Le droit démocratique à l'autodétermination des peuples n'est pas un principe abstrait ou absolu. Il reste tributaire des intérêts de la lutte des classes. Mais quel trotskyste ira prétendre que dans une formation sociale aussi arriérée que l'Afghanistan la défense de ce droit n'est pas une des bases élémentaires d'un programme de révolution permanente, car allant dans le sens d'une déstabilisation de la région ?

Donc, selon des critères qui nous sont communs, la majorité du CC de la LCR *"n'apporte aucun soutien à cette intervention"* (cf. *Rouge* du 7 février) et nous, nous la condamnons. Nuance de vocabulaire ? Au CC de la LCR, probablement. Mais cette nuance devient une divergence, lorsque les mêmes camarades refusent d'employer la même méthode pour analyser les conséquences d'un maintien des troupes soviétiques.

Pourtant, comment ne pas voir que le maintien des troupes a pour conséquences immédiates :
- le renforcement des tendances réactionnaires de la rébellion afghane qui profite du ressentiment national envers l'URSS et de l'appui impérialiste qui y trouve prétexte et argument ;
- le renforcement des tendances réactionnaires et anticommunistes du mouvement islamique dans l'ensemble du monde musulman ;
- la justification par les impérialistes d'un redéploiement militaire pouvant aller jusqu'à surmonter le "traumatisme vietnamien".

Toutes choses qui, selon le critère décisif évoqué plus haut, devraient nous amener à condamner le maintien des troupes. Eh bien, non! disent ces camarades. Nous ne saurions être neutres.

Quelle est la réalité de la guerre civile en Afghanistan ?

"Maintenant, l'intervention a eu lieu. Elle crée une situation nouvelle. Il y a une guerre et une guerre civile (...) l'impérialisme ne fait pas de détail (...) (il) vise à

affaiblir l'État ouvrier lui-même" (cf. le même numéro de *Rouge*). Autant d'affirmations qu'il faut démontrer.

Pour Brejnev et Marchais, la situation est simple : un gouvernement démocratique, auteur de réformes progressistes, était en danger à cause d'une agression impérialiste menée par guérillas interposées. Et dans cette guerre civile, les forces de paix (l'URSS) sont intervenues pour aider la révolution. La réalité est plus complexe même si les informations sont rares et sujettes à de nombreuses interprétations.

Il est vrai que la révolution d'avril 1978 a prôné une série de réformes démocratiques et à l'issue du putsch, le Khlaq, hégémonique dans le gouvernement, disposait d'un accueil favorable dans la population ouvrière et paysanne. Mais, très vite, la tendance s'est inversée. Les méthodes répressives et bureaucratiques utilisées pour faire passer ces réformes ont dressé la population rurale contre le gouvernement Taraki. Celui-ci a répondu par la répression, une répression féroce, aidé de conseillers soviétiques (cinq mille dans l'administration, cinq mille dans l'armée).

Il va jusqu'à massacrer des villages, détruire au napalm des récoltes. Amin systématisera cette politique : *"Les camarades soviétiques nous ont conseillé cette politique pour affamer les rebelles"*, répond-il à un journaliste occidental (*Le Monde diplomatique*, février 1980). Le résultat est inévitable les réformes ne sont pas appliquées, la réforme agraire tourne à la catastrophe et le régime est de plus en plus isolé dans le pays. Une résistance s'organise, très hétérogène, dispersée et divisée selon les ethnies. Certaines guérillas sont soutenues militairement par l'extrême droite pakistanaise.

Cependant, ces rébellions ne menacent pas militairement le pouvoir en place. Leurs forces sont sans commune mesure avec celles des Soviétiques déjà solidement installées. Tous les analystes sérieux de la situation d'alors convergent pour dire que le régime Amin pourrissait par la tête et que sa chute, organisée par les Soviétiques, n'est pas le fruit d'une rébellion pro-impérialiste [1].

Et maintenant ? Le régime Karmal n'a pas changé radicalement la situation. Au contraire, l'appui militaire des Soviétiques, quelque soit son programme, l'isole davantage et le prive de toute base sociale. Les comptes rendus des observateurs sont accablants. Les troupes soviétiques sont détestées de toute la population, notamment dans le nord du pays, à ce point que l'URSS a dû retirer des soldats originaires d'Asie centrale pour les remplacer par des Russes. *"Les Soviétiques, écrit le Monde, craignent, en effet, que leurs combattants venus de l'Ouzbekistan et du Tadjikistan fraternisent avec les populations afghanes."* (8 février 1980).

Les rébellions restent très hétérogènes, malgré plusieurs tentatives de se fédérer. Leurs liens internationaux également. Si les Pachtounes du Sud et du Sud-Est sont liés à la droite islamique et au Pakistan, les guérillas du Nord, du Nord-Est, et du Centre sont plutôt tournées vers la Chine et celles de l'Ouest vers l'Iran. Enfin, au Sud-Ouest, les Baloutches n'ont, pour l'instant, le soutien de personne et se battent pour un Baloutchistan indépendant (voir *le Monde diplomatique*, février 1980). Multiclassistes, ces guérillas sont en général sous la direction des féodaux, quoiqu'il ne faille pas toujours confondre chefs de tribu et propriétaires fonciers.

Mais il est évident que, dans une population aussi pauvre, à 90 % analphabète, dont les traditions tribales sont encore récentes, la présence soviétique, qui s'est développée depuis deux ans au côté d'une répression féroce, ne favorise pas les différenciations sociales. La résistance à l'Armée rouge est vécue comme une lutte de libération nationale. Et l'auto-détermination de ces peuples passe par le retrait des troupes soviétiques.

Ce contexte est également propice à toutes les manœuvres diplomatiques de la part de l'Iran, du Pakistan, de la Chine et, bien sûr, des Etats-Unis. Mais croire qu'ils cherchent une défaite militaire de l'Armée rouge, *"affaiblissant l'État ouvrier"*, est quand même énorme. Sommes-nous à la veille d'une Troisième Guerre mondiale ? Ce que veulent l'impérialisme et ses alliés, c'est infliger une défaite politique à l'URSS, la forcer à faire marche arrière et justifier ainsi leur propre déploiement militaire dans le monde. Passer l'éponge sur la défaite indochinoise et pouvoir recommencer à intervenir ici ou là, à leur guise.

Cet enjeu est très important pour l'avenir de la révolution mondiale. Et le maintien des troupes en Afghanistan ne fait, de ce point de vue, que favoriser les buts de l'impérialisme.

On voit combien il est dangereux d'identifier le rapport de forces entre les classes à celui entre les deux camps, et ceux-ci aux positions militaires en Afghanistan. Non, la ligne de partage entre les deux classes fondamentales de la société n'est pas tracée par les chars soviétiques sur le sable des déserts afghans.

Il faut exiger le retrait des troupes soviétiques et organiser une campagne anti-impérialiste

On nous reproche d'être neutres. Non, Ponce Pilate n'a pas voté notre résolution au comité central. Nous pensons que le mouvement ouvrier, et en particulier la IVe Internationale, ont la responsabilité d'aider au développement d'un mouvement anti-impérialiste sur des bases de classe en Afghanistan. Outre les manoeuvres de l'impérialisme et de la droite islamique, la présence des troupes d'occupation soviétiques constitue l'obstacle principal à cette mobilisation. C'est pourquoi, il est du devoir du mouvement ouvrier d'imposer par une pression internationale leur retrait. C'est aussi un bon moyen de contrecarrer la campagne hystérique de l'impérialisme. Bien sûr, cette pression nous devons lui donner une base de classe claire, et nous démarquer de tous les délires anticommunistes d'une partie du mouvement ouvrier (cf. déclaration de Maire). Rouge s'oppose au retrait immédiat des troupes soviétiques pour annoncer qu'il faut... préparer les conditions de celui-ci ! Mieux, on sème des illusions sur le régime actuel en écrivant : *"Si les Soviétiques installent à Kaboul un régime capitaliste à leur solde, perpétuant l'exploitation des masses afghanes (...) alors nous pourrions être amenés à reprendre ce mot d'ordre."* (sic !)

Mais alors, comment caractérisez-vous les gouvernements Taraki, Amin et Karmal ? Des gouvernements révolutionnaires ? Ouvriers et paysans ? Allons donc ! Ensuite, croyez-vous vraiment que Karmal (ou un autre) puisse rester en place et acquérir une basse de masse, alors que seul Brejnev (et encore !) le soutient avec ses tanks ? Il ne s'agit pas d'un gouvernement réformiste qui maintient l'ordre existant en s'appuyant sur les illusions des masses. Il s'agit d'un gouvernement fantoche, honni des masses, qui ne tient que par la force militaire. En face, une rébellion hétérogène et populaire, en proie à diverses manoeuvres impérialistes. Il n'y a pas d'autre voie que de tracer une troisième alternative, anti-impérialiste et antibureaucratique.

Espérer que les troupes soviétiques garantiront les intérêts des masses afghanes, c'est entrer dans une toute autre logique. C'est tabler sur l'assimilation structurelle de l'Afghanistan par l'URSS - qui n'est d'ailleurs pas exclue - c'est doter la bureaucratie soviétique et son armée d'une mission historique révolutionnaire. Telle n'est pas la politique des trotskystes.

Bien sûr, retirer les troupes ne libérera pas les peuples afghans des jougs séculiers. Seule une mobilisation autonome des masses afghanes sur des bases de classe y parviendra. Si une telle mobilisation existait, dit Rouge, nous pourrions être amenés à reprendre le mot d'ordre de retrait des troupes. Mais comment construire un tel mouvement en combattant ce mot d'ordre ? C'est faire fi de la question nationale et oublier que notre tâche, dans ce pays, c'est d'avancer un programme révolutionnaire qui intègre, comme une revendication centrale le droit des peuples à disposer d'eux-mêmes et donc exiger le retrait des troupes.

(1) Cf. par exemple D. Vernet dans *le Monde* du 16 janvier : *"Amin ne se maintenait au pouvoir qu'au prix d'une répression sanglante. Son gouvernement était déchiré par les luttes de clans et les rivalités personnelles. Chaque mardi, les observateurs se demandaient quel dirigeant ne sortirait pas vivant du conseil des ministres où les problèmes se réglaient à coups de revolver. Celui qui dégainait le premier emportait la décision. Le régime était moins menacé par l'extérieur, par un rébellion musulmane en sommeil depuis le début du rigoureux hiver afghan, que par un pourrissement interne."*

Ce qui nous détermine, en dernière instance, ce sont les intérêts sociaux dont les revendications nationales sont l'enveloppe.
Majorité du comité central de la LCR

Les camarades de la minorité du comité central rappellent que *"nous sommes tous d'accord pour condamner l'intervention soviétique en Afghanistan"*. Non du point de vue de Carter (celui de la "non-ingérence"). Non du point de vue d'Emond Maire, André Henry ou Berlinguer, qui emboîtent sur ce point le pas à Carter. Mais du point de vue opposé : celui des intérêts de la révolution mondiale, celui de l'internationalisme prolétarien.

Les désaccords commencent lorsqu'on aborde les conséquences pratiques de ce jugement commun. Les camarades se placent sur le terrain miné de la logique formelle : nous sommes contre cette forme d'intervention, donc nous sommes pour le retrait. Comme si le second pouvait réparer les effets de la première : Nous étions contre le retour des juifs en Palestine, nous ne sommes pas pour rejeter la communauté juive à la mer. Dans les deux cas, un fait nouveau est intervenu, qui crée une situation nouvelle et qui interdit de simplement rebrousser chemin.

Refuser d'avancer maintenant le mot d'ordre de retrait des troupes, signifie-t-il soutenir leur maintien ? Pas davantage. Nous sommes contre l'annexion de l'Afghanistan par l'Union soviétique et pour le droit non seulement du peuple afghan, mais des peuples pachtoun, baloutche, tadjik, etc., à disposer d'eux-mêmes, en bousculant au passage les frontières arbitraires de l'Iran, de l'Afghanistan, du Pakistan, de l'URSS.

Ce qui nous oppose à la politique de Marchais

Face à la présence soviétique et à une rébellion en proie aux diverses manoeuvres impérialistes, les camarades affirment la nécessité

de tracer *"une troisième alternative, anti-impérialiste et antibureaucratique"*.

Dire que nous combattons en même temps l'impérialisme et la bureaucratie ne revient pas à dire que nous renvoyons dos à dos l'URSS et les USA. Les camarades l'admettent d'ailleurs lorsqu'ils envisagent comme une possibilité l'assimilation des structures sociales de l'Afghanistan à celles de l'URSS.

Si on se tient solidement sur ce terrain, il faut aborder la question de l'Afghanistan du point de vue de la révolution mondiale, non seulement lorsqu'il s'agit d'apprécier les effets de l'intervention soviétique, mais aussi lorsqu'il s'agit de déterminer les tâches.

Les camarades considèrent qu'à moins d'avancer le mot d'ordre de retrait des troupes, la condamnation de la politique bureaucratique dont l'intervention constitue un maillon est purement formelle et sans conséquences.

C'est faux. Les conséquences pratiques de cette condamnation sont exactement celles qui différencient notre politique de celle de Marchais. Marchais s'aligne sur les intérêts de la bureaucratie. C'est pourquoi il ne met pas au premier plan la défense de la révolution afghane, l'organisation et l'armement des masses afghanes elles-mêmes pour développer la réforme agraire et renverser le joug des capitalistes et des féodaux. C'est aussi pourquoi il ne défend pas simultanément la nécessité d'engager la lutte en URSS même pour le renversement de la bureaucratie qui défigure le socialisme, traite les peuples comme les pions de ses intérêts diplomatiques d'Etat, tourne le dos à toute politique internationaliste.

Après avoir admis, au passage, que le droit des peuples à disposer d'eux-mêmes ne saurait être un *"principe abstrait ou absolu"*, c'est en fait du strict point de vue de ce principe, et non de la signification et du contenu de classe de la guerre que les camarades déterminent leur position. Ne pas avancer le mot d'ordre de retrait des troupes, *"c'est, disent-ils, faire fi de la question nationale et oublier que notre tâche dans ce pays c'est d'avancer un programme révolutionnaire qui intègre comme une revendication centrale le droit des peuples à disposer d'eux-mêmes et donc exige le retrait des troupes"*.

Comme si, dans une situation de guerre, le droit des peuples pouvait s'exprimer par référendum. Comme si le retrait des troupes soviétiques garantissait les libertés des nationalités afghanes, et non du peuple afghan, à choisir leur destin sous la tutelle économique et militaire de l'impérialisme.

En Afghanistan, nous soutenons les droits nationaux des Pachtounes et des Baloutches qui remettent en cause aussi bien la structure de l'Etat afghan que de l'Etat pakistanais, mais nous combattons le nationalisme afghan incarné par les féodaux. Ce qui nous détermine, en dernière instance, ce sont les intérêts sociaux dont les revendications nationales sont l'enveloppe.

Fallait-il être neutre dans la guerre civile ?

Pour pouvoir défendre le mot d'ordre de retrait des troupes comme mot d'ordre actuel, les camarades sont logiquement conduits à isoler l'intervention militaire soviétique et ses conséquences immédiates de l'enchaînement des événements et du développement global de la situation.

Ils sont ainsi amenés à minimiser la portée des mesures antiféodales et anti-impérialistes prises depuis 1978 par les gouvernements du PDPA : *"Mais alors, comment caractérisez-vous les gouvernements Taraki, Amin et Karmal ? Des gouvernements révolutionnaires ? Ouvriers et paysans ? Allons donc !"* La question réelle qui nous est posée est beaucoup plus simple. Que l'on caractérise ces gouvernements comme nationalistes petits-bourgeois, anti-impérialistes ou autrement, il s'agit de savoir si nous soutenons les mesures qu'ils ont prises comme des mesures progressistes.

Nous pouvons et devons en critiquer les limites, les contradictions, comme nous devions critiquer les limites et contradictions de Ben Bella au moment de la Charte d'Alger, ou celles de Nasser au moment de la nationalisation du canal de Suez. Il n'empêche que nous soutenons ces mesures comme un pas en avant.

Les camarades se contentent d'enregistrer cela au passage, sans s'engager clairement : *"Il est vrai que la révolution d'avril a prôné une série de réformes démocratiques et à l'issue du putsch, le*

Khalq, hégémonique dans le gouvernement, disposait d'un accueil favorable dans la population ouvrière et paysanne. Mais très vite la tendance s'est inversée."

La tendance s'est inversée ? Toute seule ? Comme ça ?

Même limitées, les réformes du Khalq ont provoqué une réaction et des affrontements sociaux. Ce n'est pas au nom de l'indépendance nationale contre l'URSS que se sont organisées les guérillas dites islamiques, mais en défense des privilèges des féodaux, des caciques, des marchands d'opium. La politique du PDPA a certes aggravé la situation. Par ses méthodes bureaucratiques et par l'incohérence de ses réformes, suffisantes pour exaspérer la réaction, mais insuffisantes pour gagner la confiance des paysans théoriquement émancipés des usuriers et des chefs de tribus. Mais le PDPA lui-même est aussi un produit de la situation sociale, ses contradictions sont le reflet d'une base sociale étriquée, d'une petite bourgeoisie et d'une intelligentsia urbaine de petits fonctionnaires et d'instituteurs, dans un pays où la classe ouvrière ne représente que 2 % de la population.

Faut-il minimiser, pour autant, la signification des mesures prises et l'existence d'un début effectif de guerre civile ?

Un mot d'ordre est une consigne d'action

La question n'est donc pas de savoir si nous sommes historiquement pour le retrait des troupes soviétiques, de même que nous sommes historiquement pour le désarmement total des Etats ouvriers, mais s'il s'agit du mot d'ordre à avancer dans la situation actuelles.

Nous disons bien du mot d'ordre, d'une consigne d'action, et non d'une simple opinion. Car dans un affrontement en cours, il n'y a pas d'opinion gratuite, sans conséquences pratiques.

Les camarades, un peu embarrassés, cherchent à limiter la portée de leur mot d'ordre *"C'est pourquoi, il est du devoir du mouvement international d'imposer par une pression internationale le retrait des troupes"*. Si on est convaincu de la justesse du mot d'ordre, pourquoi lui donner une simple fonction de pression et non d'action ? Vise-t-il principalement à fléchir la politique de Brejnev et à conseiller, pacifiquement, la bureaucratie ? Si le mot d'ordre est à l'ordre du jour, il ne doit pas l'être seulement à Paris ou à Rome, mais aussi à Kaboul, sous forme de la résistance armée en Afghanistan contre la présence soviétique.

Nous n'excluons d'ailleurs pas à jamais cette possibilité. Le véritable problème est de savoir au nom de quels intérêts sociaux une telle résistance lutterait. Nous étions pour la résistance armée des travailleurs hongrois ou tchécoslovaques aux interventions soviétiques. S'il existait en Afghanistan une force politique, sociale et militaire, capable de défendre l'approfondissement de la réforme agraire, de garantir les droits nationaux, de transformer les rapports sociaux, en écrasant les guérillas réactionnaires et en chassant les chars soviétiques, nous nous rangerions aussitôt à ses côtés.

S'il existait la possibilité de cette lutte simultanée sur deux fronts, nos problèmes seraient du même coup résolus. Mais il faut aussi admettre qu'ils ne se seraient jamais posés dans les termes actuels.

Le défaitisme est une aventure

Qu'on le veuille ou non, l'affrontement engagé en Afghanistan dépasse désormais le problème de l'Etat et du peuple afghans, qui sont devenus l'enjeu et le terrain d'affrontement de forces politiques et sociales mondiales.

La bureaucratie soviétique est intervenue avec ses propres méthodes et en défense de ses propres intérêts. La contre-attaque impérialiste vise à armer le Pakistan, à renforcer le dispositif contre-révolutionnaire dans toute la région, à affaiblir l'Etat ouvrier soviétique en tant que tel, et non pas à punir la bureaucratie.

Les camarades qui veulent avancer le mot d'ordre de retrait des troupes comme mot d'ordre immédiat n'osent pas lui donner le sens pratique d'un appel à la résistance armée en Afghanistan contre l'occupant soviétique. Parce qu'ils se rendent compte que la conséquence inévitable serait d'apporter un soutien à ceux qui ont levé aujourd'hui le drapeau de cette résistance.

Ils se contentent donc de donner au mot d'ordre le sens d'une politique défaitiste sur le terrain, c'est-à-dire d'indifférence à l'issue du conflit dans le cadre de ses données actuelles. C'est ainsi qu'ils affirment dans leur résolution : *"L'éventualité d'une prise du pouvoir par les rebelles musulmans à Kaboul - qui n'est en aucune manière inéluctable - est à tout prendre beaucoup moins nuisible à la révolution mondiale que ne le serait une guerre prolongée menée par l'URSS en Afghanistan."*

Le défaitisme dans une situation pareille est une pure aventure ! L'intervention soviétique, parce qu'elle s'inscrit, dans la continuité de la politique cynique et chauvine de la bureaucratie, contribue à désorienter le prolétariat mondial et non à le mobiliser. Mais comment prétendre à présent que la défaite politico-militaire soviétique face aux guérillas soutenues par le Pakistan, l'Egypte, les USA serait moins nuisible ? Comment prétendre que l'installation à Kaboul d'un régime inféodé à Washington et de bases militaires américaines créerait des conditions plus favorables pour le développement du mouvement de masse en Afghanistan, en Iran, et dans la région ?

Le retour des féodaux à Kaboul ne signifierait pas seulement un recul de l'URSS devant le chantage impérialiste, mais une contre-révolution sociale en Afghanistan même, pour consolider et stabiliser un régime pro-impérialiste. La politique du pire est rarement, lorsqu'il s'agit de guerre, un bon point de départ pour modifier favorablement les rapports de forces.

Rouge n° 908
1er - 8 mars 1980

AFGHANISTAN: après les émeutes de Kaboul

La bureaucratie soviétique placée devant un dilemme : accepter la "neutralisation" de l'Afghanistan ou opérer une socialisation forcée pour gagner la guerre civile.

Les derniers événements de Kaboul, la grève générale qui paralyse depuis une semaine le bazar et des secteurs de l'administration, les manifestations contre le régime et les troupes soviétiques, dont la gravité et l'ampleur sont confirmées par les commentaires officiels de l'agence soviétique TASS elle-même constituent bien un tournant dans l'évolution des confrontations de classes en Afghanistan, alors que l'aide impérialiste aux forces réactionnaires qui opèrent depuis le Pakistan s'amplifie. Jamais, même aux heures les plus sombres des régimes Taraki et Amin, le PDPA et ses mentors soviétiques n'avaient eu à faire face à de tels mouvements à Kaboul.

L'entrée en opposition frontale de la bourgeoisie commerçante afghane et de secteurs entiers de la petite bourgeoisie voire des secteurs des couches plébéiennes urbanisées au gouvernement du PDPA et aux troupes soviétiques est une nouvelle vérification du caractère utopique, dans un pays arriéré comme l'Afghanistan, du programme du PDPA qui prétendait se limiter à la lutte contre la "féodalité". Même le ministre afghan de l'Agriculture, Fazul Rahim Mohmand reconnaissait les liens entre grands propriétaires et bourgeois commerçants : *"La plupart des grands propriétaires terriens sont aussi des gros commerçants et ils ont toujours eu leurs représentants dans les appareils, de l'Etat."* (*L'Economiste du tiers monde*, février 1980.)

En mettant à profit le sentiment nationaliste exaspéré par l'intervention militaire de la bureaucratie soviétique, les dirigeants des guérillas islamiques et la bourgeoisie afghane sont parvenus à rassembler, dans leur combat contre le gouvernement du PDPA et la bureaucratie soviétique des secteurs entiers de la petite bourgeoisie urbaine et de ces couches plébéiennes qui avaient appuyé la politique du gouvernement ou étaient restées neutres et passives. Il est clair, aujourd'hui, que la bourgeoisie afghane, les forces semi-féodales vont tout mettre en oeuvre pour couvrir la défense de leurs intérêts de classe du sceau de la défense de l'indépendance nationale face à une invasion militaire étrangère. Or, il faut reconnaître que les reculs, politiques et sociaux, du PDPA depuis six semaines, tout comme les "ouvertures" internationales faites par la bureaucratie soviétique à propos d'une éventuelle neutralisation de l'Afghanistan favorisent et confortent les menées des "guérillas islamiques" et de la bourgeoisie afghane.

Ils accentuent le rétrécissement de la base sociale, déjà réduite, dont disposait le régime du PDPA parmi les couches paupérisées de la population urbaine et rurale tandis qu'ils encouragent la masse des hésitants à rester passifs ou rejoindre l'autre camp. Dès le renversement d'Amin, le gouvernement du PDPA a voulu riposter aux effets négatifs de l'intervention soviétique en multipliant les concessions. *"Le Front national mis en place par le PDPA"* expliquait Babrak Karmal, est ouvert *"à toutes les couches sociales favorables au développement du pays (...) Le Front est également ouvert aux personnalités politiques sociales et religieuses, y compris celles qui ont exercé des responsabilités sous les régimes d'avant la révolution d'avril."* (*Afrique-Asie* du 4 février 1980).

Voilà bien la politique stalinienne poussée jusque dans ses derniers retranchements. Un régime, qui prétend défendre les intérêts des ouvriers et des paysans et qui se trouve engagé dans une guerre civile, se propose, ni plus ni moins, d'installer à sa tête des gens qui sont *"neutres"* et qui *"placent l'intérêt national avant tout"*.

Mais la contrepartie logique de ces ouvertures politiques a été de freiner les réformes envisagées. Le *Wall Street Journal*, que l'on pourra difficilement taxer de pro-Karmal, reconnaissait dans son édition du 6 février 1980, que le nouveau régime faisait machine arrière : *"Par exemple, le nouveau gouvernement du Premier ministre Babrak Karmal fait machine arrière sur certaines décisions politiques des précédents gouvernements communistes de Taraki et Amin, selon Mohammed Tarin (vice-ministre de la Planification)."*

"Nous avons décidé de cesser de confisquer les maisons, les camions et les biens des moyens entrepreneurs, et autant que faire se peut, nous allons les dédouaner de leurs pertes" explique M. Tarin. De même, le nouveau gouvernement a mis fin au monopole du commerce extérieur contrôlé par des trust d'Etat de l'import-export. Seul le commerce sur certains produits de base, selon M. Tarin continuera d'être contrôlé. *"Au cours des dix prochaines années, le secteur privé aura un rôle important à jouer, a déclaré M. Tarin. Nous ne voulons pas tout étatiser"* et le *Wall Street Journal* prenait, comme test de cette volonté de temporisation, la question agraire, question clé s'il en est : *"Le gouvernement afghan a déclaré que la phase un de la réforme agraire était achevée et que la phase deux n'était pas prête d'être annoncée."*

Or, c'est précisément le caractère incomplet, improvisé et bureaucratique de la phase un de la réforme agraire qui a conduit une partie de la paysannerie, favorable dans un premier temps aux réformes, à se détourner du régime, voire à retomber sous la coupe des "féodaux".

Enfin, et ce n'est pas le moins important, il y a toujours l'affirmation, par le gouvernement Karmal, qu'il peut continuer d'utiliser, pour lutter contre les guérillas et mettre en oeuvre sa politique, ce qui reste de l'appareil d'Etat de Daoud. Aujourd'hui, le sabotage et les grèves paralysent l'administration. Une bonne partie de l'armée afghane est paralysée, touchée par le découragement, les défections.

Comment s'opposer aux "guérillas islamiques" ?

En fait, la voie pour combattre les "guérillas islamiques" et la bourgeoisie afghane appuyées par l'impérialisme est exactement à l'inverse de la politique que suit actuellement le PDPA et la bureaucratie soviétique. Ce ne sont pas les concessions politiques et sociales, mais la radicalisation du programme de réforme, sa mise en oeuvre immédiate qui peuvent permettre de briser le véritable front d'unité nationale qui s'esquisse en utilisant l'impact de l'intervention de la bureaucratie soviétique qui ne tient aucun compte des sentiments démocratiques et nationaux des masses.

Il y a une guerre civile en Afghanistan. Et personne ne peut faire de pronostic quand on prend en compte non seulement les difficultés objectives (l'arriération du pays où la classe ouvrière ne représente qu'une partie infime d'une population illettrée à 90 %), mais aussi l'accumulation des effets désastreux de la politique suivie par le PDPA et la bureaucratie soviétique.

Les leçons de la guerre d'Espagne valent à plus forte raison pour cette guerre civile là : *"L'art de la guerre n'est que la continuation de la politique par le moyen de la force. Une proclamation reprenant les aspirations des paysans sans terre lancée derrière les lignes ennemies est aussi une machine de guerre. Une révolte suscitée avec succès derrière les lignes ennemies peut être infiniment plus efficace qu'une attaque frontale. Il est aussi important de maintenir le moral des troupes que de les équiper. En somme, la création d'un gouvernement ouvrier et paysan pour lequel les masses travailleront et mourront héroïquement est le meilleur complément politique de la lutte militaire contre l'ennemi fasciste dans la guerre civile."*
(Félix Morrow)

En disant quels sont les uniques moyens, politiques, militaires et sociaux qui permettraient peut-être de gagner la guerre civile en Afghanistan, nous voulons montrer qu'il n'y a objectivement, à terme, que deux solutions pour la bureaucratie soviétique qui apparaissent mieux depuis les émeutes de Kaboul: la socialisation forcée et bureaucratique (la guerre civile gagnée à sa manière par la bureaucratie) ou le retrait des troupes.

Nous savons que si la bureaucratie soviétique et le PDPA s'avisaient, contraints et forcés, d'opérer une transformation des rapports de propriété, ils le feraient à leur manière, contre-révolutionnaire du point de vue des intérêts, de la conscience, de l'auto-organisation des travailleurs et des paysans, des droits démocratiques des masses et des nationalités de l'Etat afghan. Les ouvertures de Brejnev sur la proposition des capitales européennes de *"neutralisation"* de l'Afghanistan n'ont qu'une seule fonction : donner l'assurance que l'URSS ne veut pas bouleverser les rapports de propriété, favoriser la constitution d'un Etat ouvrier afghan.

Le Kremlin obtiendra peut-être des garanties des Etats-Unis et de l'impérialisme sur la *"neutralisation"* de l'Afghanistan. Une *"neutralisation"* pourrait signifier la non-installation de bases militaires impérialistes ou la non-intégration du pays à un système d'alliance militaire. Mais que signifierait la *"neutralisation"*, le retrait des troupes soviétiques du point de vue intérieur, des luttes de classes en Afghanistan même, sinon la victoire des forces semi-féodales et de la bourgeoisie commerçante, la défaite, pour des années peut-être, de tout mouvement des travailleurs des ouvriers et des petits paysans afghans.

Car, à ceux qui agitent, au nom des grands principes de la "non-ingérence" ou même du "droit des peuples à disposer d'eux-même" le mot d'ordre de retrait des troupes ou de *"neutralisation"*, nous répondons : citez un seul exemple de lutte ouverte pour le pouvoir, de guerre civile, où la bourgeoisie et la réaction, sur le point d'être victorieuses militairement et politiquement, aient décidé d'être magnanimes, de ne pas mettre à profit l'avantage qu'elles ont acquis pour tenter de liquider le plus radicalement possible l'adversaire, ses organisations, ses militants et ses sympathisants ?

Michel Rovere

Critique communiste n°3
Décembre 1981

AFGHANISTAN: Une autocritique nécessaire.

Dans la fièvre du 10 mai, les travaux du Comité exécutif international (CEI) de la IVe Internationale, qui se déroulaient aux alentours de cette date, ont été quelque peu relativisés par de nombreux militants et sympathisants français de la LCR. Nous les renvoyons à la lecture indispensable des textes et résolutions de ce CEI, qui ont été publiés dans le numéro 105 de la revue Inprecor *(édition française datée du 6 juillet 1981). La discussion sur l'Afghanistan a été l'un des points forts de ce CEI. Non seulement à cause de l'ampleur des débats et des divergences qui étaient apparus antérieurement dans notre mouvement, mais parce que le CEI a adopté majoritairement une position qui constitue un changement important par rapport à la position de la IVe Internationale définie lors de la réunion du Secrétariat unifié de la fin janvier 1980.*
Le texte qui a été adopté débouche pur l'exigence du retrait des troupes d'occupation. Il constitue donc une véritable autocritique de ce qui a été la position passée de la IVe Internationale : condamnation de l'intervention soviétique mais refus d'appeler au retrait de ses troupes. Cette position avait été adoptée à une faible majorité par le comité central de la LCR. Les lecteurs de Critique communiste *pourront se reporter aux numéros 69 et 70 d'*Inprecor *(édition française) et au numéro 32 de la revue* Critique communiste *ancienne formule. Certaines des positions minoritaires avançaient dès cette époque le mot d'ordre de retrait des troupes soviétiques. L'article qui suit reprend les grandes lignes des rapports de présentation de la nouvelle position majoritaire, qui ont été faits lors du CEI ou lors de la session de fin août du comité central de la LCR.*

Le point de départ de toute notre démarche aujourd'hui, et qui est partagé par tous les militants de l'Internationale, est le même que celui que nous adoptions en janvier 1980, un mois après l'intervention massive soviétique : il s'agit de définir une orientation générale qui permette, à partir de la réalité concrète des réalignements sociaux et politiques, à partir des différenciations et des affrontements de classes qui se maintiennent, de renforcer le combat des ouvriers, des paysans pauvres, des nationalités opprimées pour défaire la réaction afghane, ses alliés et l'impérialisme dans la région. De ce point de vue, la résolution adoptée en janvier 1980 péchait par quatre aspects principaux :

1) Dans le passé, nous avons critiqué l'orientation du PPDA (1) au pouvoir depuis le renversement du régime réactionnaire de Daoud en 1978.
Nous prenions en même temps en compte le rôle objectif que ce parti était amené à jouer sur le plan militaire, dans la guerre civile l'opposant aux chefs féodaux et aux groupes réactionnaires de la résistance. Mais nous avons par trop séparé, voire opposé, ces deux éléments. En fait, c'est la combinaison entre le substitutisme bureaucratico-militaire, l'affaiblissement de l'État par les batailles entre les cliques adverses du PPDA, la répression menée contre les opposants de gauche et tout mouvement autonome de masse (en particulier chez les minorités nationales qui ont commencé à s'armer dès que l'Etat central afghan s'est affaibli, bien avant l'intervention soviétique), la mise en oeuvre de semi-réformes qui n'ont abouti qu'à rejeter une partie de la paysannerie entre les mains des anciens chefs traditionnels et du clergé, l'appel de plus en plus ouvert à "l'aide" soviétique enfin, qui ont abouti à la situation militaire catastrophique. Certes, dans une guerre civile, il y a une certaine autonomie entre le problème militaire et l'orientation politique. Mais il fallait aussi expliquer plus ouvertement à quelles impasses militaires aboutit une ligne stalinienne fondée avant tout sur le substitutisme bureaucratico-militaire et la défiance à l'égard de tout mouvement de masse. Les leçons opposées de la guerre civile russe victorieuse et de la défaite militaire dans l'Espagne de 1936-1939, aboutissement d'une politique de contre-révolution, étaient valables pour l'Afghanistan, d'autant plus que les conditions objectives pour mener une politique révolutionnaire y sont, de par l'arriération du pays, plus difficiles qu'ailleurs.

Une aggravation qualitative de la situation

2) La résolution n'analysait pas comment l'intervention militaire soviétique massive de décembre 1979 signifiait une aggravation qualitative de la situation précédente. Que ce soit du point de vue de la souveraineté politique de l'État afghan, du caractère dorénavant ouvertement fantoche du régime mis en place et soutenu à bout de bras par une intervention militaire étrangère.

3) La résolution de janvier 1980, et surtout certains matériels édités par la LCR, avançaient une argumentation dangereuse pour expliquer qu'après l'intervention, on n'avançait pas un mot d'ordre de retrait des troupes soviétiques. C'est l'argument sur l'"internationalisation" du conflit :
"Vu la position de l'Afghanistan aux

frontières de l'URSS et vu l'intervention de l'URSS dans la guerre civile, le conflit de classes qui traverse le pays prend immédiatement une dimension internationale et se réfracte dans l'affrontement présent entre l'URSS et l'impérialisme"*, expliquait la résolution. Ce type d'affirmation pouvait laisser croire qu'il y avait dans cette affaire quelque chose ayant à voir avec la défense directe de l'Etat ouvrier. Une telle argumentation laissait la porte ouverte à deux déviations extrêmement dangereuses :

- la minimisation au nom d'une approche semi-"campiste" (mettant avant tout l'accent sur l'affrontement Est-Ouest) du caractère contre-révolutionnaire de la politique suivie par l'URSS et ses hommes liges du PPDA face au mouvement des masses afghan. Or, ses effets contre-révolutionnaires se font sentir aussi du point de vue de la défense de l'Etat ouvrier soviétique en jetant le désarroi au sein du mouvement ouvrier international, au moment où l'impérialisme relance la course aux armements ;
- l'impossibilité de s'opposer clairement à toute politique d'assimilation structurelle du pays par l'URSS, avec ce que cela signifie pour le mouvement de masse en Afghanistan et dans toute la région (renforcement des courants intégristes, antimarxistes, en Iran et au Pakistan).

4) A partir des trois éléments précédents, la résolution de janvier 1980 contenait une contradiction centrale. Elle se prononçait, et cela reste le point de départ de toute notre démarche, pour la mobilisation indépendante des masses, pour la défense de leurs revendications sociales, de leur armement, pour le droit des nationalités opprimées. Mais elle n'intégrait pas cette ligne dans une orientation de défense du droit à l'autodétermination. Le silence sur le droit à l'auto-détermination et le respect de la souveraineté politique de l'État afghan, le refus de se prononcer clairement pour le retrait des troupes soviétiques, rendaient largement abstraite et artificielle toute ligne, même affirmée avec le maximum d'énergie, pour appeler à la mobilisation indépendante des masses. C'est là l'un des points essentiels du retour critique qui doit être opéré sur la position de janvier 1980. L'examen de la situation en Afghanistan après l'occupation soviétique apporte une série d'éléments tout à fait significatifs.

Le droit à l'auto-détermination

Quel est le degré de continuité entre la situation actuelle et le régime instauré après le coup d'Etat de 1978 ? Est-ce qu'il s'agit simplement de la continuation de la même guerre civile dans des circonstances et des rapports de forces plus défavorables pour le PPDA ? La réponse ne fait désormais plus le moindre doute. L'occupation a été décidée à Moscou et à Moscou seulement, en dehors même du gouvernement de Kaboul et de la majorité des forces qui conduisaient la "guerre civile". Ne serait-ce que parce que l'occupation impliquait la liquidation physique d'Amin, dans la plus pure tradition stalinienne.
L'occupation a d'ailleurs eu lieu quelques semaines seulement après une offensive victorieuse menée par le régime de Kaboul contre certaines forces de la rébellion.
Il y avait là, manifestement, une violation de la souveraineté politique de l'Etat afghan. Certes, pour nous, la question générale du droit à l'autodétermination dans la question afghane ne se limite pas à la reconnaissance de la souveraineté politique de l'Etat afghan. Ce droit à l'autodétermination concerne bien évidemment aussi les minorités nationales opprimées par l'Etat central aux mains des Pashtouns. Il est évident qu'il est lié également à la lutte générale contre la réaction locale ou l'impérialisme et devra s'appuyer sur de profondes réformes sociales (en premier lieu une réforme agraire). Mais dans un pays comme l'Afghanistan qui, à côté d'une tradition multiséculaire d'oppression de ses minorités

nationales, a également une tradition de 150 années d'indépendance politique face aux convoitises britanniques ou tsaristes, il faut comprendre comment une occupation étrangère va à l'encontre des phénomènes de différenciation de classes. C'est ce que Lénine soulignait lors du VIIIe Congrès du PC bolchevik, en mars 1919 : *"Nous ne pouvons refuser à aucun peuple de l'ancien empire russe le droit à l'autodétermination. Admettons même que les Bashkirs aient renversé leurs exploiteurs avec notre aide. Mais ce ne serait possible que si la révolution était complètement mûre. Il faudrait agir avec prudence pour que notre intervention n'entrave pas le processus de différenciation du prolétariat, processus que nous devons accélérer. Que pouvons-nous faire pour les peuples (...) jusqu'ici soumis à l'influence de leurs mollahs ? (...) Pouvons-nous dire à ces peuples: nous, jetterons bas vos exploiteurs ? Nous ne le pouvons pas, parce qu'ils sont entièrement soumis à leurs mollahs. Il faut attendre en pareil cas*

que la nation ait évolué, que le prolétariat se soit différencié des éléments bourgeois, ce qui est inéluctable."
(Tome 29 des *Oeuvres complètes*, page 170.)

Or, l'intervention soviétique va bien évidemment à l'encontre de toute cette politique. D'abord parce qu'elle aboutit à une occupation (d'ailleurs partielle mais ce n'est pas leur faute) du pays. La bureaucratie du Kremlin ne peut s'appuyer que sur la fraction minoritaire Parcham du PPDA. Elle a échoué dans sa politique de réunification avec la fraction Khalq, notamment parce qu'une majorité même des Khalquis était opposée à cette intervention. Cela a accentué la désagrégation de l'armée afghane (où les Khalquis étaient majoritaires). Aujourd'hui, l'affaiblissement du PPDA provoqué par l'intervention soviétique ne se mesure pas seulement à la réduction de son influence, mais aussi au processus interne de liquidation et d'épuration qui a touché plusieurs milliers de militants et de sympathisants de la fraction khalqui.

Dans un tel contexte, les troupes soviétiques jouent de plus en plus un rôle de substitut, non seulement militaire, mais administratif, d'un PPDA qui se rétrécit comme une peau de chagrin. Chacune des sept régions militaires du pays est dirigée désormais par un général soviétique "assisté" d'un Afghan du PPDA. Le seul frein que les Soviétiques ont trouvé à la désagrégation de l'armée afghane est sa mercenarisation : les miliciens du Parcham touchent 160 dollars par mois, soit le PNB annuel par habitant. Cela les amène, y compris, à rechercher, pour élargir un tant soit peu leur base sociale, des accords bien rémunérés avec certains chefs tribaux traditionnels. Tout essor éventuel, hypothétique, d'un mouvement de masse autonome, disposant d'une direction propre et luttant pour des transformations radicales dans les zones contrôlées par les Soviétiques et le PPDA, se heurterait aux forces policières et militaires du Kremlin.

Le gouvernement fantoche de Kaboul

Quels sont les effets de l'intervention soviétique ? Tout d'abord, la quasi-totalité des Afghans souhaite aujourd'hui le départ des troupes soviétiques (cela est reconnu, même par la mission des "juristes démocrates" - proches des PC occidentaux), et par certains Khalquis : le déplacement massif des masses afghanes vers la résistance active ou passive a bouleversé en partie les données, notamment en modifiant le rapport de forces entre la "résistance intérieure" - et dans celle-ci le poids du mouvement des minorités nationales ou de certains groupes progressistes comme le SAMA (2) - par rapport aux vieilles organisations réactionnaires à dominante pashtoun basées à Peshawar et plus directement liées au régime pakistanais, à la réaction régionale (Égypte, pays du Golfe) et à l'impérialisme. L'occupation soviétique a donc marqué un saut qualitatif.

Elle regroupe contre elle l'écrasante majorité des masses afghanes. Par leur résistance passive ou active, ces masses indiquent la nature même de la situation. Le gouvernement du PPDA, qui ne contrôle, grâce aux Soviétiques, que 25 % du territoire, est un gouvernement fantoche. Cela ne signifie pas que, si l'aspect de la lutte contre l'envahisseur étranger est devenu déterminant, les affrontements de classes, les éléments de guerre civile aient disparu entre les diverses composantes de la résistance. Les groupes intégristes comme le Hezb e Eslami de Gulbudin Hekmatiar se sont affrontés à certains secteurs de la "résistance intérieure". Quant une minorité ethnique comme les Hazaras s'arme massivement, libère d'importantes parties de son territoire, il est clair que ce n'est pas pour accepter, après le départ des troupes soviétiques, la remise en place d'un Etat central aux mains des chefs traditionnels pashtouns. Ce n'est pas un hasard si les organisations de la résistance intérieure comme le SAMA et le Front des combattants Modjaheds reprennent dans leurs plates-formes, à côté de la lutte contre les Soviétiques, la défense des réformes sociales (réforme agraire notamment) et du droit des minorités nationales. Elles comprennent que dans la lutte d'influence qui s'exerce au sein même de la résistance, elles devront s'appuyer, au-delà de leurs discours sur l'unité nationale contre l'envahisseur, sur les processus de différenciation sociaux qui n'ont pas été totalement stoppés par l'intervention soviétique.

Mais il est évident que pour favoriser ces différenciations, pour gagner des bases dans la paysannerie, dans les minorités ou dans les couches plébéiennes des villes contre les directions des secteurs réactionnaires de la résistance, une position claire sur la question de l'autodétermination est un préalable (dans ses deux faces, défense de la souveraineté politique de l'État afghan contre l'occupation étrangère, défense du droit à l'autodétermination des minorités nationales et ethniques opprimées).

C'est en fonction de cette situation que les militants marxistes révolutionnaires se déterminent, y compris dans le travail de solidarité internationale : à la fois contre l'impérialisme et contre le stalinisme, pour la défense des intérêts des masses afghanes. Face au Kremlin et à la Maison-Blanche, nous défendons la perspective d'un Afghanistan Indépendant, ouvrier et paysan.

Michel Rovere

(1) PPDA : Parti populaire démocratique afghan, au pouvoir à Kaboul.
(2) Front constitué par des organisations d'origine maoïste.

Sur le PCF...

Rouge n° 900
4-10 janvier 1980

Le PCF et l'intervention soviétique

Les réactions du PCF à l'intervention soviétique en Afghanistan illustrent bien les contradictions de sa politique, notamment sur le plan international, face à l'URSS.
Prise de court et reflétant les hésitations de la direction du PC, l'Humanité choisissait, dans un premier temps, de mentionner l'intervention soviétique sans faire le moindre commentaire autre que celui d'indiquer que *"l'opération n'était pas confirmée par Moscou"*. Puis, vint la prise de position, sous la forme d'un billet d'Yves Moreau, intitulé *"Jérémiades"*, dans l'Humanité du 29 décembre.
Après avoir dénoncé, à juste titre d'ailleurs, l'hypocrisie des réactions des Etats impérialistes, l'article justifie l'intervention soviétique en développant l'idée que le nouveau régime afghan répond aux souhaits de la majorité de la population. Le coeur de la démonstration d'Yves Moreau repose sur ce qu'il appelle *"les données d'importance mondiale"*, à savoir *"la situation stratégique exceptionnelle de l'Afghanistan, ses milliers de kilomètres de frontières communes avec l'URSS et aussi avec l'Iran, place forte perdue pour les Etats-Unis"*. Puis il rappelle *"l'intervention armée, à partir du Pakistan, et sous couvert de l'Islam, avec l'aide des anciens maîtres du pays"*.
Assiste-t-on ici à un des effets de l'analyse du bilan de l'URSS et des pays de l'Est comme "globalement positif" ? La prise de position actuelle du PCF, qui lui a valu les honneurs de la presse soviétique, vient en tous cas après la protestation plus que timorée aux procès de Prague, l'attitude face à l'implantation des fusées nucléaires américaines en Europe, etc.
Il est en tout cas manifeste, que ni l'Humanité ni la direction du PC ne s'embarrassent du principe fondamental du droit des peuples à disposer d'eux-mêmes. Oubliées aussi, semble-t-il, *"les innovations"* que contenaient l'ouvrage l'URSS et Nous, lancé il y a un an, à grand renfort de publicité avec la bénédiction de la direction du PCF, qui indiquait que : *"La transformation socialiste ne peut venir que de la volonté majoritaire du peuple concerné lui-même et se faire dans les formes qu'il aura choisies."*
Le fossé entre cette position et l'approbation actuelle de l'intervention soviétique ne peut qu'exacerber les contradictions au sein du PCF. Illustration de cette contradiction, des hésitations de la direction, la publication, sans commentaires, dans l'Humanité, d'un extrait de la réaction du PC italien, condamnant l'intervention soviétique comme une *"atteinte à l'indépendance et à la souveraineté du peuple afghan"*. Les réactions au sein du parti ne manqueront sans doute pas. Elleinstein en a donné un avant-goût, en indiquant qu'il souhaitait que *"comme le PCI, le PCF prenne une position claire et de principe, condamnant à la fois l'impérialisme et l'intervention soviétique en Afghanistan"*.
La quasi-totalité des organes de presse français s'est empressée de se saisir de cette attitude pour relancer une campagne anticommuniste et illustrer la thèse du PCF comme agent de Moscou. Façon comme une autre de faire oublier les déboires de l'impérialisme américain en Iran ou de la politique française en Afrique.
L'Humanité s'est empressée de s'en saisir pour contourner le délicat problème de la prise de position et pour centrer le tir contre les Etats-Unis et le gouvernement français qui *"veulent envenimer les relations avec l'URSS"*.
La réaction du PCF illustre bien la contradiction dans laquelle il se trouve pris. La marge est étroite entre ses tentatives de "réajustement" eurocommunistes et le réalignement sur la politique étrangère de l'URSS auquel le pousse le contexte international actuel.

Christian Picquet

Rouge n°901
11-17 janvier 1980

Remous autour de la position du PC

Après avoir longtemps hésité et publié des commentaires embarrassés, le bureau politique du PCF a pris position, justifiant l'intervention des troupes soviétiques, par une déclaration dans l'Humanité du 5 janvier. Réaffirmant d'abord "l'attachement indéfectible du PCF aux principes de souveraineté et de libre disposition des peuples, à la non-ingérence", la déclaration poursuit : "Nous prenons aussi en compte le droit de tout pays de demander l'aide d'un pays allié pour faire face à des immixtions extérieures." La direction du PC conclut en indiquant qu'elle souhaite "que ce processus démocratique se développe rapidement et permette au peuple afghan d'assurer en toute souveraineté et dans la paix, sa marche vers le progrès."

Le PCF en équilibre instable

Le PC pourtant semble vouloir se ménager toutes les portes de sortie et éviter de se trouver engagé de façon irréversible dans une voie déterminée. Ainsi, accepte-t-il de rencontrer le ministre des Affaires étrangères et reprend contact avec le PC italien qui, comme le Parti espagnol, condamne l'intervention. Même dans la déclaration du BP, il se ménage la possibilité de faire marche arrière. En insistant sur les promesses de démocratisation du régime afghan, il sera toujours possible d'arguer que celles-ci n'ont pas été tenues, pour prendre ses distances avec Moscou. Mais dans le même temps, l'Humanité donne une large publicité aux entretiens de Marchais avec le Politburo soviétique.

Un parti contraint à un équilibre périlleux pour définir sa ligne : telle est l'image que donne le PCF. Cela ne pouvait que provoquer les plus importants ébranlements dans son aire d'influence. Et, c'est la première fois depuis très longtemps qu'il se trouve confronté à une telle situation. Le Mouvement de la paix, construit à l'origine comme appendice démocratique, a nettement demandé *"le retrait des troupes soviétiques pour que le peuple afghan dispose librement de son destin"*. La CGT, de son côté, profondément divisée, a pour la première fois, pris nettement ses distances avec la position officielle du PC, et a implicitement condamné l'action de l'URSS. Dans sa déclaration, elle mentionne *"l'interdiction du recours à la force"* ainsi que *"le principe de non ingérence dans les affaires intérieures d'un pays"*.

Les remous internes ne sont pas moins importants. Une pétition lancée à l'initiative de Jean Elleinstein, Jean Rony et l'équipe de la revue *Dialectiques* indique : *"Nous ne pouvons accepter que l'URSS se comporte comme une grande puissance défendant ses intérêts de la même façon que l'impérialisme américain"* et conclut *"les troupes soviétiques doivent quitter l'Afghanistan"*. Certains secteurs de l'opposition interne se sont saisi de cette affaire pour reprendre l'offensive et préconiser un "recentrage" à l'italienne. Ainsi, Jean Rony écrit dans *le Matin*, *"l'eurocommunisme n'a de sens que si l'on prend en compte le mouvement ouvrier tel qu'il est et développe une stratégie d'alliance tendant à changer tout ce qui peut être changé (...) à favoriser tous les progrès même partiels, même précaires"*.

PS et CFDT : prétextes pour d'autres capitulations

L'intervention soviétique et la position du PC ont aussi servi de prétextes pour justifier d'autres capitulations. Ainsi, *le Matin* approuve dans les faits la politique de l'impérialisme, notamment la politique de rétorsion économique, et fait largement assaut d'anticommunisme. Le Parti socialiste se tait obstinément sur les mesures impérialistes et n'hésite pas à parler au nom des *"principes sur lesquels est fondée la société internationale"*, principes qui ont servi à justifier tant d'interventions coloniales. La social-démocratie retrouve en cette occasion ses accents de gérante loyale des intérêts impérialistes. Derrière, se profilent de possibles recompositions et réajustements. Ainsi, la convention socialiste du Nord a-t-elle voté à la quasi-unanimité qu'il fallait prendre acte que le PCF renonçait *"à respecter les principes démocratiques de la vie internationale qu'il avait approuvés en 1972"*, la conséquence en étant la nécessité d'une large *"actualisation"* de la ligne du PS.

Edmond Maire va dans le même sens quand il indique que *"la position du PC aura des répercussions intérieures sur la possibilité et la crédibilité de l'Union de la gauche"*. De la même façon, il faut s'attendre à ce que la direction de la CFDT en tire argument pour justifier un peu plus la division intersyndicale et sa politique de recentrage, quand elle déclare : *"Le mutisme de la CGT pose un problème fondamental."*

Approbation de l'intervention soviétique d'un côté, préparation d'autres capitulations de l'autre : telle est la façon dont les principales forces du mouvement ouvrier ont réagi à la situation.

Christian Picquet

Rouge n° 902
18-24 janvier 1980

La direction du PCF choisit l'alignement militant sur la politique du Kremlin

De Moscou, Marchais apporte son soutien à l'intervention soviétique en Afghanistan.

L'ostentation n'était pas absente dans le refus de Georges Marchais de mettre, depuis cinq années, les pieds dans la patrie du *"socialisme réel"*. Aussi la brusquerie spectaculaire du réalignement du PCF sur Moscou a-t-elle frappé les esprits : à peine revenu d'un voyage à Cuba et au Nicaragua, le secrétaire général posait un pied en Italie - où il fut assez fraîchement reçu par Berlinguer - pour reprendre l'avion vers Moscou, via Paris.

Des rencontres Brejnev-Marchais est sorti un long communiqué qui, s'il admet la thèse des voies de passage nationale au socialisme, se présente comme un panégyrique de la construction du socialisme en URSS depuis 1917. Interviewé de Moscou par la télévision française, Georges Marchais apportait un soutien sans réserves à l'intervention soviétique en Afghanistan. Accréditant la thèse soviétique de l'assistance militaire apportée à un Etat afghan qui l'aurait sollicitée, le secrétaire général du PCF déclarait : *"Dans ces conditions, on comprend que le gouvernement soviétique ait été amené à respecter le traité qu'il avait signé avec le gouvernement afghan."* Il répondit à une question du député socialiste Pierre Joxe en le traitant *"d'insolent"*, de *"paltoquet"* et de *"petit valet de François Mitterrand"*. Il réaffirmait, par ailleurs, la condamnation par son parti de l'intervention en Tchécoslovaquie en 1998 et des récents procès à Prague.

Ces prises de position, contraires à celles du Parti communiste italien et du Parti communiste espagnol, renouvellent le débat sur l'eurocommunisme, sur l'évolution du PCF, sur les choix de son appareil dirigeant, et avivent les contradictions profondes affleurant dans ce parti. Le réalignement spectaculaire du PCF sur l'URSS provoque de nombreuses et vives réactions en France. La direction du PCF amalgame les attaques réactionnaires de la droite et les critiques venues de tous les courants du mouvement ouvrier. Elle appelle à serrer les rangs face au *"déchaînement anticommuniste hystérique"*. Le bureau politique a lancé, le 15 janvier, un *"appel à la combativité et à l'esprit d'initiative pour riposter à la campagne de haine et de calomnie téléguidée de l'Elysée"*. Le bureau politique titre son appel *"A l'offensive contre le mensonge"*, tandis que le quotidien communiste annonçait une campagne de recrutement (*"Ceux qui adhèrent au PCF quand on l'attaque"*, titrait *l'Humanité* le 16 janvier) et fait une relation presque triomphale d'adhésions aussi soudaines que massives à travers le pays. Dans le but évident de contrer les textes contestataires, la direction a lancé sa propre pétition soumise à la signatures des intellectuels. De nombreux permanents et journalistes à *l'Humanité* figurent parmi les premières listes de signataires.
M . T.

L'attitude de Marchais à propos de l'Afghanistan a étonné. N'avait-il pas été, avec Berlinguer, l'un des chefs de file de la prise de distance vis-à-vis de l'URSS lors de la conférence de Berlin-Est qui, en 1976, réunissait les PC de l'Europe de l'Ouest et de l'Est ? La direction du PCF, après avoir pris du retard sur ses collègues du PCI et du PCE, n'avait-elle pas mis les bouchées doubles pour peaufiner son image de marque eurocommuniste ? Pourtant toute une série d'indices montrait, depuis plusieurs mois, que le PCF cherchait à se "situer" au niveau international : campagne de soutien au Vietnam, rencontre avec Yasser Arafat, voyage à Cuba et au Nicaragua...

Pour les partis communistes, les liens internationaux sont décisifs. Non seulement, en raison de leurs origines, mais aussi de leurs conditions d'existence actuelles, de leur identité politique. L'une des racines de ces partis se nourrit de leur insertion de plus en plus importante au sein de leur propre société bourgeoise, de *"l'intégration dans la vie nationale"* comme l'ont dit. L'autre reste fermement plantée dans le *"camp socialiste"* : il est bon de rappeler que ni le PCI ni le PCE n'ont rompu avec l'URSS.

L'importance des liens internationaux

Le phénomène eurocommuniste - que l'on rencontre d'ailleurs au-delà de l'Europe - est le produit des tensions produites par ce double enracinement. Il s'est toujours accompagné d'une espèce de balancement entre la volonté affirmée d'indépendance vis-à-vis du Kremlin et la réaffirmation de liens maintenus. Avec aussi la volonté des directions de ces PC de jouer des contradictions entre la bureaucratie de l'URSS et celle d'autres Etats ouvriers. Le PCI depuis longtemps "ouvre" vers le PC chinois et, d'ailleurs, la direction du PCF prévoyait une visite fort officielle en Chine.

Il n'empêche que les prises de position différentes de la direction de ces deux partis face à l'intervention soviétique sont révélatrices de choix à dynamique différente. Dans une situation où les signes d'une nouvelle tension mondiale semblent s'accumuler, le PCI joue

le jeu du renforcement des *"nouveaux pôles"* - comme l'Europe occidentale - capable de contrebalancer les menaces que font peser sur la *"détente"* les deux *"super-puissances"*. Et il propose à l'Assemblée européenne une requête demandant le retrait des troupes soviétiques. Le PCF a choisi un autre créneau : l'appui inconditionnel à l'URSS, mais aussi, il ne faut pas l'oublier, une série de liens (Vietnam, Cuba, OLP) qui peuvent lui donner une place particulière dans cette situation de crise internationale.

Retour à Moscou ?

Retour à l'attitude des partis staliniens classiques qui se comportaient en simple agence du Kremlin ? La chose n'est pas simple. L'on ne peut comprendre cette orientation que comme celle d'un appareil empêtré dans les contradictions d'une politique nationale et trouvant là l'une des réponses qu'il croit capables de colmater sa crise. Car ce tournant est le signe d'un choix, mais aussi d'une impasse.

Ce choix s'articule sur l'affirmation explicite - contrairement à la période d'avant 1978 - du refus de toute perspective de participation gouvernementale dans la situation présente et donc de l'abandon de l'Union de la gauche. La chose est claire et dans les textes et dans la pratique.

Dans la pratique, cela apparaît assez quotidiennement pour que nous n'insistions pas. Dans les textes, on le voit d'abord au travers de l'insistance mise sur la nécessité de l'union nationale (dont l'Union de la gauche ne serait qu'un élément) face à la crise. L'autre face, ce sont les déclarations sur l'autogestion, la possibilité de conquêtes immédiates sans attendre des changements centraux, les conseils d'atelier, l'union à la base... Tout cela alimenté de la polémique anti-PS qui, depuis la question des fusées jusqu'à l'Afghanistan, ne peut qu'être renforcée par les prises de positions internationales respectives des deux partis.

Cette politique est, pour le PCF, un moyen de justifier son refus d'aller au gouvernement allié avec le PS tout en cherchant à reconstruire son hégémonie sur la classe ouvrière. Une double réponse, mais aussi une double contradiction. Car la perspective d'union nationale ne peut se traduire concrètement faute d'alliance possible actuellement avec un parti bourgeois significatif, alors que la possibilité d'une alliance avec le PS apparaît à de nombreux travailleurs comme l'alternative au régime Giscard-Barre. Quant à l'autogestion, l'unité à la base, elle se heurte directement à la politique sectaire et manipulatrice du PCF. Là aussi, de nombreux travailleurs ressentent concrètement ce que pourrait être "l'union dans les luttes".

Des contradictions

Ces contradictions du PCF sont, en fait, le résultat de la polarisation sociale et politique produit par le rapport de forces entre les classes en France et les formes particulières prises par la crise de la Ve République.

Le PCF ne peut, avec son orientation actuelle, y répondre qu'en assumant plus ouvertement une politique de soutien de régime (voir l'affaire Boulin) et de division forcenée. Sa réponse, c'est aussi la silhouette internationale qu'il veut se donner. Fiterman affirme que *"les jeunes sont sensibles au langage de lutte et de solidarité internationale"*. Ces jeunes, dont on pourrait parler au travers du bilan lamentable des Jeunesses communistes.

Disons, cependant, que les voyages de Marchais à Cuba, le soutien accordé au Vietnam et au Polisario sont un moyen de donner au PCF une image de marque "révolutionnaire" dans certains secteurs.

Mais cette politique qui est aussi l'appui inconditionnel à l'URSS ne peut que repousser une frange de travailleurs combatifs et défiants par rapport à la social-démocratie. Car nous ne sommes plus dans la période "héroïque" d'avant la Seconde Guerre mondiale ou dans la période de guerre froide des années cinquante. La crise du mouvement stalinien international, c'est aussi l'impossibilité pour la direction du PCF de ressouder les rangs autour de la défense de la *"patrie du socialisme"* pour justifier une politique et construire une cohésion.

De ce point de vue, le PCF n'échappe pas à l'eurocommunisme, au sens où il ne peut échapper à la crise du stalinisme et aux contradictions portées par sa politique nationale et internationale face à la montée de la lutte de classes. Ces contradictions qui vont jusqu'à ébranler son appareil (affaire Fiszbin), après la fronde des intellectuels au lendemain de 1978, sont les signes beaucoup plus profonds d'une contestation, capillaire jusqu'à présent, dans les entreprises, mais dont l'impact de l'appel à *"l'union dans les luttes"*, et les remous dans la CGT sont les premiers indices.

Antoine Artous

Rouge n°903
25-31 janvier 1980

Georges Marchais : " l'impérialisme est aux abois "

Le comité central du PCF approuve à l'unanimité l'intervention soviétique en afghanistan et maintient ses critiques à l'URSS sur l'absence de démocratie.

Les explications de Georges Marchais à l'émission télévisée *Cartes sur tables*, au cours de laquelle il a à nouveau justifié l'intervention soviétique en Afghanistan, méritent autre chose que les gloussements indignés ou les cris vengeurs des commentateurs bourgeois dont la plume retrouve aisément les accents anti-communistes les plus odieux. Passons sur le bonimenteur Marchais et sur les dons que chacun lui reconnaît. Il reste une cohérence et une force du discours dont la fonction est d'armer et de motiver les militants, actuels ou futurs.

Le raisonnement de Georges Marchais est le suivant : le monde est partagé entre deux camps antagonistes, l'un capitaliste, l'autre socialiste ; l'un belliciste, l'autre pacifique. L'impérialisme s'oppose à l'indépendance des nations opprimées. Il est donc légitime que l'URSS intervienne pour garantir le droit des peuples à se gouverner eux-mêmes, si demande lui en est faite : *"Quelle allure aurions-nous si nous restions les bras croisés à chaque fois qu'un peuple engage la lutte et que l'impérialisme intervient contre lui ? Si nous disions allez-y messieurs les impérialistes ! Continuez à massacrer ceux qui veulent conquérir leur indépendance !"* Il en est d'autant moins question que, d'après le secrétaire général, *"l'impérialisme est pris à la gorge. Il est aux abois. Il voudrait bien plonger le monde dans une guerre mondiale, mais il ne le peut pas"*.
Révolutionnaire, la direction du PCF n'a jamais autant tenu à s'attribuer ce qualificatif, au point que Georges Marchais a livré une version particulièrement dynamique et combative de la politique de coexistence pacifique. *"La coexistence pacifique, c'est la lutte de classes sous toutes ses formes. Et plus nous portons des coups à l'impérialisme, plus les travailleurs et les peuples y gagnent"*.

Les trois remontrances de Marchais à Brejnev

Le rapport de Maxime Gremetz sur la situation internationale devant le comité central du PCF développe la même analyse. Les forces porteuses d'un projet de consensus social dans les pays ouest-européens sont présentées comme bousculées par les luttes sociales. La social-démocratie recule, mais elle *"n'en demeure pas moins, sous une forme ou une autre, le recours privilégié du grand capital"*. Par contre, *"si pendant un temps apparaissait une tendance à la stabilité, voire à la stagnation de l'influence de nombreux PC, la situation commence, avec des inégalités, à se modifier"*. Et Gremetz de noter le renforcement électoral du PC portugais, qui contraste avec le revers électoral essuyé par le parti de Soares.
Maxime Gremetz a donné connaissance de certaines parties de l'interview de Georges Marchais lors de sa rencontre à Moscou avec Brejnev. Le PCF cherche à prendre une place militante dans le système mondial des forces groupées autour de l'URSS, mais il maintient les critiques formulées antérieurement à l'égard du *"socialisme réellement existant"*.
"Je tiens pour ma part, déclare Marchais, à revenir sur ce qui constitue la divergence fondamentale entre nous et qui réside dans le contenu et le rôle de la démocratie, dans l'édification et le développement du socialisme (...) Il existe dans certains pays socialistes des limitations, pour nous incompréhensibles, de la démocratie qui vont jusqu'à la substitution de mesures administratives à la nécessaire lutte politique et idéologique." Marchais s'est plaint tout particulièrement des dirigeants du PC de Tchécoslovaquie dont le comportement est *"dramatique"*. A propos des procès de Prague : *"C'est là une chose intolérable, c'est une caricature du socialisme."*
Autre divergence, l'eurocommunisme. Marchais s'est ouvert à Brejnev de l'étonnement que lui ont causé les articles des certains *"théoriciens"* soviétiques sur le sujet. Il livra à son interlocuteur la définition suivante : *"L'eurocommunisme signifie précisément la convergence de certains traits de la politique de différents partis communistes de pays capitalistes industrialisés, affrontant des situations et des problèmes analogues. Ainsi, un certain nombre de ces partis placent le développement de la démocratie au centre de la voie qu'ils ont choisie pour aller au socialisme (...) Il ne s'agit nullement de reconstituer un nouveau centre, ni de substituer un modèle à un autre, pas plus que de tourner l'eurocommunisme contre quelque parti que ce soit."*
La troisième divergence présentée à Brejnev porte sur le rejet par le PCF de la notion de *"marxisme-léninisme"* au profit de l'expression *"socialisme scientifique"*. Marchais semble avoir voulu faire comprendre à son interlocuteur qu'il ne pouvait s'enfermer dans la rhétorique toute faite de mise au Kremlin: *"Notre théorie n'est pas un corps de doctrines achevé, un*

système de préceptes que l'on pourrait appliquer en tous temps et en tous pays, sans innovation importante."

Il en faudrait certes plus pour prouver l'intrépidité de Marchais face à Brejnev. On imagine pourtant mal un tel dialogue, qui ressemble à une négociation, à l'époque ou Staline régnait au Kremlin.

Michel Thomas

Révolutionnaire, dites-vous...

Militants du PCF, votre direction vous explique aujourd'hui que votre parti, parce que révolutionnaire, se devrait d'approuver l'intervention soviétique en Afghanistan.

Georges Marchais à la télévision, Maxime Gremetz dans son rapport au comité central affirment que l'impérialisme est aux abois, pris à la gorge, qu'il ne peut plus réagir comme il le voudrait face aux succès de la lutte des peuples et du prolétariat international. Ils disent que ces victoires sont le fruit de la politique de coexistence pacifique, mise en oeuvre par l'URSS et le " camp socialiste ". Il est vrai que l'impérialisme US a dû cacher son bâton de gendarme international ces dernières années, subir la chute du shah, celle de Somoza, l'humiliation de ses diplomates retenus en otages à Téhéran, sans pouvoir envoyer ses " marines ".

Cette impuissance relative de l'impérialisme dominant est le résultat de la victoire de la révolution vietnamienne en 1975, une victoire qui a entraîné le refus massif de nouvelles aventures guerrières dans la population américaine et le discrédit total jeté sur le personnel dirigeant des USA. Or, la longue guerre révolutionnaire menée par les révolutionnaires vietnamiens avait peu à voir avec la coexistence pacifique. Celle-ci est en effet fondée sur le respect du partage du monde avec les capitalistes et la recherche d'une coopération avantageuse avec les puissances impérialistes. C'est au nom de la politique de coexistence pacifique que l'URSS et la Chine n'ont pas opposé leur bouclier à la destruction de la République socialiste du Nord-Vietnam par les B 52 de Johnson et de Nixon ! A l'époque, l'URSS n'a pas eu autant d'empressement et déployé autant d'efforts dans son soutien au peuple vietnamien que pour son intervention en Afghanistan.

Selon Georges Marchais, il est aussi juste d'aider militairement l'Etat afghan contre les menées impérialistes par rebelles interposés que les sandinistes au Nicaragua. Mais les sandinistes ont dirigé une insurrection de masse, sans d'ailleurs recevoir une aide concrète, ni politique, de l'URSS. Où est la direction révolutionnaire des masses afghanes ? Le gouvernement qui est censé avoir fait appel à l'Armée rouge n'a pu le faire qu'à titre posthume. Le meurtre de Taraki par Amin, d'Amin par les Soviétiques, la fameuse prison dePuli Charki, c'est l'histoire d'une faillite dans laquelle l'URSS est la première impliquée et a mené tout droit à son intervention militaire. S'il faut aider les travailleurs afghans contre les féodaux, ce n'est pas en appuyant sans condition les méthodes bureaucratico-policières de cliques qui se sont succédées à Kaboul : c'est en impulsant les mobilisations de masse et la démocratie ouvrière.

Il n'est aujourd'hui pire calomnie contre la révolution nicaraguayenne que d'assimiler Karmal Babrak aux sandinistes comme l'a fait Georges Marchais. Il n'est pire calomnie contre la révolution et le socialisme que leur assimilation à l'entrée de chars soviétiques à Kaboul.

Les trois grandes victoires révolutionnaires récentes, au Vietnam, en Iran, au Nicaragua, ont communiqué la flamme à d'autres pays et ont contribué à désarmer politiquement l'impérialisme US. L'intervention soviétique en Afghanistan provoque le phénomène inverse : elle dresse les masses iraniennes contre le communisme, identifié à l'URSS et à sa politique ; elle permet à Carter de remobiliser psychologiquement son peuple ; elle crée les conditions politiques du redéploiement de l'appareil d'intervention impérialiste à travers le monde.

La direction du PCF cherche à couvrir l'intervention en Afghanistan du prestige de la révolution cubaine et des sandinistes. Elle agit ainsi pour se donner le profil du révolutionnaire combatif qui sait rendre coup pour coup à l'impérialisme, qui ne ménage pas l'adversaire de classe. Quelles perspectives de lutte, de combat social et politique, cette direction du PCF ouvre-t-elle aux travailleurs français ? Aucune, sinon d'apporter plus de suffrages au candidat communiste qu'à son concurrent socialiste aux présidentielles de 1981.

Michel Thomas

Débat des tendances dans les colonnes du " Monde "

Le PCF a levé le drapeau de " la défense du Parti " contre " le mensonge ". L'Humanité publie tous les jours des communiqués de soutien et diffuse la nouvelle d'adhésions fraîches et massives.

La pétition lancée auprès des intellectuels pour soutenir la politique du parti a été publiée par le Monde, en publicité, avec des milliers de signatures. Ce quotidien, qui publie également les pétitions d'oppositionnels communistes, devient ainsi le véritable bulletin de discussion du PCF, où s'affrontent les tendances. A refuser la libre expression des tendances dans sa presse, la direction du PCF en vient à l'organiser elle-même dans la presse bourgeoise!

Rouge n° 904
1er - 6 février 1980

La délégation CGT à Kaboul : " des certitudes et des incertitudes "

De retour de Kaboul, la délégation de la CGT a présenté son rapport à la presse, le 28 janvier, en insistant sur " les élucubrations les plus stupides sur la situation en Afghanistan " véhiculées par nombre de moyens d'information. De son séjour - du 20 au 26 janvier - la délégation a ramené " des certitudes et des incertitudes ", ces dernières ayant pour cause " la complexité immense de l'Afghanistan ".

Certitude que la révolution d'avril 1978 fut très bien accueillie par la grande majorité de la population. Certitude que le régime d'Amin était totalement discrédité, qu'il s'agissait d'un régime de peur et que la population aspirait au changement. Certitude encore qu'Amin lui-même a inspiré l'antisoviétisme.

La délégation a également déclaré avoir constaté de visu que seuls dix-huit membres de la famille d'Amin et trente-neuf de ses proches collaborateurs liés à la répression sont actuellement emprisonnés. Elle a aussi fait état de ses discussions avec les militants rencontrés : à l'unanimité, ils ont dit oui à l'intervention soviétique, qui a sauvé des vies humaines et contenu les menaces et les agressions extérieures. Mais chez les petits boutiquiers, l'opinion est plus partagée.

" Quasi-certitude " aussi : le peuple afghan n'aurait pu, seul, destituer Amin. Et c'est " l'insurrection " du 27 décembre. " Insurrection " est en effet le terme qu'emploie la CGT. Pourtant, insurrection rime avec populaire autant que coup d'Etat avec militaire. " L'écrasante majorité désirait un changement ", explique Pierre Gensous. " Il s'est agi d'une insurrection de type militaire ", répond Georges Séguy. A Kaboul, il a été affirmé à la délégation de la CGT que l'armée soviétique n'avait pas pris part à ladite insurrection, " Ce qui reste incertain pour nous ", ajoute-t-elle.

Le rapport de la délégation, a déclaré Georges Séguy, confirme la position que nous avons prise. La commission exécutive de la CGT, qui s'était réunie ce même jour pour entendre le rapport de la délégation, en a conclu que le texte adopté le 8 janvier " devait être considéré comme l'expression de la position officielle de la CGT ": pas d'appréciation sur l'intervention soviétique.

Francis Paget

DOSSIER AFGHANISTAN

INTERVENTION SOVIÉTIQUE

LIGUE COMMUNISTE RÉVOLUTIONNAIRE

6 FRANCS

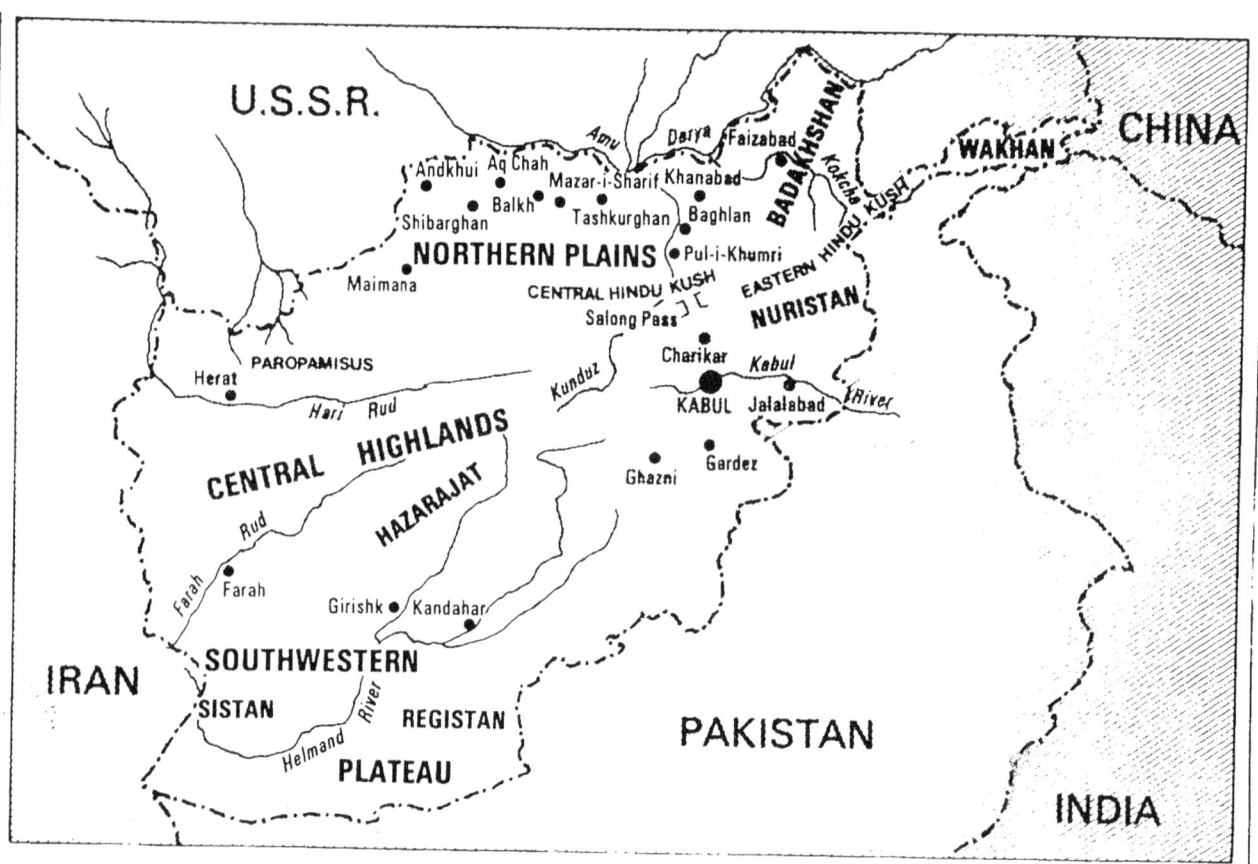

L'Afghanistan en chiffres

Entre dix-sept et dix-huit millions d'habitants, dont 80 % musulmans répartis entre 4/5 sunites et 1/5 chiites.

Plus de huit nationalités représentées sur ces dix-huit millions d'habitants : sept millions de Pachtouns, cinq à six millions de Tadjiks, un million d'Hazaras, cent millions de Baloutches, de Turkmènes, des Uzbeks, des Qazil bash, des Sikhs et des juifs... Le Pachtounistan s'étend à cheval sur l'Afghanistan et le Pakistan. Le Baloutchistan à cheval sur l'Afghanistan, l'Iran et le Pakistan. L'Uzbékistan, le Tadjikistan et le Turménistan à cheval sur l'Afghanistan et l'URSS...

La population compte environ 85 % de paysans (dont 15 % de nomades) et seulement 1 à 2 % d'ouvriers industriels. 14 % seulement de la population est urbanisée, essentiellement à Kaboul (700 000 habitants). Deux autres villes seulement dépassent les 100 000 habitants : Herat et Kandahar. 40 % de la population urbaine active travaille pour l'Etat.

85 % de la population est analphabète et une grosse part des 15 % alphabétisés l'est sommairement dans les écoles coraniques.

Les principales ressources viennent de l'exportation de gaz naturel (principalement en direction de l'URSS), des fruits secs et des fruits frais, du coton, des tapis et des peaux.

Le revenu par tête d'habitant est un des plus bas du monde.

Présentation

L'intervention soviétique en Afghanistan constitue le point de départ de campagnes idéologiques violentes au niveau international. Elle met non seulement en branle les machines diplomatiques et étatiques, mais divise profondément le mouvement ouvrier quant aux réponses à apporter. La confusion est d'autant plus grande que les prises de position passionnelles ignorent souvent tout de l'histoire récente de l'Afghanistan comme de repères de méthode marxiste pour analyser les enjeux de classe d'un tel conflit.

L'objet de cette brochure est de fournir un premier matériel de réflexion et une prise de position. Elle comprend cinq parties :

1. Une chronologie abrégée de l'histoire de l'Afghanistan ;
2. la résolution du secrétariat unifié de la IVe Internationale ;
3. 13 questions et 13 réponses à propos de l'intervention soviétique ;
4. un témoignage sur la réforme agraire sous le gouvernement Taraki ;
5. des extraits de Trotsky à propos des précédentes interventions de l'armée soviétique.

Cet ensemble est accompagné de cartes et d'encadrés illustrant certains aspects particuliers de la question.

Le 10/2/1980

Chronologie abrégée

L'Afghanistan d'Amanullah à Babrak Karmal

L'Afghanistan n'apparaît comme Etat distinct et identifiable qu'au XVIII® siècle. Il s'agit alors essentiellement d'une confédération des tribus pachtounes, sous la direction d'Ahmud Khan, après sa victoire sur l'invasion perse en 1740.

En 1839-1842, les Anglais lancent la première guerre afghane. Leur corps expéditionnaire de 4 500 soldats anglais et indiens, accompagnés d'une suite de douze mille personnes est massacré par la résistance. Il y a un seul survivant. En 1879 cependant, les Anglais lancent une deuxième guerre sous prétexte de la réception à Kaboul d'une mission diplomatique du tsar de Russie. Ils se heurtent de nouveau à une vive résistance. Mais ils obtiennent sur le tapis vert, en vertu du traité de Gandamak, les territoires de Khyber-pass et de Michni-pass, en échange d'une allocation annuelle de 60 000 livres-sterling au roi afghan.

Les réformes d'Amanullah

Au début du XXe siècle, le règne d'Habibullah est marqué par une montée des idées d'indépendance nationale qui bouillonnent dans cette région en effervescence. En 1919, son fils Amanullah, qui lui succède sur le trône, abolit le traité de Gandamak et se lance dans une politique de modernisation inspiré par le mouvement des jeunes turcs de Kemal Ataturk et le mouvement de Reza Kahn en Iran. Les Anglais répliquent par le bombardement de Kaboul, mais ils sont obligés de s'incliner politiquement. En août 1919, le traité de Rawalpindi restaure la souveraineté d'Amanullah sur son pays.

En mai 1919, Lénine envoie une lettre de félicitation à Amanullah pour son accession au trône et salue la lutte du peuple afghan contre l'oppression étrangère. Moscou et Kaboul échangent aussitôt des missions diplomatiques et, en novembre, Lénine envoie une nouvelle lettre à Amanullah, dans laquelle il salue l'Afghanistan comme « *le seul Etat musulman indépendant du monde* ».

Amanullah entreprend une politique de réformes, notamment d'éducation et de scolarisation. Il déclare que l'émancipation des femmes est la question clé pour sortir son pays de l'arriération. Il ouvre les écoles aux filles et promulgue en 1921 un code de la famille qui interdit le mariage des enfants. En 1928, sa femme, la reine Soraya apparaît sans voile en public. Amanullah instaure également la conscription générale pour lutter contre la levée des troupes privées par les chefs de tribus. En 1923 la Constitution annonce un transfert de pouvoir au profit d'une Assemblée nationale élue au suffrage universel par les hommes et femmes. Ces réformes sont dans une certaine mesure plus avancées que celles d'Ataturk en Turquie ou de Reza Kahn en Iran. Mais l'armée est incapable de faire face aux révoltes tribales. En 1929, la rébellion s'étend dans la zone de Khyber-pass (déjà) et Amanullah est renversé.

La politique de son successeur Nadir Kahn constitue une véritable contre-réforme. Pour gagner les faveurs des chefs féodaux, il restaure la levée tribale des troupes. Le rôle de l'Assemblée est réduit et le pouvoir réel s'appuie désormais sur une Assemblée de mille chefs de tribus (la Loya Jugah). Tous les établissements scolaires pour femmes sont fermés, l'autorité des mollahs dans les villages est rétablie.

Assassiné en 1933, Nadir est remplacé par le jeune roi Zahor shah, dont le règne sera, jusqu'en 1953, une longue hibernation.

« Le grand jeu »

Pendant la Deuième Guerre mondiale, l'Afghanistan s'installe dans l'entente entre l'URSS et les Britanniques. Au grand jeu traditionnel dont Kaboul était le pion entre les tsars et l'Angleterre, succède le grand jeu entre la bureaucratie du Kremlin et l'impérialisme.

En 1950, le Pakistan ferme sa frontière avec l'Afghanistan en réponse aux troubles du Pachtounistan. Kaboul réplique en se tournant vers Moscou. L'URSS absorbe désormais 20 % des exportations afghanes. Après les tensions de 1961, plus de 55 % des échanges afghan s'opèrent avec l'URSS.

A partir de 1963, le prince Daoud est Premier ministre de Zaher shah. En 1955, il accueille à Kaboul une délégation soviétique conduite par Krouchtchev et

Boulganine. Après des négociations infructueuses avec Washington et après l'intégration du Pakistan au pacte militaire sous tutelle impériale (Cento), Daoud renforce ses liens avec Moscou.

En 1963, il est limogé par Zaher shah et son entourage qui subissent les pressions du régime iranien. Une nouvelle Constitution est promulguée en 1964, qui établit une nouvelle Assemblée de deux cent quinze députés, libéralise l'existence des partis, mais conserve au roi les pouvoirs réels sur le gouvernement et l'armée. Aux élections de 1965, il y a seulement 10 % de votants. Sauf dans les grandes villes, les femmes ne votent pas. Kaboul n'a que quatre sièges en tout et pour tout, alors que cent quarante-six chefs de tribus sont élus. Aux élections suivantes, en 1969, le PDPA aura deux députés.

Création du PDPA

En 1965, profitant de la libéralisation se tient le congrès de fondation (et en même temps le seul et dernier congrès) du Parti démocratique populaire d'Afghanistan (PDPA). Il compte quelques centaines de militants, essentiellement à Kaboul, parmi l'intelligentsia, les fonctionnaires, et surtout les enseignants. Jusqu'à mai 1966, il publie six numéros légaux de son journal. Dès avril 1966, le journal est interdit sous prétexte d'atteintes à l'Islam.

En 1967 se produit la scission entre la fraction Khalq et la fraction Parcham (le Drapeau). La première est conduite par Taraki, la seconde par Karmal. Le Parcham est partisan d'un front démocratique large, de l'utilisation des marges de légalité, d'un travail auprès des officiers nationalistes. Méfiant envers toute politique de front à la lumière de mésaventures de Mossadegh en Iran, et critique envers le parti Tudeh d'Iran, le Khalq est plus intransigeant en matière d'alliances et plus radical sur la question nationale pachtoune, au risque de conflits avec le Pakistan. Dans ce contexte de révolution culturelle en Chine, certains le soupçonnent d'adopter une ligne dure inspirée de Pékin, alors

Babrak Karmal

que le Parcham, qui collaborera assidûment aux entreprises réformatrices de Daoud est qualifié volontiers du « Parti communiste royal ».

En 1968, une radicalisation se manifeste chez les étudiants de la capitale. On dénombre vingt et une grèves ouvrières dans la construction, les transports, et le textile. En 1970, les femmes organisent à Kaboul une manifestation contre la discrimination et le port du voile, alors que les mollahs organisent une manifestation de leur côté contre le profanation du vocabulaire religieux par le poète Barek Shrafie, membre du Parcham.

Le Khalq au pouvoir

En 1973, dans un pays qui part à la dérive après les grandes famines des deux années précédentes, Daoud s'appuie sur les officiers nationalistes et s'allie au Parcham temporairement pour renverser le roi et la monarchie. Il promet des réformes jamais appliquées. Il esquisse un rapprochement avec l'Iran et les USA.

En juillet 1977, alors que les promesses de réforme sont toujours au point mort, Khalq et Parcham se réunifient. Le 18 avril 1978, le leader syndical Khyber est assassiné. Le 19, quinze à vingt mille manifestants défilent pour les obsèques derrière le PDPA et contre l'ambassade US.

Le 27 avril, Daoud est renversé et exécuté. Son tapis maculé de sang est exposé pendant plusieurs jours au public. Le 9 mai, Taraki présente un programme en trente-deux points et annonce qu'un délai de deux ans sera nécessaire pour mettre au point une nouvelle législation. Il annonce en même temps l'annulation de dettes pour les paysans pauvres qui est censée toucher onze millions de personnes. Le 12 juin, le décret n° 4 adopte le drapeau rouge. En juin, également, se tient à Annapolis (Maryland) la conférence de l'OTAN consacrée aux événements en Afghanistan.

Le 20 août, une vague de purges à Kaboul élimine les cadres du Parcham et les officiers nationalistes qui avaient joué un rôle décisif dans le renversement de Daoud. Le major Abdul Kader est arrêté ainsi que le

Le roi Amanullah visitant Moscou

chef d'état-major, le ministre du Plan et celui des Travaux publics. Babrak Karmal est exilé comme ambassadeur à Prague. Le Khalq consolide son pouvoir et inaugure une politique de répression intensive.

Le 17 octobre, le décret n° 7 prend une série de mesures pour l'égalité des femmes. Le 23 novembre, le décret n° 8 lance la réforme agraire. Parallèlement, le remplacement de la monnaie à l'effigie de Daoud frappe les spéculateurs. Le 5 décembre, un traité d'amitié est signé avec l'URSS.

En février l'ambassadeur US à Kaboul, Adolph Dubs, est pris en otage par un commando de quatre hommes qui exige la libération de prisonniers. Au cours de l'assaut donné par la police, les terroristes et l'ambassadeur sont tués. Les USA coupent leur aide économique et alimentaire à l'Afghanistan. Le 23 mars, ils adressent une note officielle à l'URSS, considérant *« toute ingérence étrangère dans les affaires intérieures de l'Afghanistan comme une question sérieuse susceptible de renforcer les tensions et de déstabiliser la situation dans toute la région! »* Moscou répliquait en mettant en garde contre les conséquences de l'aide apportée par les Américains, la Chine, le Pakistan, l'Iran et l'Egypte, aux rébellions.

Ces rébellions se développent en effet en février et mars, notamment au Nurstan. A Herat il y a des massacres de familles soviétiques.

Le 28 mars, Hafizullah Amin devient Premier ministre. En septembre, il renverse Taraki qui revient, via Moscou, de la conférence des non-alignés, après s'être semble-t-il entendu avec les Soviétiques sur une politique modérée de compromis avec une partie de l'opposition.

Ces péripéties indiquent un manque de contrôle de Moscou sur la fraction Khalq du PDPA. Comme l'écrivait Louis Dupree, spécialiste des questions afghanes, dans une publication officielle du gouvernement américain : « *Le régime Taraki-Amin n'est pas directement contrôlé par Moscou, bien que la direction afghane s'associe d'elle-même au mouvement socialiste international; l'influence est une chose ; la domination, une autre.* (Problems of Communism, juillet 1979). » Le même auteur rappelle que jusqu'à son accession au pouvoir le PDPA n'a jamais participé et même jamais été invité à une manifestation ou rencontre du « mouvement communiste international ».

Le dernier jour de l'année 1979, les troupes soviétiques entraient à Kaboul.

En riposte les USA ont pris une série de sanctions. Carter, qui cherchait depuis plusieurs mois tout prétexte à une campagne belliciste (brigade soviétique à Cuba, prise d'otages à Téhéran), en a profité pour faire adopter une augmentation de 5 % du budget d'armement, qui lui permettra de subventionner dans la récession qui s'annonce des entreprises en difficulté ou en banqueroute comme Douglas (aviation) ou Chrysler (qui a le monopole de la fabrication des chars).

Déclaration du Secrétariat unifié sur l'Afghanistan

26 janvier 1980

1 Lorsque le Parti populaire démocratique d'Afghanistan (PPDA) s'empare du pouvoir, le 27 avril 1978, l'Afghanistan est l'un des pays les plus sous-développés de la planète. La société afghane est essentiellement rurale. Sur environ 15 millions d'habitants, seulement 15% sont urbanisés. En dehors de Kaboul, qui compte 700 000 habitants, seules deux villes regroupent plus de 100 000 habitants. Enfin, quelque 14% de la population sont encore nomades.

La survivance des structures socio-économiques précapitalistes comme le poids qu'elles conservent encore dans la société afghane, est directement liée à l'isolement et à l'inexistence d'une colonisation effective de l'Afghanistan.

Néanmoins, depuis quelques décennies, la lente insertion de l'économie afghane dans le marché capitaliste mondial, le développement du commerce ont stimulé un processus de transition de la propriété semi-féodale à la propriété semi-capitaliste. Ceci a conduit à un accroissement des inégalités sociales dans les campagnes et a accentué le départ vers les villes des paysans appauvris. Parfois, ils s'intègrent à une classe ouvrière en voie de formation (environ 150 000 travailleurs sont employés dans les manufactures et la construction) ou, plus souvent, ils gonflent la couche des semi-prolétaires qui s'agglutinent dans les zones urbaines. Des dizaines de milliers de travailleurs émigrent vers l'Iran, le Pakistan ou les Etats du golfe Persique.

Dans les villes, avant tout Kaboul, outre la bourgeoisie commerçante et la petite-bourgeoisie traditionnelle, s'est développée une couche formée de fonctionnaires, d'officiers de l'armée, de techniciens, d'ingénieurs, de médecins, d'enseignants. Ils se heurtent à la fois au manque de débouchés sur le plan professionnel et à l'immobilisme sur le plan social, économique et politique imposé par les grands propriétaires fonciers et le clan monarchique qui monopolisaient le pouvoir.

Dans les campagnes, les grands propriétaires fonciers disposent d'un pouvoir quasi discrétionnaire. Le propriétaire le plus fortuné accapare les fonctions de chef de la communauté. Par le jeu du métayage, du fermage et de l'endettement, il assure son pouvoir sur la masse des paysans et soudoie les fonctionnaires. La concentration des terres irriguées est fort élevée. Le propriétaire met en métayage ces terres, loue l'eau et fournit la semence ainsi qu'un outillage rudimentaire. Il peut exiger jusqu'aux deux tiers de la récolte annuelle. Un secteur capitaliste lié à l'agro-exportation s'est développé durant la dernière période.

Une grande partie de la production agricole vouée à la subsistance (blé) provient de culture sur terre sèche (*«lami»*). Un fort pourcentage de la population rurale ne dispose pourtant d'aucune terre. Même en possédant quelques hectares de terres non irriguées, le paysan pauvre doit souvent emprunter pour obtenir la semence et disposer de l'outillage. Pour cela, la redevance au riche propriétaire peut s'élever à 50% de la récolte. Il est aussi conduit à emprunter, à hypothéquer ses maigres terres pour faire face à des dépenses comme celle du mariage : le «prix de la fiancée» dépassant ce que peut lui permettre d'accumuler une économie de subsistance d'un très bas niveau.

Enfin, la culture *«lami»* est totalement dépendante des précipitations. Le petit paysan, durement exploité, est donc guetté par la famine. Comme ce fut le cas en 1972, elle fournit une occasion supplémentaire aux grands propriétaires de spéculer sur les réserves alimentaires et d'accaparer de nouvelles terres.

Les liens entre le clergé sunnite, les grands propriétaires fonciers et les chefs des communautés rurales sont étroits. Les 250 000 mollahs sont payés par l'Etat - c'est-à-dire par son représentant local lié aux paysans riches - et reçoivent de plus des dons des paysans. Nombreux sont ceux qui disposent de richesses significatives. Dans un pays longtemps isolé du reste du monde, dans lequel les moyens de communication sont précaires, où les rapports de dépendance des paysans envers les «seigneurs» sont très forts, où la communauté rurale représente la seule référence pour une vaste partie de la population, la religion islamique imprègne la vie sociale et culturelle. Les mollahs en retirent une autorité et un prestige considérables.

A cet ensemble de structures sociales se surimpose un réseau hérité du tribalisme. L'organisation tribale proprement dite survit encore parmi les nomades et les tribus montagnardes de la frontière pakistano-afghane. Ainsi, s'entrelacent les rapports entre propriétaires fonciers, chefs de tribus et de clans.

Enfin, les particularismes ethniques sont très vivaces et moulent la société afghane. Les Pachtouns représentent l'ethnie la plus nombreuse, environ 45% de toute la population. Les Pachtouns ont accaparé les terres les plus riches, mis la main sur les bazars, etc. Il existe un réel «pouvoir pachtoun». Les principales minorités, dont le degré d'oppression varie sont : les Tadjiks, les Hazaras (de religion chiite), les Turkhmènes et les Ouzbek. Le maintien de lignes de différenciation tribale représente un facteur de consolidation du pouvoir local des notables. Combinées avec les divisions ethniques, elles s'élèvent comme un obstacle à la centralisation politique du pays et peuvent devenir le vecteur de mouvements d'opposition virulents au «pouvoir de Kaboul», comme le montre toute l'histoire afghane.

Dans une telle société, la question agraire assigne un rôle primordial à la paysannerie dans le processus de la révolution démocratique, même si pour résoudre ces tâches démocratiques jusqu'au bout, il faut que le prolétariat regroupe politiquement autour de lui les masses paysannes et assure ainsi la transcroissance de la révolution démocratique en révolution socialiste, c'est-à-dire le développement de la révolution permanente.

2 En juillet 1973, pour préserver le pouvoir du clan royal, Mahammoud Daoud transforme la monarchie croulante de Zaher chah en une république.

A la fin des années 1960, des mobilisations étudiantes éclatent. Le monarque ferme l'université. La classe ouvrière s'engage dans une première vague de luttes, certes très limitée (1968). Consécutive à deux années de sécheresse, la famine provoque des «jacqueries» dans le pays. L'armée réprime durement les paysans. En son sein grossit une opposition au régime de la part d'officiers «nationalistes», souvent formés dans les académies de l'URSS. Daoud trouve parmi eux, dans des secteurs de l'intelligentsia, comme de la bourgeoisie de Kaboul, un soutien pour organiser le coup d'Etat du 17 juillet. Une fraction du PPDA - créé en 1965 -, le *Parcham* (le Drapeau, dirigé par Babrak Karmal), collabore dans un premier temps avec le nouveau régime.

Le programme de modernisation de Daoud, - réforme agraire, lutte contre la corruption dans l'administration, développement de l'éducation, rétablissement des libertés démocratiques, - reste lettre morte. Les notables refusent de céder la moindre parcelle de leurs privilèges, dans ce pays où 90% de la population est analphabète, où sur huit enfants scolarisés un seul est du sexe féminin, où pour 2500 écoles de garçons il y a 350 écoles de filles, où les rares écoles sont trop distantes des villages, où la mortalité infantile est une des plus élevées du monde.

Daoud perd donc le soutien des couches qui espéraient améliorer leur position, grâce à l'application d'un programme bourgeois réformiste. De plus, il doit faire face à l'opposition d'une partie des mollahs qui craignent qu'une centralisation accrue des institutions ne réduise leurs prérogatives.

Dès 1975, Daoud instaure une véritable dictature. Parallèlement, il opère un tournant en direction de l'Iran. En avril 1975, il signe un accord avec le chah d'Iran qui offre une aide de 2 milliards de dollars. Elle doit servir avant tout à la construction d'un réseau de chemin de fer qui permettrait la connection entre Herat et Bandar Abbas et réduirait la dépendance envers l'URSS pour les échanges commerciaux. La Savak offre sa collaboration pour réprimer les opposants. Un rapprochement s'effectue avec l'Arabie Saoudite, le Koweit, l'Egypte et même le Pakistan. Un compromis s'élabore avec ce dernier sur la question du Pachtounistan. Le pouvoir prépare la formation d'officiers en Egypte et au Pakistan. En 1977, Daoud passe un accord avec l'Iran sur le partage des eaux de la rivière Helmand, initiative qui pourtant avait déjà valu à Zaher Chah la ferme opposition d'un secteur significatif des officiers «nationalistes». Il planifie un voyage aux Etats-Unis pour septembre 1978. L'impérialisme américain et ses alliés dans la région cherchent donc à accroître leur influence dans ce pays qui, depuis la fin de la Deuxième Guerre mondiale, est considéré par la bureaucratie soviétique comme devant avoir un statut analogue à celui de la Finlande.

Néanmoins, le régime Daoud maintient des relations encore étroites avec l'URSS. Un traité de coopération de 12 ans est signé en avril 1977. L'URSS accorde un moratoire de 10 ans sur la dette de 100 millions de dollars et des promesses d'aide de 500 à 600 millions de dollars. Elle se porte en même temps acquéreur de la quasi-totalité de la production de gaz naturel de l'Afghanistan. Elle forme toujours une grande partie des officiers de l'armée.

La répression contre les militants du PPDA et les officiers «nationalistes» s'accentue au fur et à mesure que la crise du régime de Daoud mûrit. Le 17 avril 1978 est assassiné Mir Akbar Kyber, intellectuel, dirigeant syndical et membre du PPDA. Deux jours plus tard, lors de ses funérailles, une manifestation de 15 000 personnes se dirige vers l'ambassade américaine. Pour contrer ces mobilisations, le régime ordonne l'arrestation des dirigeants du PPDA.

Pour prévenir de nouveaux coups, la direction du PPDA, en étroite collaboration avec des officiers membres du Parti et des officiers «nationalistes», organise un coup d'Etat contre un régime vermoulu. Le 27 avril 1978 se produit la *«révolution des 10 heures»*. Le renversement de Daoud tient plus d'un coup de force impulsé par une fraction des officiers liés au PPDA que d'une révolution. La bureaucratie soviétique n'avait certainement pas planifié ce brusque changement de situation. Le coup d'Etat du 27 avril met fin au cours pro-impérialiste engagé par Daoud et garantit au Kremlin des rapports plus serrés avec l'Afghanistan, comme le reflète l'accord de décembre 1978, par rapport à celui d'avril 1977.

3 Le mouvement de masse s'est manifesté durant les jours qui précédèrent le coup d'Etat, mais les travailleurs et paysans ne sont pas mobilisés et organisés dans la perspective d'une lutte pour renverser le régime du clan royal des Mousahiban. Ceci s'explique aussi bien par la nature de la base sociale du PPDA que par son orientation politique.

Dès 1965, et spécialement au début des années 1970, le PPDA se développe avant tout dans le milieu urbain, c'est-à-dire à Kaboul. Il dispose d'une influence parmi les étudiants, les nouvelles «classes moyennes», les enseignants (plus spécialement les instituteurs), les 8000 officiers pachtouns de l'armée. Son implantation dans la classe ouvrière urbaine est encore relativement restreinte. Elle est très fragile au sein des masses paysannes.

Depuis sa création, il développe une orientation axée sur la perspective de création d'un *«gouvernement national démocratique»* et d'un front unissant paysans, ouvriers, intellectuels progressistes, bourgeoisie nationale et petits propriétaires des villes et des campagnes. Il est donc partisan d'une *«révolution démocratique et nationale»*, comme étape vers le socialisme.

La scission de 1967 entre la fraction *Khalq* (peuple), dirigée par Nur Taraki et Hafizullah Amin et la fraction *Parcham* (drapeau) est certes le produit de différences politiques sur la nature de la politique frontiste et la place que doivent occuper les travailleurs dans un tel front. La participation du *Parcham* au gouvernement de Daoud et le refus de cette ligne par le *Khalq* traduit ce type de divergences. Mais à cela s'ajoutent des facteurs ethniques et personnels qui vont d'ailleurs envenimer au plus haut point les luttes fractionnelles. Réunifié en 1977, le PPDA ne compte que quelques milliers de membres.

4 Le premier décret du nouveau régime de la République démocratique d'Afghanistan assure la constitution d'un Conseil révolutionnaire de 35 membres qui détiennent les pleins pouvoirs. Le second décret instaure un cabinet ministériel de 21 membres, formé pour l'essentiel par des membres de la direction du PPDA. Les militaires ont droit à la portion congrue. Les membres d'origine pachtoun occupent la majorité des postes.

Durant les premiers mois de son exercice, le Conseil révolutionnaire décrète une série de réformes, outre le remplacement du drapeau traditionnel par le drapeau rouge. A la mi-juillet 1978, le décret numéro 6 vise à mettre fin à l'usure, à la suppression partielle des dettes hypothécaires et au «servage» qui en découlait. Les paysans sans terres sont totalement libérés de leurs dettes. Les petits propriétaires peuvent récupérer les terres qui leur ont été soustraites pour dettes et ne doivent rembourser qu'un certain pourcentage des prêts contractés après 1974. En octobre, le décret numéro 7 a pour but de donner des droits égaux aux femmes (scolarisation non-discriminatoire, suppression du mariage forcé, réduction drastique du *«prix de la fiancée»* comme de la dot).

Le 28 novembre est promulgué le décret numéro 8 sur la réforme agraire. Ce décret fixe un plafond de la propriété de la terre pour chaque famille. Il est plus bas pour les terres irriguées (6 hectares) que pour les terres non-irriguées. Ce décret frappe de plein fouet les grands propriétaires fonciers. Les excédents de terres devaient être distribués aux métayers, paysans sans terre et aux semi-nomades.

Cette redistribution des terres concerne plusieurs centaines de milliers de familles (environ 500 000 familles ne disposaient d'aucune terre). La location ou la vente des terres distribuées est interdite (en 1976, sous Daoud, les riches propriétaires avaient profité d'une mesure tout à fait limitée de réforme pour acheter des terres et accroître ainsi leurs domaines). La réforme se fait dans le sens d'une répartition de la propriété, mais le décret tend à encourager la création de coopératives.

Le secteur industriel et minier - qui au moyen d'une participation majoritaire - était déjà contrôlé par l'Etat sous le régime précédent, fait l'objet d'un plan de développement. Le commerce extérieur passe sous contrôle étatique.

Une campagne d'alphabétisation est prévue pour le printemps 1979. Sur un laps de cinq ans, les dirigeants du nouveau régime envisagent d'alphabétiser plus de 2,5 millions d'enfants et 5,5 millions d'adultes, ce qui n'est pas sans signification pour battre en brèche l'autorité des mollahs. Des réformes restreintes sont introduites en faveur des minorités ethnico-culturelles. Le Conseil révolutionnaire tend à limiter le pouvoir temporel exercé par les mollahs.

Des organisations syndicales sont mises sur pied. Elles regroupent en 1979 quelque 100 000 ouvriers et 60 000 employés des services. Mais ces syndiqués ne disposent pas du droit de grève, sous prétexte que la *«révolution politique est terminée»* et que *«les travailleurs contrôlent l'essentiel de l'appareil de production, il n'est pas nécessaire pour eux de faire grève.»* Ce mouvement syndical est donc davantage le produit d'une organisation «par en haut» que celui d'une réelle montée du mouvement des masses.

Dans les conditions d'arriération de l'Afghanistan, de telles réformes - indépendamment de leurs limites intrinsèques - ne peuvent être développées et consolidées que par une mobilisation et une organisation des masses.

Cette direction n'est pas portée à stimuler et à organiser des mobilisations, à donner la priorité à la création d'organisations de paysans qui seraient, seules, capables de faire avancer la réforme agraire et de briser les rapports sociaux établis depuis des siècles dans les campagnes. Ces tâches capitales ne peuvent être résolues par des décrets gouvernementaux.

L'équipe dirigeante du PPDA craint qu'une fois brisées les structures sociales traditionnelles, le processus ne lui échappe. Sa stratégie de «révolution démocratique et nationale», comme son orientation puisée à l'école stalinienne, lui dictent une politique de réformes introduites sous le contrôle de l'appareil d'Etat, de l'armée et, aussi, à l'aide de la répression.

Or, pour contrecarrer l'inertie des structures sociales et réduire l'emprise des notables, il est décisif de donner une priorité à la préparation de l'organisation des masses paysannes afin de leur permettre de participer directement à la réforme agraire et de résister ainsi à tous les moyens de pression et de chantage dont disposent les grands propriétaires et leurs alliés. Ensuite, les mesures de répartition des terres et de suppression de l'usure ne pouvaient avoir toute leur efficacité sans que soit mis à la disposition des masses rurales un système de crédit (banque unique d'Etat) et un réseau de distribution de semences, d'engrais, d'outils et des moyens d'irrigation. Une réforme agraire qui s'arrête à mi-chemin n'évite pas la réaction brutale des privilégiés, mais ne convainc pas les masses qui peuvent être contraintes d'avoir encore recours (semences, crédit) aux anciens exploiteurs.

L'orientation et les méthodes du PPDA ne font donc qu'ajouter aux difficultés objectives qui s'élèvent devant l'application des réformes décidées par le Conseil révolutionnaire : le nombre réduit de cadres disposant d'une expérience et d'une implantation dans les zones rurales; le manque de terres, comme c'est le cas dans les provinces de l'est; les multiples sabotages effectués par les propriétaires fonciers; la crainte maintenue chez les paysans qu'un changement de régime à Kaboul ne conduise à une vague de répression de la part des seigneurs, etc.

L'absence d'une classe ouvrière suffisamment forte et organisée, qui dispose d'une tradition de luttes et puisse attirer à ses côtés les masses paysannes, ne facilite pas le développement d'une dynamique de révolution permanente. Ceci ne fait que mettre plus en relief les effets négatifs de la politique du PPDA.

Enfin, quelques mois après son installation au pouvoir, se déclenchent dans la couche dirigeante des conflits fractionnels d'une grande brutalité. Ils s'aiguisent sous les effets de la guerre civile et des difficultés rencontrées dans la mise en œuvre du programme de réformes. Ces heurts recoupent des divisions entre les deux fractions *Khalq* et *Parcham*, mais ils se développent de même au sein du *Khalq*. Ils marient les méthodes propres aux règlements de comptes au sein de la bureaucratie et aux luttes traditionnelles entre divers clans.

En juillet 1978, les principaux dirigeants du *Parcham* sont écartés et relégués à des postes d'ambassadeurs. Babrak Karmal se retrouve à Prague. Les principaux représentants du *Parcham* sont arrêtés. Les *«parchamis»* sont expulsés du PPDA en novembre 1978, non sans avoir fait, au préalable, des confessions publiques. En août 1978, des officiers «nationalistes» sont limogés, tel Abdul Qader qui joua un rôle important dans la préparation du coup d'Etat et qui détenait le ministère de la Défense. Plus d'un a des liens avec le *Parcham*. Hafizullah Amin, ancien responsable dans le *Khalq* du travail en direction des officiers, renforce sa position. Dès mars 1979, il occupe plusieurs postes importants.

Ces conflits aboutissent au renversement de Nur Taraki, en septembre 1979, et à son remplacement par Amin qui cumule la présidence du Conseil révolutionnaire, les principales fonctions gouvernementales et le secrétariat général du PPDA. Ce changement s'oppose aux calculs du Kremlin, qui néanmoins fit parvenir à Amin son télégramme traditionnel de félicitations.

Ces rivalités, les purges successives qui en découlent portent atteinte à un des piliers du nouveau régime. Elles multiplient les crises dans les rangs des cadres de l'armée qui était un des piliers du pouvoir. Elles affaiblissent l'appareil administratif ébranlé par les brusques changements de cours. Elles facilitent l'attaque des forces réactionnaires - dans la mesure où, à chaque étape de la crise, l'équipe dirigeante tend à renforcer les mesures bureaucratiques et autoritaires - et l'exploitation de la question ethnique et religieuse par la contre-révolution, y compris parmi la troupe dont une proportion assez forte est d'origine hazara.

5 Dans une société telle que la société afghane, les réformes progressistes mises en œuvre par le PPDA ne peuvent que susciter une levée de boucliers des forces conservatrices qui vivaient de l'exploitation et de l'oppression des masses laborieuses et présidaient sans partage aux destinées d'un des peuples les plus déshérités de la terre.

Par-delà la nature petite-bourgeoise de la direction du PPDA, sa volonté d'accomplir *«une révolution nationale et démocratique»* et ses méthodes d'application de son programme de réformes, l'existence des deux camps qui s'affrontent dans une guerre civile qui s'étend depuis le printemps 1979 traduit l'opposition radicale entre les classes exploitées et opprimées et les classes dominantes.

Contre le nouveau régime se dresse une coalition de forces réactionnaires dont la véritable base sociale est constituée par les propriétaires fonciers, les chefs des tribus, les magnats de la contrebande, la hiérarchie religieuse et les capitalistes engagés dans le commerce et l'industrie. Les liens de dépendance traditionnels - tribaux, claniques, semi-féodaux - des paysans envers les notables rendent plus aisée, pour ces privilégiés, la constitution d'une base sociale. L'Islam est mis à profit pour cimenter idéologiquement ces regroupements. La fragmentation des organisations conservatrices engagées dans la lutte contre le nouveau régime reflète, en réalité, leur structuration autour de chefferies et de notables des diverses régions.

Dans l'opposition réactionnaire ayant une base dans l'ethnie pachtoune se retrouvent aussi bien les chefs de tribus qui dirigent une contrebande lucrative (entre autres de l'opium) à la frontière afghano-pakistanaise - et qui voient d'un mauvais œil les mesures de contrôle du commerce extérieur -, que les propriétaires fonciers disposant des terres les plus fertiles et des pâturages les plus riches, que le clan monarchique et un secteur des anciennes administration et armée.

D'autres mouvements, comme dans le Nouristan ou l'Hazarat, combinent une opposition ethnico-culturelle à un régime qui apparaît essentiellement pachtoun, avec une résistance à la politique de réformes.

Contre l'application d'une série de mesures qui attentent aux intérêts des classes possédantes, ces dernières organisent la contre-révolution. Elles recevront bientôt l'appui du Pakistan, de l'Arabie Saoudite et de l'Egypte, dont les gouvernements servent de relais à l'impérialisme. En Iran, des fractions de la hiérarchie chiite apportent leur soutien à la *«résistance islamique»*.

Dès avril 1978, l'Afghanistan fut en butte aux menées de l'impérialisme américain. Ce dernier n'appréciait certes pas la consolidation de la présence de l'URSS en Afghanistan, mais il craignait surtout les effets socio-politiques sur la région dans son ensemble d'une avance possible de la révolution en Afghanistan - y compris d'une relance du mouvement balouche susceptible de secouer le cadre de l'Etat pakistanais et d'avoir des répercussions en Iran. Ses appréhensions s'aiguisent après le renversement du chah d'Iran, en janvier 1979, par une insurrection populaire. En février 1979, Washington coupe toute son aide à l'Afghanistan.

Dès lors, l'impérialisme américain - avec l'aide des impérialismes européens -, organise son redéploiement dans la région, au Pakistan, entre autres. Son soutien direct et indirect aux forces réactionnaires en Afghanistan participe de cette opération d'ensemble et éclaire à son tour la nature de classe de la guerre civile qui se déroule dans ce pays.

6 La bureaucratie soviétique est avant tout intéressée à défendre son pouvoir et ses intérêts propres. Dans ce sens, elle attache une grande importance non seulement à la défense de la sécurité militaire des frontières de l'URSS, mais aussi dans le cadre de sa politique de coexistence pacifique, à la stabilité de la région.

Pour elle, le maintien du contrôle sur les développements politiques et stratégiques dans la région et, à cette fin, des liens privilégiés avec les régimes en place à Kaboul passe avant toute considération pour le sort des masses afghanes. Sa collaboration avec les gouvernements réactionnaires qui précédèrent celui de Daoud et avec Daoud lui-même, en est l'illustration. Le Kremlin ne favorisa sous aucune forme des mobilisations pour renverser celui qui frappait le PPDA et les travailleurs.

Les développements de mobilisations anti-impérialistes et les manœuvres de Washington dans la région vont rompre les équilibres d'ensemble et contraindre la bureaucratie à agir pour restaurer une situation à son avantage dans cette zone d'influence privilégiée.

La bureaucratie soviétique n'engage pas ses forces en Afghanistan pour soutenir la mobilisation des masses, leurs organisations indépendantes et l'approfondissement d'un processus révolutionnaire. Depuis avril 1978, elle cherche sans cesse des solutions «modérées», prônant des ouvertures vers les «secteurs nationaux» : en juin 1979, elle propose un ralentissement de l'application de la réforme agraire. Cependant, toute la politique du PPDA conduisit inexorablement le Kremlin à accroître l'engagement de ses forces pour appuyer un pouvoir affaibli par ses propres dissensions, alors qu'il doit faire face à une coalition de forces conservatrices aidées par l'impérialisme et lui permettre d'imposer des réformes par le haut. Pour répondre aux difficultés d'ordre social et politique, la direction soviétique ne connaît que le recours à des moyens d'ordre militaire, à des contrôles étatiques et policiers accrus et à des liquidations de fractions peu maniables. Cette orientation ne fournit aucune issue à la crise du régime; elle

ne favorise pas une action organisée des masses. Paradoxalement, elle fait le lit de la politique d'Amin, à laquelle elle ne peut avancer que des critiques tactiques.

Face aux dangers d'écroulement de la République démocratique afghane et face à la victoire possible des forces réactionnaires liées à l'impérialisme, Moscou décide de s'engager plus à fond. Il n'est pas prêt à ce que, sur ses frontières et dans une zone d'influence traditionnelle, s'installe un gouvernement inféodé à l'impérialisme avec toutes les conséquences qui pourrait en découler, surtout en tenant compte des tensions qui traversent la région. Il n'est pas disposé à ce qu'une situation chaotique de guerre civile se prolonge et s'étende. Il craint l'établissement d'une autre «République islamique» et les répercussions que cela pourrait avoir parmi les populations de l'URSS dont l'identité ethnique et culturelle renvoie à celle de peuples de l'Afghanistan et de l'Iran.

Dès le 24 décembre 1979, l'URSS accroît qualitativement sa présence militaire en Afghanistan, après avoir préparé la liquidation d'Amin et son remplacement par Babrak Karmal.

7 La bureaucratie a résolu la question de l'intervention, qui ne représente qu'un anneau dans la chaîne de sa politique, comme toutes les autres questions : sans considération aucune des sentiments démocratiques et nationaux des classes et des peuples opprimés, ni de la compréhension du prolétariat à l'échelle internationale.

Cette caste conservatrice fut amenée, dans ce cas, à affronter un bloc social réactionnaire soutenu par l'impérialisme. Mais elle ne peut le faire en expliquant aux masses laborieuses, sur le plan mondial, qu'elles doivent se doter d'organisations indépendantes pour mener un tel combat contre des propriétaires fonciers, des capitalistes et l'impérialisme.

En outre, sa négation en URSS des droits des minorités nationales et plus généralement des droits démocratiques, fait qu'elle ne peut fournir un exemple susceptible de rallier les masses opprimées et faciliter ainsi la rupture de l'emprise des «seigneurs» et des mollahs sur les paysans pauvres.

Elle doit recourir aux mensonges cyniques pour présenter ses actions. Elle doit déclarer aujourd'hui que le régime d'Amin - qui reçut de fait son soutien alors qu'il jouait un rôle déterminant sous Taraki et lorsqu'il régnait seul - était manipulé par la CIA. Elle doit prétendre qu'elle fut appelée par un gouvernement dont elle liquide aussitôt les principaux éléments en les remplaçant par ceux que des gouvernants, naguère amis, avaient exilés !

Par toutes ces méthodes, elle introduit une confusion extrême dans le prolétariat mondial. Elle est donc loin de favoriser un progrès dans la conscience et l'organisation du prolétariat à l'échelle internationale. De ce point de vue, toute son orientation est un obstacle à l'avance de la révolution, ce qui se traduit concrètement par l'aide objective qu'elle apporte, par sa politique envers les masses afghanes, à ceux qui tentent d'utiliser l'islam comme arme idéologique pour affaiblir la dynamique anti-impérialiste déclenchée dans la région par la révolution iranienne.

Mais indépendamment des buts spécifiques qu'elle poursuit, son intervention place la bureaucratie soviétique dans la situation d'avoir à combattre les forces d'un bloc social réactionnaire, qui n'ont rien à voir avec un «mouvement de libération nationale», mais qui luttent pour maintenir leurs privilèges et supprimer toutes les conquêtes des masses.

Quelle que soit notre opposition politique à l'orientation d'ensemble de la bureaucratie, cela ne supprime pas le fait particulier et important qu'elle se heurte aujourd'hui à la contre-révolution, avec ses méthodes propres, et qu'elle inflige un recul militaire à la réaction et à l'impérialisme dans le pays.

Vu la position de l'Afghanistan sur les frontières de l'URSS et vu l'intervention de l'URSS dans la guerre civile, le conflit de classes que traverse le pays prend immédiatement une dimension internationale et se réfracte dans l'affrontement présent entre l'URSS et l'impérialisme.

Ce dernier, sous couvert de préserver la «souveraineté nationale», ne vise en fait qu'à défendre la propriété foncière et les classes privilégiées, à briser l'essor d'un mouvement d'émancipation des masses ouvrières et paysannes et à modifier la situation stratégique aux dépens de l'URSS.

Le nouveau groupe dirigeant mis en place par les soviétiques tend à être un regroupement entre les éléments du *Khalq* et du *Parcham* qui disposaient d'une certaine crédibilité dans les masses. Ainsi retrouve-t-on côte à côte Babrak Karmal et Aslam Watanyar, militaire qui a détenu les ministères de la Défense et de l'Intérieur sous Taraki.

Ce remodelage hâtif pourra-t-il permettre à cette direction de reconquérir une base d'appui populaire suffisante pour mener à bien à la fois la réorganisation de son armée pour la lutte contre la réaction et l'application de réformes progressives ? Elle se trouve devant une contradiction fondamentale : d'un côté, elle veut apparaître ouverte au dialogue avec des secteurs de l'opposition, prête à lâcher du lest sur le plan social et à réduire les mesures de répression; de l'autre côté, elle trouve son assise dans le soutien massif de l'armée soviétique. Cet appui peut certes faciliter la reprise du contrôle gouvernemental sur des régions entières, mais il peut aussi être utilisé pour susciter une cohésion des forces réactionnaires qui jouent la carte de la longue tradition de luttes pour l'indépendance.

8 Depuis son accession à la Maison-Blanche, Carter ne cesse de concentrer ses efforts pour sortir l'impérialisme de la crise que lui infligea le succès de la Révolution vietnamienne en 1975 et qu'accentue encore la victoire des masses iraniennes comme l'éclatement de la révolution nicaraguayenne.

Dans la dernière période, la contre-offensive impérialiste se cristallisa sur deux points : tout d'abord, par la campagne contre la présence d'une «brigade soviétique à Cuba».Washington l'accompagne par le déploiement de troupes dans les Caraïbes. C'est un clair avertissement adressé à la révolution nicaraguayenne. Le deuxième point fort de cette offensive, c'est le redoublement de l'intoxication contre la montée révolutionnaire en Iran à l'occasion de la «prise d'otages» à l'ambassade américaine, suivi de mesures de rétorsions économiques et de menaces militaires.

Washington - qui reste à la tête de la plus grande puissance militaire de la planète - met à profit la forme de l'intervention soviétique en Afghanistan pour pousser à un stade supérieur sa contre-attaque.

- Le premier but que s'assigne l'impérialisme n'est autre que de retourner l'opinion publique aux Etats-Unis, de créer un climat propice au lancement d'une riposte militaire pour préserver des positions acquises, pour empêcher l'essor de nouvelles poussées révolutionnaires ou même marquer des points contre certains gains obtenus par la bureaucratie soviétique.

- Deuxièmement, au travers d'une formidable entreprise de mystification sur le «danger militaire» représenté par l'URSS, sur la volonté du Kremlin «d'atteindre les mers chaudes», les gouvernements impérialistes cherchent à justifier auprès des travailleurs la nouvelle étape de relance de l'armement dans laquelle ils se sont engagés depuis quelque temps. Au moment même où ils appliquent des mesures drastiques d'austérité à l'encontre des salariés, une telle opération doit faciliter l'accroissement fantastique des budgets militaires qui fonctionnent comme subsides aux trusts impérialistes.

L'administration Carter s'emploie fébrilement à réorganiser son dispositif militaire à l'échelle internationale (de l'Europe à l'Extrême-Orient).

Face à la situation en Iran et aujourd'hui en Afghanistan, elle met avant tout l'accent sur un renforcement de sa présence navale dans l'océan Indien, sur la multiplication de bases aéronavales, dans toutes la région, sur la consolidation d'une série de relais régionaux, dont Israël, l'Egypte, le Maroc, l'Arabie Saoudite, le Sultanat d'Oman, le Pakistan et la Turquie constituent, dans ses plans, les éléments principaux. Elle vise à tirer le maximum d'avantages de la réorganisation - précipitée par l'action des troupes soviétiques - d'une alliance des gouvernements conservateurs se regroupant au sein de la «Conférence islamique». A cette occasion, Carter tente même de reprendre pied en Iran. Cette contre-attaque en est à son stade initial et il n'est pas certain qu'elle soit couronnée de succès : les développements de la lutte des classes pourraient mettre en péril les Sadate, Zia et compagnie.

- Troisièmement, Washington multiplie les initiatives afin de donner une nouvelle cohésion à la direction politique de l'impérialisme et d'affirmer à nouveau son rôle dirigeant, battu en brèche par ses défaites en Indochine, en Iran, comme par les effets du déclin relatif de l'économie impérialiste américaine.

- Quatrièmement, les gouvernements impérialistes lancent des représailles contre l'URSS, allant de la suppresion de livraisons de blé et de vente de technologies avancées, à des mesures de boycottage des prochains Jeux olympiques. Ces initiatives, quels que soient les obstacles que suscitent les contradictions d'intérêts entre les puissances impérialistes, visent essentiellement à contraindre la bureaucratie soviétique à modifier le cours de sa politique en Afghanistan et à passer un nouvel accord sur le maintien de l'ordre dans cette zone.

- Cinquièmement, l'impérialisme américain, exploitant la dénonciation de «l'expansionnisme soviétique», a obtenu de nouvelles compromissions de la bureaucratie chinoise qui apporte son soutien à la dictature pakistanaise.

9 a) Les marxistes révolutionnaires soutiennent les revendications anti-impérialistes des travailleurs et des paysans afghans et les mesures progressistes, répondant à leurs besoins, prises par le PPDA. Dans la guerre civile qui avait éclaté en Afghanistan, indépendamment de leur critique à la politique de la direction du PPDA et du Kremlin, ils se placent dans le camp des masses laborieuses et militent pour la victoire sur les forces conservatrices et leurs alliés impérialistes.

b) Ils se placent sur le terrain de la lutte des classes internationale, de l'organisation propre des ouvriers et des paysans, ce qui rompt radicalement avec toute la politique de la bureaucratie du Kremlin.

Ils ne prennent aucune responsabilité pour l'intervention militaire du Kremlin. Ils refusent le moindre soutien politique à cette intervention, prolongement de toute la politique de la caste bureaucratique, qui frappe les forces conservatrices mais ne vise pas le moins du monde à favoriser l'action indépendante des masses.

Ils rejettent dans cette guerre toute attitude de neutralité : dans la mesure où l'armée soviétique se trouve, de fait, opposée aux ennemis des intérêts des masses paysannes et ouvrières, ils sont favorables à ce qu'elle leur inflige une défaite. Pour y parvenir, il faut que soient consolidées les conquêtes des travailleurs, que soient prises des mesures sociales et démocratiques radicales et que les masses afghanes soient organisées et armées pour les défendre.

c) Un processus de révolution permanente ne pourra aboutir en Afghanistan que par la mobilisation, l'action et l'organisation autonomes des masses, auxquelles ne peuvent se substituer les blindés de la bureaucratie. C'est la condition indispensable pour remporter une victoire durable contre la réaction et créer les conditions du retrait des troupes soviétiques.

Pour l'instant, rien ne prouve que l'intervention de «l'Armée rouge» encourage une telle mobilisation des travailleurs contre les propriétaires fonciers et les capitalistes. Les soviétiques et la direction du PPDA pourraient passer des compromis à partir de considérations se rapportant soit à la situation interne en Afghanistan, soit à la situation internationale. Seules l'action et l'organisation indépendantes des masses laborieuses mettraient en échec de telles manœuvres. En effet, ces compromis impliqueraient une renonciation à l'application des réformes progressistes, à leur consolidation et à leur accentuation dans la perspective de la lutte pour un gouvernement ouvrier et paysan.

Dans ce cadre, si des heurts se produisent entre «l'Armée rouge» et les ouvriers et paysans mobilisés en défense de leurs intérêts de classe, nous serons aux côtés de ces derniers et nous expliquerons aux soldats soviétiques qu'ils doivent soutenir ce combat.

Une variante ne peut être exclue a priori sur le moyen et le long termes : dans un contexte où les forces semi-féodales et bourgeoises se trouveraient extrêmement affaiblies et où se prolongerait la présence des troupes de l'URSS, l'enracinement de la bureaucratie soviétique dans l'Etat ouvrier issu de la révolution d'Octobre pourrait la conduire à transformer structurellement les rapports de propriété.

Même dans une telle hypothèse, notre orientation anti-impérialiste, qui serait centrée sur la défense des nouveaux rapports de propriété, n'impliquerait aucun appui à la politique du Kremlin en Afghanistan. Nous resterions opposés à l'annexion de nouveaux territoires par le Kremlin, auquel nous ne confions aucune mission historique. Nous lutterions pour le droit de l'Etat ouvrier afghan de choisir dans l'indépendance les formes de ses rapports avec les Etats ouvriers de la région.

d) Dans le cours du conflit entre la coalition réactionnaire et l'impérialisme d'un côté, les troupes de l'URSS et le gouvernement du PPDA de l'autre, la revendication de la souveraineté nationale afghane, au nom du droit des peuples à disposer d'eux-mêmes, ne serait qu'une couverture démocratique aux projets de la réaction et de l'impérialisme. Le retrait des troupes soviétiques n'assurerait en rien la liberté pour les nationalités afghanes de choisir leur destin. Il laisserait seulement le champ libre à l'instauration d'un régime réactionnaire opprimant paysans et travailleurs, inféodé à Washington qui consoliderait son dispositif dans la région. La voie d'une réelle auto-détermination pour les nationalités concernées passe conjointement par la défaite de l'impérialisme et le renversement des exploiteurs féodaux et capitalistes. C'est pourquoi nous considérons que les partis communistes européens comme le PCI et le PCE, qui ont fait chorus avec les gouvernements bourgeois et les partis sociaux-démocrates pour exiger le retrait des troupes, ont seulement apporté leur contribution à la campagne internationale de la bourgeoisie. Par là, ils manifestent que les bons rapports avec leur propre bourgeoisie passent avant toute préoccupation réelle du sort des masses afghanes et de celui de tous les exploités et opprimés dans cette région du monde.

e) Choisir son camp contre l'impérialisme et les forces conservatrices n'implique aucune trêve ni union sacrée avec la bureaucratie soviétique dont la politique contre-révolutionnaire discrédite le socialisme, constitue un obstacle majeur pour le développement de la révolution mondiale et, dans ce sens, affaiblit la défense des bases matérielles de l'Etat ouvrier de l'URSS. En même temps que nous combattons les initiatives et les menaces de l'impérialisme, nous continuons à appeler le mouvement ouvrier à se mobiliser contre la répression en URSS et dans les «pays de l'Est», en défense des libertés démocratiques et des droits des nationalités, pour le droit des travailleurs à s'organiser au plan politique et syndical, indépendamment de l'appareil d'Etat. Nous menons notre combat pour la révolution politique et le renversement de la bureaucratie. Nous dénonçons les partis communistes, comme le PCF et le PCP qui soutiennent les méthodes politiques de la bureaucratie soviétique et du PPDA, avant les intérêts des travailleurs et paysans afghans ainsi que du prolétariat mondial, ce qui est dans la logique de leur politique bureaucratique de division des rangs ouvriers et de collaboration avec leur propre bourgeoisie dans leur pays.

f) La tâche prioritaire des marxistes-révolutionnaires est
- de combattre les mesures de rétorsion prises par l'impérialisme, telles que la suspension des livraisons de céréales à l'URSS ou la suppression par la CEE de l'aide alimentaire à l'Afghanistan, action qui indique bien le mépris du sort des populations afghanes par les dirigeants bourgeois;
- dénoncer les multiples chantages sur le plan des liens diplomatiques;
- appeler à la mobilisation contre la politique d'armement de Washington et des gouvernements européens, australiens et japonais;
- réclamer le retrait de la région de toutes les forces impérialistes et le démantèlement de toutes leurs bases;
- dénoncer l'hypocrite campagne d'opinion qui couvre les projets politico-militaires de Washington et de ses alliés au Proche-Orient, en Asie centrale, en Asie du Sud-Est, en Afrique australe et en Amérique centrale, qui sont les véritables porteurs de la menace de guerre;
- dévoiler l'aide des puissances impérialistes aux forces contre-révolutionnaires en Afghanistan et à la dictature militaire pakistanaise;
- s'opposer au boycottage des Jeux olympiques prôné par Carter, Thatcher, etc.

Intervention soviétique en Afghanistan

13 questions 13 réponses

L'URSS a-t-elle suscité en 1978 le renversement de Daoud et de son régime en Afghanistan ? Son intervention militaire aujourd'hui signifie-t-elle que la bureaucratie remet en cause sa politique de défense du statu-quo international ?

— L'URSS s'accomodait fort bien d'un Etat afghan gouverné par des réactionnaires comme Zaher Shah et Daoud, à condition que soient maintenus ses liens privilégiés, militaires et commerciaux, avec Moscou. A condition que l'Afghanistan continue à jouer sur sa frontière sud un rôle d'Etat tampon analogue à celui joué par la Finlande au Nord. Dans ces savants calculs diplomatiques, le sort des masses afghanes, soumises à une exploitation féroce, ne pesait pas d'un gramme. Aussi l'URSS a-t-elle plutôt été prise de cours par la chute brutale du régime Daoud en 1978.

Quand nous parlons de *statu quo* négocié entre l'impérialisme et la bureaucratie, ou de coexistence pacifique, certains imaginent un partage en zones d'influence et un équilibre établi une fois pour toutes. Cette image est fausse.

Il s'agit au contraire d'un équilibre instable, sans cesse remis en cause par le mouvement tumultueux des classes sociales à l'échelle mondiale, qui ne se plie pas aux projets échafaudés à Moscou, Washington ou Pékin. La misère et la famine sont des ressorts trop puissants pour être durablement contenus par les grands accords diplomatiques internationaux. Aujourd'hui, toute la région est ébranlée par le formidable soulèvement des masses iraniennes. L'onde de choc de la révolution iranienne n'a pas encore épuisé ses effets.

C'est dans ce contexte qu'il faut situer le développement de la situation en Afghanistan, qui a conduit au renversement de Daoud et au début d'une guerre civile.

Quand l'équilibre est rompu, la bureaucratie soviétique et l'impérialisme ne restent pas immobiles au nom de leurs vieux accords. Chacun cherche à rétablir l'ordre et le *statu quo*, mais à son avantage, en consolidant ses propres positions, et en grignotant du terrain s'il pense pouvoir le faire à peu de frais. Nul besoin de considérer pour cela comme révolue l'époque de leur complicité dans l'application d'une politique de coexistence pacifique.

Y avait-il réellement un début de guerre civile en Afghanistan ?

— C'est une question clef. Ceux qui voudraient pouvoir adopter une position de neutralité distante, éviter de se prononcer, ont tendance à nier ce fait ou à le minimiser : s'il n'y avait pas de guerre civile, plus besoin de se demander qui il fallait soutenir dans la confrontation armée !

Or, il ne faut pas concevoir la guerre civile conformément à une image d'Epinal. Elle ne prend pas nécessairement la forme de la bataille rangée entre forces équivalentes. Il faut partir des caractéristiques propres de la société afghane, de son extrême pauvreté, du poids du tribalisme, du taux écrasant d'analphabétisme, de ses 90 % de paysans encadrés par deux cent cinquante mille mollahs, de ses 1 à 2 % d'ouvriers dispersés et sans traditions politiques et organisationnelles.

La lutte de classes n'a pas revêtu dans ces conditions des formes classiques et limpides opposant d'un côté le prolétariat à ses alliés et, de l'autre, la bourgeoisie et ses alliés.

Trotsky s'interrogeait dans *la Révolution permanente* sur l'avenir de la révolution dans ce type de pays : « *Cela signifie-t-il que tout pays, même dans un pays colonial arriéré, est mûr pour la dictature du prolétariat, s'il ne l'est pas pour le socialisme ? Non, cela ne signifie pas cela (...) Dans les conditions de l'époque impérialiste, la révolution démocratique nationale ne peut être victorieuse que si les rapports sociaux ou politiques d'un pays sont mûrs pour porter au pouvoir le prolétariat en tant que direction pour les masses populaires. Et si les choses n'en sont pas encore arrivées à ce point ? Alors, la lutte pour la libération nationale n'aboutira qu'à des résultats incomplets dirigés contre les masses travailleuses (...) Un pays colonial ou semi-colonial arriéré, dont le prolétariat n'est pas suffisamment préparé pour grouper autour de lui la paysannerie et pour conquérir le pouvoir est de ce fait incapable de mener à bien la révolution démocratique.* »

L'ordre féodal commençait à s'effondrer en Afghanistan. Une petite bourgeoisie de fonctionnaires, d'enseignants, d'officiers secouait la torpeur de cette société. Le vieil ordre a commencé à basculer. Daoud commença par chercher de nouveaux appuis du côté de l'impérialisme et de l'Iran. Il fut renversé.

Dans un pays pareil, même une direction révolutionnaire authentique aurait été confrontée aux pires difficultés objectives, plus écrasantes encore qu'au Nicaragua ou en Iran. La direction petite-bourgeoise et d'inspiration stalinienne du PDPA ne pouvait qu'aggraver les choses avec un programme de demi-mesures. Plus qu'ailleurs encore, il était illusoire de vouloir s'arrêter à une étape démocratique bourgeoise dans le programme de réformes.

Supprimer l'usure et limiter la propriété foncière, sans nationaliser la banque et le crédit, sans assurer à l'Etat le contrôle de l'eau et des engrais, sans instituer le monopole du commerce extérieur, ne pouvait qu'exaspérer les féodaux et les grands propriétaires, sans pour autant gagner la confiance de la masse des paysans, incertains quant à l'avenir du lointain gouvernement de Kaboul, toujours sous la coupe directe du cacique ou du mollah, souvent contraints à payer sous la table des dettes officiellement abolies.

Nous devions critiquer la politique suicidaire du PDPA. Mais ce n'est jamais une raison pour nous pour adopter une attitude de Ponce Pilate. Les gouvernements de Taraki et d'Amin ont pris un certain nombre de mesures antiféodales et anti-impérialistes que nous devions soutenir malgré leurs limites : début de réforme agraire, suppression de l'usure, mesures d'émancipation des femmes, plan d'alphabétisation. Fallait-il être neutre quand les jeunes instituteurs du PDPA étaient massacrés dans les villages pour avoir demandé que les femmes assistent aux séances d'alphabétisation ?

Il a fallu du temps aux bolcheviks pour gagner la guerre civile. Et c'étaient les bolcheviks ! La Commune a été écrasée et pourtant c'était la Commune du prolétariat parisien, avec derrière lui un siècle de tradition révolutionnaire !

La politique du PDPA creusait sa propre tombe, et précipitait le pays vers le chaos. Mais il y avait des racines de classes à la guerre civile qui a commencé à se développer. Les guérillas réactionnaires se sont mobilisées contre les mesures progressistes du nouveau régime. Elles ont reçu l'appui des féodaux, des gros trafiquants, des bourgeois liés à l'impérialisme. Elles ont reçu le soutien de l'impérialisme lui-même qui a tenu, en juin 1978, une conférence militaire de l'état-major de l'OTAN sur la situation créée par le renversement de Daoud, et qui a coupé, début 1979, toute aide économique et alimentaire à l'Afghanistan pour l'étrangler davantage.

Quel que soit notre jugement sur la politique du PDPA, nous ne sommes pas neutres dans un affrontement de ce type.

L'URSS est-elle intervenue pour aider la révolution afghane?

— Il y a d'abord les faits. Moscou, en prétendant avoir répondu à l'appel du PDPA n'a même pas cherché à sauver les apparences. A peine arrivées, ses troupes ont commencé par liquider l'équipe gouvernementale et exécuter Amin et ses proches.

Le Kremlin n'est pas intervenu pour aider les travailleurs et paysans afghans. Pendant des années, il a négocié sur leur dos des rapports de bon voisinage avec leurs régimes réactionnaires en place à Kaboul. Il était de plus en plus inquiet de voir durer une guerre civile et s'étendre un abcès à ses frontières, au contact de la révolution iranienne, au contact des questions nationales explosives pour toute la région (celle des Baloutches notamment), avec l'appréhension des effets en retour sur les quarante millions de musulmans d'URSS. Il redoutait, tout autant, l'installation d'un régime inféodé à l'impérialisme et intégré à son dispositif militaire dans un pays traditionnellement intégré à son propre système de sécurité.

La bureaucratie est donc intervenue en fonction de ses propres intérêts, dans la continuité de sa politique chauvine de « construction du socialisme dans un seul pays ». Elle est intervenu selon ses méthodes traditionnelles, brutales et policières, pour juguler la réaction tout en étouffant toute mobilisation autonome des masses afghanes. Elle est intervenue pour tenter de rétablir la stabilité à ses frontières, au mépris de la mobilisation et de l'éducation du mouvement à l'échelle internationale.

Peut-on plaider la cause au nom de la défense de l'Etat ouvrier soviétique menacé?

— Il faut d'abord rappeler ce que nous entendons par défense de l'Etat ouvrier. C'est pour nous la défense des bases matérielles, de l'appropriation collective ou étatique des moyens de production, des rapports sociaux non capitalistes. Nous faisons donc la distinction entre ce qu'il reste encore des conquêtes révolutionnaires d'Octobre, que nous défendons contre toute tentative de restauration du capitalisme, et les intérêts particuliers de la bureaucratie, que nous combattons. Toute défaite de la bureaucratie n'est pas une défaite de l'Etat ouvrier, et la défense de l'Etat ouvrier elle-même doit être située dans le cadre plus global du développement de la révolution mondiale.

Si la bureaucratie avait été vaincue par les prolétaires est-allemands en 1953, ou hongrois en 1956, ou tchèques en 1968, c'eut été une victoire pour la révolution mondiale.

Quand l'Etat ouvrier est réellement menacé, comme ce fut le cas en 1941, avec l'attaque d'Hitler, la bureaucratie se sent elle-même menacée dans ses racines sociales, par la remise en cause des rapports de production d'où elle tire ses privilèges. Mais la réciproque n'est pas vraie : ce qui menace les intérêts propres de la caste bureaucratique ne menace pas nécessairement directement l'Etat ouvrier.

Il y a ensuite le contexte. Il ne faut pas être dupe des apparences. Même lorsque la bureaucratie et l'impérialisme font le meilleur ménage du monde, la menace contre l'Etat ouvrier n'est jamais complètement éteinte. Parce que, aiguillonné par la crise et le besoin de débouchés, l'impérialisme ne renoncera jamais définitivement à rouvrir les marchés qui lui ont échappé à l'appétit dévorant du capital. Cette menace peut cependant être plus ou moins directe. En 1938, à l'approche de la guerre et au voisinage de l'Allemagne nazie, elle était immédiate. Aujourd'hui, la situation et les rapports de forces mondiaux ne sont pas comparables.

Certes, les effets conjugués de la crise chronique dans les bastions du capital et de la poussée de la révolution mondiale, modifient la situation sous nos yeux. Ce n'est plus l'apogée de ce qu'on a appelé la « détente », mais ce n'est pas encore la guerre, ni même la guerre froide. Les réactions de certains pays européens montrent que la bourgeoisie elle-même est divisée sur la façon de réagir.

A moins donc de prendre au pied de la lettre la campagne d'opinion sur les menaces de guerre, qui vise avant tout à faire accepter la course aux armements et à imposer une austérité accrue à la classe ouvrière des pays capitalistes, on ne peut pas dire sérieusement que l'Etat ouvrier était directement menacé par l'évolution des conflits sociaux en Afghanistan. Et même si tel avait été le cas, la mobilisation du mouvement ouvrier international, sa mise en alerte contre les menées impérialistes, aurait constitué une garantie supérieure pour la défense de l'Etat ouvrier qu'une intervention militaire dont la forme ne peut qu'écœurer les travailleurs et les détourner non seulement de la bureaucratie mais, en même temps, de l'Etat ouvrier, si nous ne parvenons pas à faire comprendre cette distinction capitale.

L'intervention soviétique à Kaboul est-elle comparable à l'intervention soviétique à Prague ?

— C'est le type même d'analogie superficielle que nous devons démonter.

A Prague, la bureaucratie soviétique est intervenue pour écraser dans l'œuf le début d'une révolution politique, un mouvement prolétarien de masse.

En Afghanistan, il y avait bel et bien une guerre civile, entre les guérillas soutenues par les féodaux, les capitalistes, les marchands d'opium, l'impérialisme et le gouvernement petit-bourgeois du PDPA qui avait pris des mesures progressistes.

Le caractère à la fois petit-bourgeois et stalinien de ce parti, ses méthodes ultra-bureaucratiques ne pouvaient qu'empirer les conditions objectives déjà extrêmement difficiles, même s'il y avait eu en Afghanistan une direction authentiquement prolétarienne et révolutionnaire. Sa politique a conduit le régime au bord de l'écroulement. Mais un régime anti-impérialiste dans une société pareille pourrait être minoritaire et isolé, même avec une politique correcte.

Toutes nos critiques contre le PPDA ne changent donc rien au fait qu'il y avait une guerre civile, complexe, mais opposant en dernière analyse la réaction féodale et pro-impérialiste aux mesures antiféodales et anti-impérialistes prises depuis avril 1978.

Dans ce contexte, l'intervention soviétique vise d'abord à mater la réaction, même si elle en tire prétexte pour faire tomber sa poigne et son joug bureaucratique sur la nuque des paysans et travailleurs afghans qu'elle prétend défendre.

C'est néanmoins une différence de fond par rapport à l'intervention en Hongrie ou en Tchécoslovaquie.

Qu'est-ce que le PPD ?

A la différence d'autres pays de la région, comme l'Iran ou la Turquie, l'URSS n'a pas favorisé en Afghanistan la constitution d'un parti communiste. Dès 1919, la République des soviets, pour protéger sa frontière sud de toute agression impérialiste, privilégia les rapports avec le monarque Amir Amanullah qui s'était opposé aux invasions anglaises. Et c'est en 1921 qu'était signé le premier traité d'amitié soviéto-afghan.

Dans les années quarante, les revendications de l'intelligentsia urbaine prirent la forme d'un mouvement culturel d'où naquit plus tard le Parti populaire démocratique, sous l'impulsion du Parti communiste d'Inde où des intellectuels comme Taraki allèrent travailler, plus que par les vœux du Kremlin.

Le premier et, semble-t-il, seul congrès du PPD eut lieu le 1er janvier 1965, soit bien après la dissolution du Komintern par Staline et postérieurement même à la crise sino-soviétique. Ces conditions font du PPD une organisation particulièrement plus proche d'un mouvement nationaliste de gauche que d'un parti communiste stalinien étroitement dirigé par Moscou.

Le PPD mêle dans son programme les illusions étapistes staliniennes classiques aux revendications démocratiques de la petite bourgeoisie urbaine. Il propose la lutte pour « *une révolution démocratique et nationale, étape première et nécessaire de la révolution socialiste* », et se prononce pour la réforme agraire et un renforcement du secteur étatique.

Mais les divergences apparaissent dès mai 1966 lorsque le journal *Khalq* (le Peuple) est interdit. Karmal est partisan de sa parution clandestine et publie alors *Parcham* (le Drapeau). La scission entre les deux fractions est consommée, en juin 1967. Un peu plus tard, Badakhshi, membre du comité central du PPD, créera *Settem I Melli* (Contre l'oppression nationale) en dénonçant les deux autres fractions comme des agents de la classe dominante pachtoune et se lance dans la guérilla.

La réunification du Khalq et de Parcham a lieu en juin 1977, mais les oppositions s'aiguiseront avec l'arrivée au pouvoir en avril 1978. Paradoxalement, le Parcham apparaît comme une fraction plus docile à l'égard de l'URSS que le Khalq qui développe pourtant des conceptions staliniennes plus orthodoxes.

Hufizullah Amin, premier ministre renversé par l'intervention soviétique, sous le portrait de Taraki.

Quels sont les effets de l'intervention soviétique du point de vue de la révolution mondiale, de l'élévation du niveau de conscience et d'organisation du prolétariat mondial ?

— C'est en effet, pour nous, la question et le critère décisifs pour nous orienter face aux événements les plus imprévus de la lutte des classes. Nous nous plaçons du point de vue d'ensemble du développement international de la lutte des classes et non du point de vue de tel ou tel intérêt particulier.

Ainsi, devant les mesures de transformations sociales entreprises en 1939 par l'Armée rouge en Pologne, Trotsky disait que ces mesures d'expropriation des capitalistes étaient en elles-mêmes progressistes, mais que les conditions dans lesquelles elles avaient été prises constituaient « *une injure aux sentiments démocratiques les plus élémentaires des classes et peuples opprimés de la terre entière, et qui, par là même, affaiblit considérablement la situation internationale de l'URSS* ». « *Ce que ne peuvent compenser*, ajoutait-il, *même au dixième, les transformations effectuées dans les régions occupées* » par l'Armée rouge. Il accusait la bureaucratie de sacrifier ainsi « *les intérêts essentiels du mouvement ouvrier international au profit d'avantages secondaires et instables* ».

C'est donc bien là le problème décisif. L'intervention a nécessairement des effets contradictoires. La bureaucratie intervient pour ses propres motifs et intérêts. Il n'empêche qu'elle reste la bureaucratie d'un Etat ouvrier, et qu'elle est perçue comme telle. La grossière-

---

Les réformes de la « révolution » d'avril 78

Dès après le coup d'Etat d'avril 1978 qui porta le PPD au pouvoir, des réformes radicales furent annoncées par Taraki dans un programme de gouvernement en trente points. Dans son discours, celui-ci promit un contrôle plus strict de l'Etat sur l'import-export et annonça que le gouvernement prendrait au moins 51 % de participation dans les entreprises.

Une épuration limitée des hautes sphères de l'appareil d'Etat fut effectuée. La garde républicaine de Daoud fut dissoute et vingt-deux membres de la famille royale furent privés de leur citoyenneté, y compris ceux qui, avec Daoud, avaient été tués lors du coup d'Etat. Huit mille personnes furent libérées des prisons et des hauts dignitaires remplacés par des militants.

Un décret de juin 1978 supprima la pratique de l'usure et du servage liée à celle de l'hypothèque. En octobre de la même année, les mariages forcés et ceux concernant les femmes de moins de seize ans, seront interdits. Le prix de la dot était réduit à trois cent cinquante afghanis (soit 7 F) alors qu'il était d'usage d'y consacrer des milliers d'afghanis.

Une vaste campagne d'alphabétisation fut aussi lancée et une diversification de l'usage des langues instaurée. L'enseignement primaire fut effectué dans la langue maternelle, des programmes radio et des journaux furent créés dans les différentes langues du pays.

Dans un décret du 28 novembre 1978, le gouvernement du PPD annonça une réforme agraire qui fixait le plafond de la propriété terrienne familiale à trente jeribs pour les bonnes terres, soit six hectares. Les terres excédentaires ont été distribuées à des paysans pauvres, des métayers ou des Kouchis (semi-nomades). La location et la vente de la terre étaient aussi interdites.

Dans un pays aux structures précapitalistes encore puissantes, ces mesures radicales ne pouvaient que rencontrer l'opposition des féodaux, des chefs tribaux et religieux. Mais l'absence de préparation politique des campagnes, les méthodes bureaucratiques violentes du PPD et la faiblesse du mouvement ouvrier ont favorisé l'incompréhension des paysans pauvres devant des réformes et alimenté en dernière analyse la réaction féodale.

té de l'intervention soviétique à Kaboul constitue, à sa manière, objectivement, et quelles que soient les intentions des bureaucrates, une preuve supplémentaire de l'affaiblissement politique de l'impérialisme et un nouveau camouflet à son égard.

Aux yeux de nombreux peuples opprimés, il apparaîtra que l'impérialisme n'a pu réagir à ce coup de main, que par une campagne d'opinion déchaînée, des mesures de rétorsion limitées, mais sans aucune réplique militaire immédiate.

Il faut tenir compte de cela et du sentiment répandu dans la population américaine depuis le traumatisme vietnamien *« qu'on ne peut pas gagner militairement »*, si on ne veut pas avoir une vision trop unilatérale et européenne des conséquences de l'intervention soviétique.

Il n'en demeure pas moins que les balances ne sont pas égales et que les effets négatifs l'emportent largement. L'intervention détourne une partie de l'énergie des masses iraniennes jusque là concentrées contre l'impérialisme américain, favorise leur maintien sous l'emprise des dirigeants islamiques et constitue un obstacle supplémentaire par rapport à la tâche centrale de l'heure qui est l'organisation d'un mouvement ouvrier indépendant en Iran.

Elle désoriente le mouvement ouvrier européen, certes sous la pression de l'extraordinaire campagne impérialiste, mais aussi en raison d'un profond sentiment anti-stalinien sur un continent qui a connu les interventions contre-révolutionnaires de la bureaucratie du Kremlin en Pologne, Hongrie, Tchécoslovaquie.

Elle fournit un prétexte en or à la campagne déchaînée de l'impérialisme qui cherche tous les motifs (agitation sur la présence d'une brigade soviétique à Cuba, sur l'affaire des otages de Téhéran) pour justifier la course aux armements et tenter de renverser le courant d'opinion interventionniste vivace aux USA depuis la guerre du Vietnam. L'écho dans l'opinion américaine n'est pas nul si l'on considère la remontée de la popularité de Carter et ses résultats face à Ted Kennedy aux primaires de l'Iowa.

Elle peut avoir pour revers un nouveau durcissement du régime en URSS même et de la répression contre tous les opposants. Il n'est pas tout à fait fortuit que l'arrestation de Sakharov soit intervenue quelques semaines après le débarquement à Kaboul.

Elle peut, enfin, favoriser les entreprises de l'impérialisme auprès des pays arabes (conférence d'Islamabad à laquelle participait l'OLP et qui a demandé le retrait des troupes soviétiques) et mettre en difficulté la position de Cuba dans le mouvement des non-alignés.

En bref, la note est lourde. C'est le prix d'une fuite en avant typique des contradictions de la bureaucratie. C'est la raison majeure pour nous de n'apporter aucun soutien à cette intervention et de combattre avec plus d'acharnement encore la politique bureaucratique dont elle est partie intégrante.

Si l'URSS n'est pas intervenue pour défendre la révolution afghane ni pour défendre l'Etat ouvrier menacé, si les effets de son intervention du point de vue de la révolution mondiale sont négatifs, faut-il condamner cette intervention ?

— Il y a deux façons, diamétralement opposées, de juger l'intervention soviétique, à partir de deux points de vue de classe antagoniques. Il y a ceux qui la jugent du point de vue des intérêts de la bourgeoisie, et nous qui la jugeons du point de vue des intérêts du prolétariat mondial.

Les premiers condamnent l'intervention en tant qu'acte militaire, au nom du principe de la non-ingérence, dont la bourgeoisie se sert quand bon lui chante. Pourtant, l'impérialisme ne se prive pas d'intervenir directement ou indirectement, partout où il considère ses intérêts menacés. A Saint-Domingue et au Vietnam hier, au Tchad et en Centrafrique. Pourquoi pas demain au Salvador et en Tunisie ? Sans parler de l'action quotidienne de la CIA et des services secrets, des manigances des multinationales comme au Chili...

La lutte de classes est mondiale. La bourgeoisie en est parfaitement consciente. Nous sommes pour l'aide matérielle et humaine si nécessaire aux révolutions en difficulté. Nous avons critiqué la Chine et l'URSS parce qu'elles n'aidaient pas assez le Vietnam pendant les années soixante. Nous étions pour l'intervention des Cubains en Angola face aux troupes sud-africaines.

En se plaçant sur le terrain de la non-ingérence, des gens comme Maire ou Elleinstein se sont placés intégralement sur le terrain de la bourgeoisie.

Ce que nous condamnons, c'est l'intervention en tant que maillon d'une politique contre-révolutionnaire de la bureaucratie du Kremlin. Beaucoup de gens qui s'indignent soudain à propos de l'intervention en Afghanistan, s'accommodent, en général, de cette politique et restent silencieux sur ses racines. Nous, nous condamnons et combattons toute la politique contre-révolutionnaire de la bureaucratie dont l'intervention à Kaboul est le produit et l'aboutissement. Nous la combattons au nom de l'internationalisme et de l'extension de la révolution mondiale. C'est toute la différence.

Et c'est pourquoi nous devons être précis sur ce point, jamais nous contenter de condamner l'intervention tout court, sans préciser les raisons ; jamais mêler notre voix à ceux qui condamnent pour des raisons radicalement opposées aux nôtres. Voilà qui sèmerait une confusion encore plus grande auprès des travailleurs.

Si l'intervention a des effets négatifs du point de vue de la révolution mondiale n'est-il pas possible de les réparer en exigeant le retrait immédiat des troupes soviétiques?

— Dans une affaire comme celle-là, il faut se méfier comme de la peste de la fausse logique, de la logique formelle : si le résultat est négatif, nous condamnons ; si nous condamnons, nous sommes pour le retrait... Si nous ne sommes pas pour le retrait, nous sommes pour le maintien...

La politique n'a pas grand-chose à voir avec ces enchaînements mécaniques. Nous ne soutenons pas l'intervention soviétique et nous combattons la politique dans laquelle elle s'inscrit. C'est une chose. Maintenant, l'intervention a eu lieu. Elle crée une situation nouvelle. Il y a une guerre et une guerre civile imbriquées. La bureaucratie est certes intervenue en fonction de ses propres intérêts réactionnaires. Mais la contre-offensive de l'impérialisme ne fait pas de détail, elle ne vise pas seulement la bureaucratie comme couche privilégiée au sein de l'Etat ouvrier. Elle vise à affaiblir l'Etat ouvrier lui-même.

Trotsky disait qu'il n'y avait pas de recette pour discerner dans chaque cas concret *« où et quand l'Armée rouge intervient seulement en tant qu'instrument de la ré... ...partiste et où elle défend les fo... ...nents sociaux de l'URSS »*. Malheureusement, on a rarement affaire à des cas chimiquement purs. L'Armée rouge reste en même temps un instrument aux mains de la bureaucratie et l'armée de l'Etat ouvrier soviétique. A Stalingrad, malgré Staline, elle se battait directement en défense de l'Etat ouvrier. A Prague, elle était strictement l'instrument de la bureaucratie contre la révolution politique montante.

Mais la plupart du temps la question est plus complexe. Lors de l'intervention à Kaboul, on peut dire que l'Armée rouge a agi principalement comme instrument de la bureaucratie bonapartiste. Mais face à l'offensive impérialiste aujourd'hui, elle se trouve mise en position de défense de l'Etat ouvrier.

Maintenant, même à travers l'intermédiaire pourri de la bureaucratie, l'affrontement sur le terrain réfracte le conflit mondial entre les classes. Nous ne sommes pas neutres : nous sommes pour la défaite des féodaux et de l'impérialisme.

La question de l'Afghanistan ne peut donc plus désormais être traitée isolément. Elle est prise dans l'étau des rapports de forces mondiaux. C'est dans ce contexte qu'il faut la poser et envisager la signification qu'aurait le mot d'ordre de retrait immédiat des troupes soviétiques.

Il faudrait, en effet, d'abord éclaircir le sens d'un tel mot d'ordre. Quand il y a guerre, affrontement les armes à la main, on peut moins que jamais se permettre de jouer avec les mots d'ordre. De les considérer comme une opinion sans en envisager les conséquences pratiques.

La seule façon de prendre ce mot d'ordre au sérieux et de lui donner un contenu pratique c'est d'appeler sur le terrain à la résistance armée contre l'occupant soviétique et de soutenir internationalement cette résistance par une campagne de pression sur Moscou. Cette position n'est pas exclue par principe. Si le rapport de forces avait permis de la concrétiser, c'est celle qu'il fallait adopter face aux interventions à Budapest et à Prague : la résistance à l'occupant et une campagne internationale du mouvement ouvrier.

Ce qui nous guide, c'est de savoir quelles forces sociales sont capables aujourd'hui de s'emparer d'un tel mot d'ordre. A coup sûr la réaction afghane, les gouvernements bourgeois, l'impérialisme. Mais certainement pas les travailleurs et les paysans afghans, organisés de façon indépendante pour combattre en même temps l'impérialisme et la bureaucratie à partir de leurs propres intérêts et d'une politique internationaliste ! Il y a guerre. Il y a un front et non pas deux ou trois. Si la révolution afghane était assez forte, socialement et assez mûre politiquement (avec une direction prolétarienne révolutionnaire) pour qu'il y ait insurrection simultanée sur deux fronts, contre Washington et contre le Kremlin, non seulement nos problèmes seraient aussitôt résolus, mais ils ne se seraient jamais posé dans les termes où ils se posent.

Il y a aussi tous ceux qui veulent avancer le mot d'ordre de retrait des troupes sans lui donner le sens d'un mot d'ordre d'action. C'est difficile en pleine guerre. C'est une tentative pour apparaître libéral et démocrate, sauver la face et sa conscience dans une histoire délicate. Pour ceux-là, il ne s'agit pas d'appeler sur le terrain à la résistance, mais seulement de faire pression sur Brejnev (en priorité ou exclusivement de la part du mouvement ouvrier international) pour qu'il retire ses troupes... L'attitude inconséquente aboutit à se mettre en position de conseiller de la bureaucratie la meilleure façon de se tirer d'un mauvais pas.

Comme si les effets négatifs de l'intervention pouvaient maintenant être effacés par un simple retour en arrière comme sur une ardoise magique. Du point de vue des effets sur la lutte du prolétariat mondial, le mal est fait. Demander et obtenir (car si on le demande, c'est nécessairement pour l'obtenir) le retrait des troupes, pour laisser le champ libre à l'impérialisme (car à qui d'autre ?), ce n'est pas maintenant réparer le mal. C'est l'aggraver et en doubler le prix. Il apparaîtrait seulement qu'après être intervenue avec ses méthodes répugnantes, la bureaucratie a dû battre en retraite au premier grognement de Carter. Ce ne serait en rien une victoire morale, mais à coup sûr un renforcement des positions de l'impérialisme dans le rapport de forces mondial.

Sur le terrain, la traduction de cette politique serait la défaite circonstanciel. Non pas la résistance active à l'occupant, mais le défaitisme renvoyant dos à dos bandes réactionnaires et troupes soviétiques. Ce défaitisme-là est un calcul périlleux. Il consiste à considérer que l'instauration d'un régime réactionnaire, inféodé à l'impérialisme, serait un moindre mal par rapport à la présence soviétique. Il se réserve la possibilité ultérieure de revenir à une position de défense de l'URSS si l'Etat ouvrier était menacé par la place forte réactionnaire et la place d'armes installée à ses portes. Mais personne ne peut mesurer *a priori* les effets en chaîne, en Afghanistan, dans la région (vis-à-vis de l'Iran) et par rapport à l'URSS (dans le cadre d'un dispositif d'ensemble de l'impérialisme) qu'aurait une victoire de la réaction en Afghanistan.

C'est un risque à ne pas courir. Comme toujours, le défaitisme circonstanciel est une aventure irresponsable. Il n'est guère possible de biaiser en disant qu'on est pour le mot d'ordre de retrait des troupes, mais seulement dans la propagande aujourd'hui, pas dans l'agitation. On rencontrera toujours des gens dans les syndicats, parmi les bureaucrates, les sociaux-démocrates, les eurocommunistes, qui sont pour lui donner une portée pratique et immédiate. Et il devient alors difficile d'expliquer qu'on est pour, mais pas tout de suite, pas pour le mettre dans une motion ni sur une banderole de manifestation. C'est pourquoi, il faut expliquer clairement quand la question se pose que nous sommes contre ce mot d'ordre aujourd'hui.

Certains commentateurs ont voulu établir le parallèle avec l'intervention vietnamienne au Cambodge. La comparaison est fausse à bien des égards : la nature de l'Etat cambodgien, les caractéristiques de la bureaucratie vietnamienne qui ne représente pas le même degré de cristallisation et de dégénérescence que la bureaucratie soviétique... Nous avons également critiqué l'intervention vietnamienne au Cambodge, du point de vue de ses conséquences politiques au Cambodge même (aggravation des problèmes nationaux) et au Vietnam (accentuation de l'autoritarisme bureaucratique sous couvert de mobilisation militaire). Mais une fois les troupes vietnamiennes au Cambodge, nous ne réclamons pas leur départ immédiat, si cela peut signifier la restauration d'un régime Sihanouk.

Toutes ces questions de mots d'ordre s'appliquent à une conjoncture précise, qui peut évidemment changer. Si demain les Soviétiques installent à Kaboul un régime de compromis, d'union nationale, un régime capitaliste à sa solde, perpétuant l'exploitation des masses afghanes ; si se développe une mobilisation autonome des masses afghane sur des bases de classe (ce que nous devons aider au maximum de nos possibilités), alors le mot d'ordre de retrait des troupes peut prendre un autre contenu de classe, positif, et nous pouvons être amenés à le reprendre.

Ne pas avancer aujourd'hui le mot d'ordre de retrait des troupes, n'est-ce pas abandonner le droit des peuples à disposer d'eux-mêmes, et dans ce cas précis, le droit à l'autodétermination du peuple afghan ?

— Nous sommes pour le droit des peuples à disposer d'eux-mêmes. Face à l'impérialisme, nous sommes inconditionnellement pour le droit à l'autodétermination des peuples opprimés, sans faire un préalable du caractère de leur direction. Ainsi, nous soutenons inconditionnellement les luttes de libération des colonies portugaises, du peuple kurde, du peuple palestinien, quelles que soient nos critiques envers les directions nationalistes petites-bourgeoises de ces mouvements. De même, nous soutenons inconditionnellement ceux qui luttent pour une Irlande unie et indépendante.

Ceci dit, le droit à l'autodétermination est une revendication démocratique radicale face au colonialisme et à l'impérialisme. Il ne s'agit pas d'un impératif catégorique ou absolu placé au-dessus ou en dehors des rapports de classes.

Comme toute revendication démocratique, celle du droit des peuples a un caractère algébrique. Positive face à l'impérialisme, elle peut devenir négative quand elle est subordonnée à l'impérialisme au détriment de la révolution. Il n'est pas exclu de voir une lutte de libération nationale, initialement dirigée contre l'oppression impérialiste, récupérée ultérieurement dans un but contre-révolutionnaire. Les services impérialistes sont spécialisés, en Afrique notamment, dans l'exploitation de problèmes tribaux et la manipulation, comme on l'a vu au Katanga et au Cabinda.

Inversement, dans les Etats ouvriers, nous sommes pour l'autodétermination des nationalités. Et nous pensons que, sur la base de rapports sociaux non capitalistes, les revendications démocratiques sont un axe central de la lutte pour la révolution politique. Mais là encore, il ne s'agit pas de principes absolus. Nous ne pouvons pas exclure la nécessité de s'opposer à des revendications nationales qui deviendraient le vecteur d'une entreprise de restauration du capital, même si l'hypothèse est peu probable. En tout cas, notre mot d'ordre est celui de l'indépendance de l'Ukraine socialiste et non de l'indépendance tout court. De même, nous sommes pour l'unification socialiste de l'Allemagne, et non pour le simple mot d'ordre d'unification de l'Allemagne qui pourrait servir de fer de lance à la bourgeoisie ouest-allemande pour la restauration du capitalisme à l'Est.

A l'âge de l'impérialisme, des guerres et des révolutions, les questions nationales sont donc enchâssées dans les rapports de classes mondiaux. C'est pourquoi aucune position de principe ne permet de faire l'économie d'une analyse concrète de chaque situation. Quand il y a confrontation entre les classes à l'échelle mondiale, la liberté des petits Etats peut devenir un mythe qui cache seulement leur droit à choisir leur maître.

Avant la chute du régime Daoud, le problème en Afghanistan ne se posait pas en termes de revendications nationales. Le retrait des troupes soviétiques garantirait-il aujourd'hui la possiblité réelle pour les nationalités afghanes (nationalités au pluriel) de choisir librement leur destin ? Accablées par le poids du sous-développement et tenues par les aides économiques internationales, cette liberté ne serait qu'une fiction pour couvrir leur soumission à l'impérialisme.

N'y a-t-il pas confusion à présenter comme défense de droits nationaux ce qui n'est que la défense du cadre arbitraire de l'Etat afghan hérité des découpages impérialistes dans la région ? La lutte pour les droits nationaux kurdes, baloutches, pachtounes, etc., implique un bouleversement révolutionnaire radical des frontières dans toute la région.

La conquête d'un droit réel à l'autodétermination pour ces nationalités passe par la victoire dans le combat contre l'impérialisme. On ne sort pas de ce dilemme.

Que peuvent faire les soviétiques maintenant en Afghanistan ? S'ils peuvent y renverser le capitalisme n'est-ce pas la preuve d'une mission progressiste de la bureaucratie ?

— Il y a un difficile problème d'information maintenant sur ce qui se passe réellement en Afghanistan. Les informations qui parviennent sont incomplètes, fragmentaires et déformées dans un sens ou dans l'autre. Il faut donc être prudent sur les pronostics et attentif aux faits. Deux grandes hypothèses

Daoud, président de la République afghane lors d'une visite à l'aéroport de Moscou, en compagnie de Podgorny en 1977.

sont néanmoins théoriquement ouvertes.

La première est celle de l'instauration en Afghanistan d'un régime d'union nationale, modéré et bourgeois, qui maintiendrait des liens amicaux avec l'URSS et laisserait à Moscou la jouissance de bases militaires dans le pays. C'est probablement l'hypothèse la plus conforme aux intentions et aux habitudes de la bureaucratie. Une tentative de retour au *statu quo ante*. A ceci près qu'il est désormais difficile de trouver la base sociale pour stabiliser un régime de ce type.

On ne peut donc pas exclure totalement l'hypothèse de ce que nous appelons l'assimilation structurelle, c'est-à-dire l'alignement des structures sociales de l'Afghanistan sur celles de l'URSS, par l'élimination de la propriété privée, et ce en dépit des intentions initiales de la bureaucratie.

La logique sociale l'emporte ici sur les intentions. L'Armée rouge est aujourd'hui un instrument de la bureaucratie mais elle reste aussi en dernière analyse l'armée d'un Etat ouvrier. C'est encore une contradiction. Si cette armée est amenée à occuper durablement l'Afghanistan, il est peu concevable qu'elle le fasse en cohabitant avec un Etat bourgeois. Il faudra trouver une base sociale à cette occupation. Cela ne sera possible qu'en appliquant bureaucratiquement une réforme agraire radicale et en expropriant le capitalisme.

S'il en résulte, avec l'apport d'une aide économique soviétique, une amélioration des conditions de vie des masses (ce qui est parfaitement concevable dans un pays aussi pauvre), l'URSS peut acheter ainsi sinon une sympathie, du moins une neutralité auprès d'une fraction de la population, et la bureaucratie peut étendre à l'Afghanistan les bases sociales de son existence et de ses privilèges. Si l'affrontement se prolonge avec les forces soutenues par l'impérialisme, elle peut même ainsi remobiliser une fraction de la paysannerie afghane et donner une consistance nouvelle à la composante afghane de la guerre civile aujourd'hui laminée par la politique d'Amin et de Taraki.

Tout cela ne peut être exclu.

Il faut préciser qu'en cas de transformation des structures sociales afghanes, nous resterions opposés à une annexion d'un nouvel Etat ouvrier afghan, bureaucratiquement déformé dès l'origine, par l'URSS. Cette position est cohérente avec le fait que nous revendiquons par ailleurs l'indépendance de l'Ukraine soviétique. Nous ne confions aucune mission historique à la bureaucratie du Kremlin.

Un tel processus ne signifierait pas que la bureaucratie est soudain investie d'une mission progressiste, mais qu'elle est conduite par le développement de la lutte des classes et en fonction de la défense de ses intérêts propres, à porter un coup ponctuel à l'impérialisme dans la région.

Dire qu'on n'est pas neutre militairement dans un conflit où l'URSS se trouve engagée contre l'impérialisme, n'est-ce pas obscurcir les conflits de classe au profit d'un conflit de camps, entre un camp de l'impérialisme et un camp progressiste qui regrouperait pêle-mêle le prolétariat, les gouvernements anti-impérialistes petits-bourgeois, la bureaucratie?

— Quand nous disons qu'il faut choisir son camp, nous disons que nous ne sommes pas neutres dans un conflit de ce type. Que nous tournons nos coups contre l'impérialisme. Nous pouvons nous trouver dans une situation de front

Les guérillas

Les rébellions islamiques et paysannes antigouvernementales qui s'opposent au PPD sont, grossièrement, de deux sortes. En dehors des zones pachtounes, elles regroupent des minorités ethno-linguistiques, comme les Tadjiks au Nord, traditionnellement rebelles à tout pouvoir central, et prenant la forme de jacqueries régionalistes.

C'est le cas par exemple du Nouristan dans le nord-est du pays, où des paysans se soulevèrent fin 1978. Au mois de mars, les rebelles nouristanais contrôlaient leur région qu'ils décrétèrent « libérée ».

Un autre exemple exprime le ressentiment de minorités nationales, en l'occurence les Tadjiks du Nord qui représentent une minorité ethnique et religieuse puisque de rite chiite dans un pays à dominante sunnite. Le *Setem I Melli* (Contre l'oppression nationale), créé par un membre du PPD, combina un verbiage maoïste et des préoccupations ethno-centristes pour lancer les paysans tadjiks du Badakhchan dans la guérilla, à partir de 1975.

Par contre, dans l'aire d'implantation pachtoune, qui s'étend le long de la frontière avec le Pakistan, les rébellions paysannes sont dominées par des groupes religieux, féodaux en lutte contre le régime « marxiste » de Kaboul, et ses réformes. Elles se caractérisent par la multiplicité des groupes fondés le plus souvent sur des bases tribales ou familiales. On peut dénombrer :

— le Rassemblement islamique, dirigé par Ustad Rabbani, qui entretient de fructueux rapports avec son homologue pakistanais qui est la principale force politico-religieuse soutenant le général Zia Ul Haq. C'est par ce canal que transiterait l'aide de l'Arabie Saoudite ;

— le Parti islamique, de l'ingénieur Gulbuddin Mekmatyar, fondé en 1965, qui accuse le Rassemblement islamique d'avoir collaboré avec la monarchie. Ce mouvement a mené une lutte depuis le coup d'Etat de Daoud, en 1973. Depuis cette époque, il est réfugié au Pakistan. Il se revendique de feu l'ayatollah Talleghani, intervient principalement au nord de Jalalabad, dans la région du clan des Durranis, et recrute parmi les hauts dignitaires épurés sous Daoud et sous Taraki ;

— le Parti nationaliste révolutionnaire islamique, de Syyid Ahmed Gailani, qui a lancé un appel à la guerre sainte, le 13 avril dernier. Ce groupe est dénoncé par les autres comme étant « pro-américain » ;

— le Front national de libération, de Hazrat Sebratullah Mojadidi, qui est issu d'une vieille famille religieuse ;

— le Mouvement de la révolution islamique de Mohammad Nali Mohammadi.

unique de fait avec la bureaucratie quand, pour ses intérêts propres et en raison de ses racines sociales au sein de l'Etat ouvrier, elle se trouve engagée conjoncturellement et temporairement dans un conflit avec la bourgeoisie ou l'impérialisme.

Mais nous disons : conjoncturellement et temporairement. Car, historiquement, la bureaucratie reste un ennemi mortel de la révolution prolétarienne et sa politique est globalement contre-révolutionnaire. Même quand nous nous trouvons dans une situation de front unique de fait avec la bureaucratie (comme, d'ailleurs, avec des directions anti-impérialistes petites-bourgeoises) c'est en toute indépendance politique. Sans trêve ni union sacrée avec la bureaucratie.

Notre camp, ce n'est pas celui d'un amalgame de forces, dont la bureaucratie. Notre camp est celui du prolétariat mondial face à la bourgeoisie mondiale, de la révolution face à la contre-révolution. Pas celui de la bureaucratie, mais celui des travailleurs déportés de Vorkhouta ou de la Kolyma.

Même quand elle est amenée à se battre contre l'impérialisme, la bureaucratie reste un obstacle au développement de la révolution mondiale et à la défense de l'Etat ouvrier. Même pendant la guerre contre Hitler, la mobilisation pour la défense de l'URSS n'impliquait aucune trêve avec Staline, mais simultanément la lutte contre Hitler et la propagande pour la révolution politique et le renversement de Staline.

Aujourd'hui, l'intervention de la bureaucratie en Afghanistan peut infliger un revers militaire aux guérillas pro-impérialistes. Non sans difficulté et sans risque d'enlisement. Mais l'effet politique ne coïncide pas nécessairement avec le résultat militaire. En même temps, la bureaucratie étouffe la mobilisation autonome des masses afghanes et affaiblit la défense de l'Etat ouvrier en détournant de lui la grande majorité des travailleurs dans les métropoles impérialistes.

C'est pourquoi la lutte pour la révolution politique et le renversement de la bureaucratie est pour nous une tâche d'actualité brûlante, indissociable de la mobilisation anti-impérialiste, et non une tâche noyée dans les brumes d'un futur lointain.

Il est important d'insister là-dessus. Car dans une période de tension entre l'URSS et l'impérialisme, sans parler de guerre froide, la tentation est grande, sous prétexte de réalisme politique, de raisonner en termes de camp et de lâcher le point de vue de la révolution mondiale pour s'aligner sur la bureaucratie en tant que telle.

Ceci dit le danger le plus immédiat et le plus sensible en France est celui d'un démocratisme abstrait (non-ingérence, retrait des troupes) qui exprime avant tout les pressions de la bourgeoisie et de son hypocrite croisade démocratique.

Comment déterminer nos tâches face à une situation aussi complexe?

— Du point de vue du développement de la révolution mondiale, nous devons intervenir autour de trois axes indissociables.

D'abord pour la révolution afghane, pour la mobilisation et l'organisation autonomes des travailleurs et paysans afghans autour de leurs propres revendications sociales et nationales, pour la défaite militaire des forces réactionnaires soutenues par l'impérialisme.

Ensuite, contre la campagne impérialiste, contre les sanctions économiques envers l'Union soviétique, contre les préparatifs de guerre et l'escalade de l'armement (notamment l'installation des fusées Pershing en Europe). Nos camarades du SWP aux Etats-Unis se trouvent en première ligne dans la citadelle impérialiste face au déchaînement d'une campagne anticommuniste et anti-ouvrière.

Enfin, contre la bureaucratie pour la révolution politique, sans céder un pouce de nos tâches, dans la défense des dissidents réprimés (et quels que soient nos désaccords avec leurs opinions), pour les droits des nationalités, pour le droit à l'organisation des travailleurs, politique et syndicale, indépendante de la bureaucratie. Cet aspect est très important si on veut éviter, précisément, que les travailleurs soient acculés à « choisir leur camp » en se rangeant soit derrière l'impérialisme, soit derrière la bureaucratie. Toute défaillance de notre part dans la lutte du mouvement ouvrier — sans le moindre compromis avec les gouvernements bourgeois — contre la répression bureaucratique ne ferait que laisser le champ libre à la propagande bourgeoise, aux nouveaux philosophes, et accentuer le désarroi dans la classe ouvrière.

Ce sont là les grands axes en tant que IVe Internationale. Pour être plus précis, on pourrait essayer de penser à ce que devrait être l'attitude de militants, internationalistes authentiquement révolutionnaires, en URSS (mobilisés dans l'Armée rouge par exemple) et en Afghanistan.

En Afghanistan, tout l'effort devrait porter sur l'organisation autonome des masses autour des revendications les plus pressantes (dont une réforme agraire radicale avec nationalisation de toutes les banques et du crédit, monopole du commerce extérieur) : création de syndicats paysans, de comités. Il faudrait demander des armes pour combattre les guérillas réactionnaires. Au gouvernement, mais aussi aux soldats soviétiques en cherchant à fraterniser avec eux (d'autant plus que bon nombre proviennent des nationalités musulmanes d'URSS), tout en semant le germe de la lutte antibureaucratique dans leurs rangs. Tout cela est décisif, car il n'y aura pas de victoire durable contre les manœuvres impérialistes par la seule présence des blindés soviétiques. Seule une mobilisation propre des masses afghanes peut assurer une victoire sociale et politique. C'est un argument que les soldats russes, envoyés sous prétexte de combattre l'impérialisme, peuvent finir par comprendre.

En URSS, le problème est concret. Faut-il appeler les soldats à mettre crosse en l'air ou à déserter ? Ce serait le cas si nous engagions immédiatement la bataille pour le retrait des troupes. Aujourd'hui, un marxiste-révolutionnaire sous l'uniforme ne dirait pas cela. Il dirait qu'il est contre la politique de la bureaucratie qui a conduit à cette aventure afghane, mais que maintenant l'Armée rouge est engagée sous prétexte de défendre les intérêts sociaux des travailleurs et paysans afghans ; que dans ces conditions, pour éviter un bourbier fatal, il faut aller jusqu'au bout, jusqu'à l'écrasement de la réaction ; que pour aboutir à ce résultat, il faut gagner la sympathie des masses exploitées par des mesures anti-impérialistes et anticapitalistes radicales ; qu'il faut armer les travailleurs afghans eux-mêmes. Il dirait qu'il met la bureaucratie, qui opprime ses propres nationalités et pactise sans cesse avec l'impérialisme, au défi de remplir ces tâches ; qu'il faut s'organiser pour la renverser si, comme prévisible, elle s'y oppose.

De part et d'autre, le militant révolutionnaire afghan et le militant révolutionnaire soviétique agiraient donc de façon convergente, pour vaincre l'offensive impérialiste et créer les conditions du retrait des troupes soviétiques.

Un schéma idéal ? Peut-être, mais conforme aux intérêts de la révolution mondiale et de l'internationalisme. Pas plus abstrait que la répétition, hors du temps et des forces en présence, de principes sur l'autodétermination et le retrait des troupes. Il faut chercher à voir ce qui est juste et ce qui serait possible si existait un parti révolutionnaire afghan significatif et une opposition antibureaucratique implantée en URSS. Cette politique n'aurait rien d'illusoire. Il faut donc tendre à créer les conditions de son application.

Les choses seraient évidemment plus simples si l'Afghanistan n'était pas un des pays les plus pauvres du monde à grande majorité paysanne, mais un pays avec une classe ouvrière forte et concentrée. S'il existait en URSS une opposition prolétarienne fortement organisée. S'il existait aux USA un parti révolutionnaire de masse capable de lier les mains à l'impérialisme. Ce n'est pas le cas et les tâches apparaissent d'autant plus énormes et inaccessibles que nous sommes tout petits. Il n'y a pourtant pas de raccourci.

Notre politique s'oppose donc aussi bien à celle des directions des PC (italien, espagnol) qui joignent leurs voix a celles des gouvernements bourgeois et de la social-démocratie pour réclamer le retrait des troupes soviétiques. Autant, on peut comprendre, même si on n'est pas d'accord, que des militants de ces partis signent des pétitions demandant le retrait des troupes, parce qu'ils veulent manifester ainsi, dans la confusion, une condamnation des méthodes staliniennes. Autant on doit discuter avec ces camarades pour les convaincre. Autant la position des directions social-démocrates ou des PC espagnol, italien, mexicain a un sens social contre-révolutionnaire : celui de donner à leur propre bourgeoisie des gages de bonne conduite et de civisme sur le dos du prolétariat mondial. De même les PC. comme le portugais et le français qui soutiennent en tant que telle l'intervention soviétique, ne se placent pas davantage sur le terrain de l'internationalisme, de la défense de la révolution afghane, indissociable de la lutte ouverte contre la bureaucratie soviétique. Ils s'alignent simplement sur les intérêts propres et la politique de la bureaucratie du Kremlin.

Et les Jeux Olympiques?

— Nous avons toujours été hostiles à une campagne de boycott des jeux Olympiques de Moscou. En effet, une telle campagne, encouragée par certains dissidents, pouvait s'insérer dans une campagne de boycott économique et diplomatique tout court, qui ne touche plus seulement la bureaucratie, mais touche directement le sort des travailleurs soviétiques. C'est pleinement le cas aujourd'hui où le boycott prôné par Washington, soutenu par Thatcher et la conférence d'Islamabad, s'inscrit dans un dispositif de rétorsions économiques et commerciales contre l'URSS.

Il faut donc dire clairement que nous sommes contre le boycott des jeux de Moscou. Nous devons, en revanche, dénoncer des jeux alternatifs, des jeux de l'impérialisme, organisés à Los Angeles, Montréal ou ailleurs.

Si les jeux de Moscou se tenaient malgré tout, nous devrions maintenir une démarche de mobilisation du mouvement ouvrier pour l'adoption de dissidents emprisonnés ou internés par des sections syndicales, pour des voyages d'enquête à Moscou, pour des contacts avec les syndicats indépendants, pour une initiative centrale des organisations ouvrières pendant les jeux, du type du congrès Bahro qui s'était tenu à Berlin, en défense des libertés démocratiques en URSS. Il est évident, que dans le contexte actuel, il faudrait combattre clairement toute confusion et collusion avec les forces qui participent à la campagne impérialiste sous une forme ou une autre ; autrement dit, exiger un surcroît de clarté et de rigueur dans la mise en place des comités ou cartels susceptibles d'animer une telle campagne.

Rédaction-administration : 2, rue Richard-Lenoir, 93108 Montreuil
téléphone : 808.00.80 (lignes groupées)
Edité par Sarl PEC (Presse, Edition, Communication)
Directeur de la publication : Robert March
Numéro de la commission paritaire : 46722
Imprimé par Rotographie à Montreuil

Témoignages

Réformes et contre-révolution

*Nous reproduisons ci-dessous
deux textes inédits que nous avait fait parvenir
Frédéric Carlier, correspondant de «Rouge»,
pendant son séjour en Afghanistan,
durant l'hiver 1978-1979*

Le rythme des arrestations, commencées peu après le coup d'Etat, s'est ralenti. A Kaboul, on ne voit plus les jeeps russes de l'armée afghane s'arrêter la nuit devant la maison des opposants, avant qu'ils ne disparaissent. Néanmoins, depuis le 20 août dernier, une nouvelle vague *« d'adversaires de la révolution »* a pris le chemin de la prison ; il s'agit d'officiers nationalistes liés à Kader, l'artisan de la prise du pouvoir, ou bien de membres du Parcham, le parti allié au Khalq, actuel détenteur du pouvoir.

L'immense prison neuve de Pul I Chatri, à une dizaine de kilomètres de la capitale, que Daoud n'avait pas eu le temps d'inaugurer, serait pleine. Selon certaines rumeurs, tortures et exécutions sommaires auraient lieu la nuit, alors que tous les quartiers alentours sont bouclés. Mais les rumeurs les plus fantaisistes se répandent... Les dirigeants du PDP les démentent, en affirmant que le parti est opposé aux méthodes staliniennes. Les *« comploteurs »* n'ont-ils pas rédigé de leurs propres mains, des aveux et des confessions sur leur culpabilité...

La colonie européenne, qui craint d'être priée avant longtemps de quitter le pays, ironise. Un diplomate constate que les prisons ont été vidées de leurs prisonniers politiques, pour être à nouveau remplies... de prisonniers politiques. *« Où trouvent-ils de la place pour les loger tous,* nous dit-il, *sinon sous terre ? »*

Il est vrai qu'une certaine agitation règne à Kaboul. Peu après le coup d'Etat, des tracts exigeant sans délai l'expulsion des *« Chouravis »* (les Russes) ont été distribués, avec des menaces d'attentats s'il ne leur était pas donné satisfaction. Au début du mois de septembre, un affrontement sanglant a même eu lieu dans la périphérie de la capitale. Une dizaine de personnes, dont deux officiers, retranchés dans une villa, ont subi l'assaut des forces armées. Leur cachette recelait un imposant stock de grenades. Aussitôt après cette découverte le gouvernement décrétait le rétablissement du couvre-feu levé pendant le ramadan.

La réaction s'organise

A la mi-septembre, en plein après-midi, quatre hommes en jeep distribuaient des tracts condamnant le régime. Belle prouesse dans une ville quadrillée. On comprend mieux maintenant la hâte du régime à nationaliser le moindre atelier offset ou ronéo, la moindre imprimerie. D'ailleurs, si beaucoup de choses changent, la censure, elle, reste. Dans les exemplaires de *Newsweek*, les deux pages traitant des rapports entre l'URSS et l'Europe de l'Est ont été arrachées.

En apparence pourtant, l'arrestation de Kader et des autres *« traîtres »* n'a pas beaucoup troublé l'Afghan moyen, qui n'a eu droit à aucune explication sérieuse sur les motifs ou l'ampleur du prétendu complot. Seule la moyenne bourgeoisie kaboulite a connu quelques moments de panique, qu'elle a manifesté en retirant son argent de la banque. Au bazar, les télévisions et les réfrigérateurs, biens de consommation durables, se sont bien vendus, malgré leurs prix prohibitifs.

Cette bourgeoisie de la capitale n'a pourtant pas vu ses privilèges sérieusement remis en cause. Elle a seulement pris l'habitude de se taire en public, ou même d'applaudir avec dévotion si les circonstances l'exigent, en la présence de militaires ou de membres du Khalq. Mais en privé, le ton monte : *« Tous des ordures »* lâche un riche médecin en feuilletant le *Kabul Times* où sont publiées les photos des nouveaux tenants du pouvoir.

L'opposition n'est cependant que verbale et la bourgeoisie afghane est trop faible pour représenter une réelle menace. Tel fonctionnaire s'enquiert des possibilités de travail en Europe, en se plaignant que le gouvernement ne délivre plus de passeport ; tel autre cherche un moyen de faire sortir ses capitaux (dérisoires) du pays.

Les menaces réelles sont ailleurs, et le régime en est parfaitement conscient. Les féodaux et les propriétaires terriens, comme les chefs de tribus pachtounes, fiers de leurs privilèges, constituent le fer de lance de la réaction interne ; ils sont puissamment aidés par les mollahs, ces autorités religieuses présentes dans chaque village.

Pour la majorité d'entre eux, le gouvernement en place est « communiste et athée ». Ils ne se gênent pas pour le dire, et leur autorité est considérable : ce sont les interprètes du Coran, et souvent aussi des notables. Changer l'ordre des choses, remettre en cause la richesse des uns et le dénuement des autres, c'est bien sûr s'opposer à la loi divine.

L'opposition s'appuie en outre sur les sentiments antirusses de la population. Les Soviétiques ne se conduisent-ils pas comme en pays conquis, avec morgue et orgeuil ? Pire, ne sont-ils pas des « kafirs », des incroyants par excellence ? Les divisions nationales et ethniques lui servent également de terrain d'agitation : les Pachtounes, présents depuis toujours dans les couches privilégiées du pouvoir kaboulite, ne risquent-ils pas de voir leur influence pondérée par la promotion d'autres ethnies ? Le gouvernement n'a-t-il pas, par ailleurs, menacé de sédentariser les tribus nomades, qui font une fructueuse contrebande avec le Pakistan ? Les privilégiés de tout bord s'inquiètent...

En pays pachtoune, dans les provinces de Pactia de Kunar, des heurts sérieux ont eu lieu. Les tribus n'ont pas supporté les menaces d'ingérance dans leurs affaires. Aidés par les « Frères musulmans » (extrême droite), ainsi que par des officiers et des dignitaires de l'ancien régime réfugiés au Pakistan, ils ont affronté l'armée afghane. Plusieurs dizaines de soldats auraient été tués, et l'aviation a effectué des bombardements « de représaille ». De l'autre côté de la frontière, l'armée pakistaine a mis des camps d'entraînement à la disposition des « réfugiés » afghans.

Mais en pays Tadjik, Ouzbeke et Turkmène, des mullahs auraient également pris la tête de manifestations antigouvernementales. Des touristes occidentaux, assimilés par erreur à des Russes, auraient été « faits prisonniers » et ligotés pendant 24 heures, avant que le guide d'Afghan Tour ne vienne les délivrer. La région est bouclée, interdite aux touristes.

Dans ces régions, le pouvoir ne perd cependant pas son temps, et des milices de paysans pauvres armés de bâtons ou de fusils de chasse se sont constituées. Confronté à une forte opposition, le gouvernement n'hésite pas à donner un cours plus « radical » à la révolution. Nulle part ailleurs que dans les régions troublées, la réforme agraire et la mobilisation des paysans ne semblent aussi avancées.

Les difficultés de la réforme agraire

Aucune force n'est ménagée par le PDP pour briser l'attentisme des Afghans, et mobiliser les masses. Chaque jour le décret n° 6, abolissant l'usure, est expliqué dans tous ses détails à la radio. Chaque fête populaire est l'occasion d'un discours officiel. Ainsi, en pays Hazara, au centre de l'Afghanistan, nous avons assisté à un bouzkachi, le jeu national : des cavaliers armés de cravaches cinglantes se disputent un cadavre de chèvre dépitée (en lire

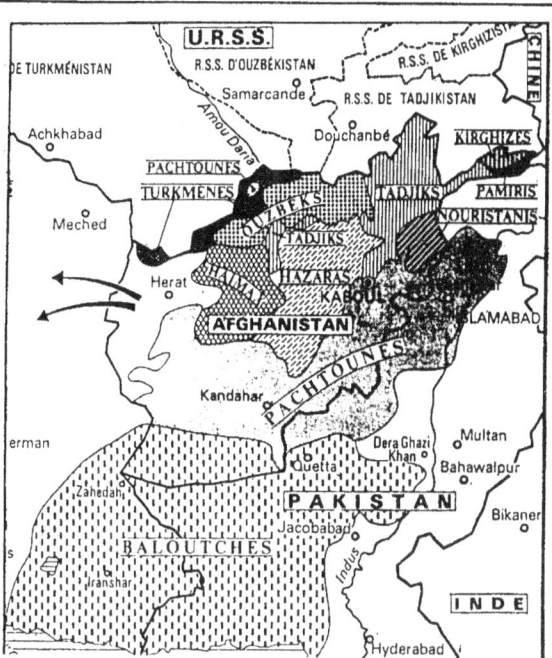

Carte des minorités, par « le Monde diplomatique ».

Pourquoi l'Urss a pu envoyer en Afghanistan des soldats tadjiks, uzbeks et turkmenes ?

Pour expliquer les raisons de l'intervention soviétique en Afghanistan, nombre de commentaires ont mis en avant la question des nationalités musulmanes en URSS même. La mode du livre d'Hélène Carrère d'Encaucasse, l'Empire éclaté, est pour beaucoup dans cette interprétation.

Pourtant, cette question ne semble pas avoir joué un rôle immédiat. À terme, il est certain que l'instabilité prolongée dans la région pouvait affecter la situation intérieure de l'URSS. Mais la forme de l'intervention militaire elle-même est lourde d'effets boomerang. Elle a aussitôt suscité une vive réaction des pays musulmans, comme l'a illustré la conférence d'Islamabad, qui chercheront à atteindre les populations musulmanes d'URSS.

Dans l'immédiat, les Soviétiques ont tenu à faire une démonstration de force en envoyant prioritairement à Kaboul des troupes recrutées dans les nationalités musulmanes d'Asie centrale. S'ils pouvaient se le permettre c'est pour des raisons économiques et sociales, que le correspondant du New York Times à Moscou, peu suspect de pro-soviétismes, expose dans un article du 13 janvier.

« ... Presque tout le monde dans les républiques d'Asie centrale, écrit antony Austin, semble fier de ce qui a été accompli en faisant de ces dépendances stagnates du tsarisme des républiques modernes et productives. C'est particulièrement évident en Uzbekistan, la république maîtresse d'Asie centrale et l'une des plus peuplées avec dix à douze millions d'habitants. L'analphabétisme, qui était de 98 % avant 1917, a été extirpé. » Alors qu'il est encore de 85 % en Afghanistan.

« L'espérance de vie en Uzbekistan était de 40 ans avant la révolution, elle est maintenant de 70 ans » continue Austin. L'espérance de vie est encore aux alentours de 40 ans en Afghanistan. « Il y a un médecin pour 386 habitants en Uzbekistan. Au Pakistan, il y a un médecin pour 6 000 habitants. Dans les quatre autres républiques d'Asie centrale, les progrès sont presque aussi nets, bien que les cinq républiques soient à un niveau de développement économique inférieur au reste de l'URSS. »

la magnifique description dans *les Cavaliers* de Kessel) puis, pendant une heure, les villageois ont écouté, avec une attention d'ailleurs toute relative, les discours sur les objectifs de la *« Révolution d'avril »*, expliquant, en particulier, que les Hazaras, l'ethnie la plus opprimée et méprisée du pays, auraient toute leur place dans la nouvelle République démocratique d'Afghanistan.

La question nationale est, en effet, de toute première importance et c'est la première fois qu'il en est question officiellement. Unifié au siècle dernier sous la direction des tribus pachtounes, le pays a toujours vécu sous leur domination : les Pachtounes accaparaient les meilleures terres, réduisaient les Hazaras du centre à un quasi-esclavage et surtout s'assuraient les commandes du pays en investissant l'appareil d'Etat. Pourtant, ils ne représentent que 35 % de la population, et beeaucoup sont nomades. On comprend que leurs préoccupations furent peu *« démocratiques »*, quand le nouveau gouvernement fut formé, avec pour la première fois des représentants de toutes les nationalités. Est-ce le hasard, ou la force de leur pression, qui a fait que la plupart des ministres révoqués depuis deux mois soient précisément des non-Pachtounes ?

Autre signe que tout changement doit être amené avec la plus grande prudence, la question de la libération des femmes. La nomination à un ministère (les Affaires sociales bien entendu) d'une femme a été accueillie avec consternation au travers des campagnes. Dans un pays musulman, où l'achat des femmes pour le mariage est encore de règle, la tâche de l'Association des femmes mise sur pieds par le régime est immense. N'oublions pas qu'il y a moins de vingt ans qu'une femme est dévoilée dans les rues de Kaboul. Aujourd'hui encore, ce n'est qu'à Kaboul que l'on rencontre des femmes habillées à l'européenne, dans leur grande majorité issue de l'aristocratie et de la bourgeoisie.

Dans les provinces, un étranger invité par un ami afghan pourra passer plusieurs jours chez celui-ci, sans jamais voir son épouse ou ses filles. Les meurtres pour adultères sont pratique courante, aussi bien admise par la population que par les autorités qui ne trouvent là rien à redire... Ce n'est pas demain qu'une femme s'installera devant une tasse de thé dans une tchaïkana de campagne. Un grand espoir malgré tout : le cortège de plusieurs dizaines de femmes dans une manifestation de cet été à Kaboul.

La politique du gouvernement en direction des femmes est étroitement liée à celle de la santé et du contrôle des naissances. Perpétuellement enceintes, les Afghanes ne voient survivre qu'un faible nombre de leurs enfants, en raison des conditions d'hygiène lamentables, ou même inexistantes. En pays Hazara, ou dans les tribus nomades pachtounes, une femme devra accoucher quatre fois en moyenne pour espérer avoir un enfant qui vivra. Mais la propagande de l'hygiène et de la contraception ne nécessite pas seulement des moyens matériels et humains, d'ailleurs limités dans le pays. Elle requiert un profond changement de mentalité. Les enfants ne doivent, par exemple, plus être considérés comme un don de Dieu, que celui-ci accorde et reprend à son gré.

Dernière tâche colossale du régime, l'enseignement. 15 % seulement de la population est alphabétisée, dont plus de la moitié très sommairement, dans les écoles coraniques. Une bonne partie des très rares diplomés de l'enseignement supérieur préfère faire fructifier son capital intellectuel à l'étranger, plutôt que de rester dans un pays où leurs salaires seraient misérables. De nombreuses écoles ont été ouvertes ces derniers mois et des instituteurs ou des professeurs rapidement formés, parmi les étudiants chômeurs. Mais les prévisions les plus optimistes concluent à un taux de scolarisation ne dépassant pas 60 % pour les jeunes en 1985.

Le nombre de cadres acquis au nouveau pouvoir est limité ; les forces progressistes sont faibles ; les tâches sont gigantesques ; la stabilisation intérieure est loin d'être assurée (...)

Des paysans surgis du Moyen-Age

Il ne tomba presque pas de neige en 1970 et 1971 sur les hauts plateaux des provinces de Kala-I-Nao et de Chakcharan, au Nord-Ouest de l'Afghanistan. Le blé ne germa pas dans la terre desséchée. Les bergers poussèrent très loin leurs moutons dans la steppe, pour les nourrir d'épines, avant d'être contraints de les sacrifier par milliers. Les chevaux, affamés, furent chassés dans le désert.

Mais à la fin 1971, à gros flocons, la neige tomba plusieurs jours, isolant ces provinces du reste du pays. Les paysans se précipèrent à l'entrepôt royal pour acheter le blé. Les soldats du gouverneur montaient la garde, et ce dernier refusait de vendre le blé moins de dix fois son prix officiel. Les arbâbs, propriétaires de la terre ou de l'eau indispensable à l'irrigation, firent de même, multipliant par huit le prix du blé vendu à leurs métayers. Lorsqu'il n'y eut plus de fourrage, les troupeaux moururent ; les familles vendirent le peu qu'elles avaient encore contre du blé. Les fonctionnaires achetèrent les filles à bas prix cette année-là.

100 000 morts de faim en 1972 !

En mars, il neigeait toujours : les paysans cherchèrent à déterrer les racines, puis mangèrent les semences gardées pour les prochaines semailles... Geste ultime, désespéré, pour repousser de quelques jours la mort de faim et d'épuisement. Dans les villages, les enfants et les _____, puis les hommes, mouraient sous l'œil imperturbable de l'Arbäb. Les loups seuls prospèrent. Une épidémie frappa les chiens repus de cadavres, et dans plusieurs régions, le choléra anéantit la totalité de la population.

En avril 1972, un étudiant en médecine conduisit une manifestation de cinq mille paysans dans le bazar de Maïmanan exigeant l'ouverture des entrepôts où le blé commençait à pourrir. La police royale tira sur la foule, et l'étudiant fut incarcéré à vie.

Au printemps, la pluie ne cessa de tomber, et jamais le désert n'avait été aussi vert. Mais voilà, il n'y avait plus de semences pour planter le blé, et plus de troupeaux pour brouter l'herbe. A l'été 1972, la moitié de la province de Chakcharan avait péri, ainsi qu'environ le cinquième de celle de Kala-I-Nao et de Maïmana. Les nomades, ayant perdu trop de chameaux, ne purent migrer. La seule nourriture, c'était l'herbe ou les mûres.

Les propriétaires ne s'inquiétaient pas : les terres étaient bonnes, et d'autres métayers viendraient. A Kaboul, un fonctionnaire du ministère de l'Agriculture déclara : *« Si les paysans mangent de l'herbe, ce n'est pas grave ; ils en ont l'habitude, ce sont des bêtes. »*

Les secours en blé acheminés par les coopérants américains dans les zones sinistrées vinrent le plus souvent grossir les réserves de l'Arbäb, et les paysans ne purent en recevoir qu'en signant en « échange » leur accord pour effectuer dans le futur, et sans limitation, toutes les corvées exigées...

Celles-ci n'eurent jamais lieu. En 1973 ; le roi Zaher Shah était renversé par un coup d'Etat. Daoud, son beau-frère et cousin, prenait le pouvoir. La famine avait fait environ cent mille morts. Deux à trois mille, affirme-t-on, rassurant, à Kaboul.

90 % de la population vit de la terre. Les nomades ont quasiment l'exclusivité de l'élevage : essentiellement des moutons, mais aussi des boeufs et des chevaux, dans le nord du pays. 45 % des cultures sont irriguées, mais bien moins le sont effectivement toute l'année. Ce sont des petites exploitations. Le métayer, en échange de la terre, de l'eau, des semences et de l'outillage, doit donner jusqu'au cinquième de sa récolte à l'Arbäb, le propriétaire féodal. Dans les zones non irriguées ; la terre est à celui qui l'ensemence... Mais qu'y pousset-ils ? Le paysan veut-il acheter un lopin, ou quelques outils ? Il doit emprunter à l'usurier, qui lui réclamera alors la moitié de la récolte, ou pratiquera des taux atteignant parfois 400 % !

Ces quelques chiffres suffisent à montrer combien la clé de toute transformation du pays et de son développement ultérieur réside dans une radicale réforme agraire. Une telle réforme a pourtant toujours été différée par les dirigeants, et pour cause : il n'allaient pas scier la branche sur laquelle ils étaient assis.

Même Amanullâh (1919-1929), le roi réformateur qui ira jusqu'à interdire le port du costume traditionnel dans les rues de Kaboul, et même tenter d'établir le service militaire obligatoire... pour les nomades (!), ne fera que quadrupler l'impôt foncier, que d'ailleurs les propriétaires fonciers s'empressèrent de répercuter, amplifié, sur leurs métayers.

De 1929 à 1973, c'est le grand gel. Certes, le pays s'ouvre peu à peu à l'extérieur. L'aide étrangère afflue... pour prendre le chemin des comptes en banque suisses. Quelques routes sont construites, mais aucun changement ne vient tirer les campagnes du Moyen Age.

En 1973, Daoud promet enfin la réforme agraire. Une circulaire sort bien, trois ans plus tard ; le Premier ministre, cousin du Roi, donne l'exemple en mettant en vente quelques hectares de ses immenses propriétés. Las, seuls les riches paysans et les féodaux fortunés purent se porter acquéreurs. Le seul que Daoud s'était engagé à juguler, et de multiplier par cinq les revenus de l'impôt foncier.

Symboliquement, le ministère de l'Agriculture du nouveau régime est aussi nommé ministère de la Réforme agraire. Le gouvernement ne s'est d'ailleurs pas contenté de faire miroiter une réforme, actuellement en cours d'élaboration dans les cabinets ministériels ; soucieux d'obtenir dès maintenant l'appui populaire qui constitue le meilleur garant de son existence, il a proclamé au début de l'été le décret n°6.

Le décret n° 6

Décret révolutionnaire, puisque sur l'ensemble du territoire les paysans ont pu apprendre l'abolition de l'usure. Selon le décret, plus aucune terre ne peut-être saisie pour cause de dettes, comme cela était pratique courante. Ces mêmes dettes sont abolies dès lors qu'elles remontent à plus de cinq ans. Celles vieilles de quatre ans sont remboursables à raison de 20 % de leur montant, et sans intérêt ; celles de trois ans, à 40 %, et ainsi de suite.

Modérée en apparence, cette réforme, si elle est effectivement appliquée, sonne le glas du pouvoir absolu des féodaux sur les paysans. En effet, alors que le paysan sans terre ne touche bien souvent que 20 % de la récolte (il doit payer 20 % au propriétaire de la terre, 20 % au possesseur de l'eau, autant pour les semences, et autant pour les outils), il doit avoir recours aux usuriers pour les investissements indispensables. Il arrive que les taux d'usure pratiqués ne connaissent pas de limite, le paysan devant verser une rente à vie en remboursement de son emprunt. Obligé d'hypothéquer sa terre, il est contraint de la vendre au bout d'un an ou deux, et vient grossir le nombre des chômeurs et des travailleurs improductifs de la ville. A son tour, l'exode rural permet de faire pression sur les salaires des ouvriers et des employés des villes. Les prix augmentent, les salaires stagnent, et la production des campagnes diminue.

En effet, conservateur par nature, l'Arbâb ne cultive que la partie de ses terres nécessaire à son train de vie. Il préfère faire de l'argent au moyen de l'usure que de mettre toutes ses terres en valeur : l'idée de réaliser des investissements en matériel et en engrais lui est étrangère. La réforme agraire, en brisant le carcan des relations féodales, peut donc permettre une nette augmentation de la production.

Mais les responsables du gouvernement sont conscients qu'un décret, ou même une réforme lancée d'en haut, ne peut suffir à briser des liens de dépendance remontant à plusieurs générations. Il y a loin en effet de la promulgation d'une loi à son application réelle. Néanmoins, le décret n° 6, expliqué et commenté chaque jour à la radio, semble avoir produit ses premiers effets. Dans certaines régions, des affrontements entre féodaux et paysans faisant valoir leurs nouveaux droits ont déjà eu lieu. Une interprétation hâtive du décret conduit même certains d'entre eux à refuser tout remboursement de dette ou à réclamer la terre qu'ils cultivent. N'ont-ils pas entendu à la radio que ce décret était un premier pas vers « la terre à ceux qui la travaillent ».

Hazrat Sebratullah Majodidi,
leader du Front National de Libération
(courant des guérillas),
photographié au Pakistan début 1979.

Dans la majorité des cas pourtant, c'est plutôt le problème inverse qui se pose : les mollahs prêchent que tout bon musulman doit rembourser ses dettes, s'il veut être en accord avec le Coran. Habilement, le gouvernement a répliqué que l'usure, comme le prêt avec intérêt, étaient interdits par le Coran, forçant les mollahs à prendre position sur cette « loi » coranique. Certes, les féodaux ne prêtent pas vraiment avec intérêt, car la pratique du « Salam » leur permet de tourner le livre sacré : on conviendra, par exemple, que la somme prêtée était plus importante, ou on sera obligé de rembourser en achetant au prêteur des produits à un prix plus élevé, ou encore on hypothèquera terres et maisons... Jusqu'à présent, les mollahs ne déployaient pas un zèle extraordinaire pour faire appliquer le Coran en ce domaine. Leurs liens avec les propriétaires fonciers sont étroits.

Au PPD, on sait bien que la réalisation d'une réforme agraire qui ne conduit pas à la création d'une classe de gros paysans capitalistes, comme les « koulaks » en Inde, nécessite une mobilisation de masse des paysans. C'est pourquoi le décret n° 6, loin d'être conçu comme une fin en soi, est utilisé comme véhicule d'une agitation de masse dans les campagnes, et l'organisation des paysans. *« La mesure était nécessaire, nous explique un membre du parti*, pour que les paysans nous fassent confiance. » Et il ajoute fièrement : *« Nous avons fait ce que nous promettions depuis des années dans l'opposition. Les paysans comprennent qu'il ne s'agit pas seulement de slogans creux comme ils en ont tellement entendu auparavant. »*

Les meetings tenus dans les woolswali (municipalités) pour expliquer le décret s'accompagnent toujours de la mise en place d'organisations paysannes : des fonds d'entraide sont destinés aux paysans sans terre. Contre trente afghanis par mois (environ 40 F), ces derniers peuvent obtenir des prêts sans intérêt. Si une personne de la famille meurt, ou est handicapée, la famille n'aura pas à emprunter les sommes souvent considérables nécessaires aux funérailles ; le fonds y pourvoiera. *« Mais*, précise le parti, *les paysans doivent pouvoir contrôler le fonds. »* C'est pourquoi, il est constitué au niveau du village, ou d'un groupe de petits villages, n'excédant pas cinq cents familles, et les membres du bureau qui en assurent la gestion sont élus. Ces fonds d'entraide devraient regrouper plus du tiers de la paysannerie afghane.

Pour les petits paysans, disposant de moins de quatre hectares de terre de première catégorie (il y a sept catégories, selon la qualité et l'irrigation), des organisations similaires sont mises en place, baptisées coopératives. Il ne s'agit pas de coopératives de production, mais là aussi, de fonds d'entraide. Ces coopératives collectent l'argent suivant la surface de la terre possédée, et le placent à la banque. Celle-ci consent en contre-partie des prêts sans intérêt aux petits et moyens paysans, qui constituent 84 % des propriétaires. Ce n'est que par la suite que seront constituées de véritables coopératives de production.

Répondant ainsi à la propagande de la réaction selon laquelle le gouvernement *« communiste »* veut prendre la terre (et les femmes !), les nouvelles autorités tentent de donner aux paysans les moyens de s'aider eux-mêmes, en court-circuitant les autorités traditionnelles. Des mesures qui ne peuvent que renforcer les contradictions de classe dans les villages et saper un peu plus le pouvoir des féodaux. C'est ainsi que prudemment on prépare la voie de la réforme agraire.

Cependant, pour maintenir leur pouvoir, les féodaux ne bénéficient pas seulement de leur autorité traditionnelle et de la puissance de leurs bandes armées ; ils pouvaient compter sur la bienveillance d'une administration plus que complaisante à leur égard. Qu'en est-il aujourd'hui ? Il semble que les propriétaires fonciers aient perdu de leur arrogance, et se fassent plus discrets. Mais pour supprimer la corruption, il faudrait réformer l'administration (seuls les postes de direction ont changé de titulaire) et surtout octroyer aux fonctionnaires des salaires décents, ce qui est loin d'être le cas.

Certes, les paysans devraient maintenant pouvoir compter sur l'aide de l'armée. Mais, plus important, le Parti populaire démocratique a pris l'initiative de constituer, dans chaque district, des comités associant militants, fonctionnaires et paysans, pour résoudre les problèmes des travailleurs de la terre. *« En cas de conflit, les paysans n'ont plus de recours aux cours de justice, où les mollahs et les féodaux sont influents, mais à ces comités qui tranchent et disposent également du pouvoir exécutif (...) »*

Annexes

Trotsky et les interventions de l'Armée rouge

L'intervention de l'Armée soviétique à Kaboul est la première intervention massive de ce type depuis la Seconde Guerre mondiale. Elle soulève des questions de méthode qui ont déjà été abordées par Trotsky en plusieurs occasions : lors de l'offensive en Pologne (1920), de l'intervention en Géorgie (1921), de l'occupation de la Pologne, des pays baltes et de la Finlande (1939-1940).

Entre les deux premiers exemples et les trois derniers, il y a une différence majeure. Dans les premiers l'Armée rouge était encore celle de la révolution d'Octobre, sous direction bolchevique, et non celle de la bureaucratie consolidée et contre-révolutionnaire.

Aucun exemple ne permet une analogie mécanique et une transposition des réponses. Les analyses développées dans chaque cas donnent cependant de précieuses indications de méthode.

Nous nous plaçons toujours sur le terrain de la lutte de classes internationale, nous partons des rapports mondiaux entre les classes et de leur dynamique. La défense de l'Etat ouvrier elle-même est subordonnée à la révolution mondiale, à l'élévation du niveau de conscience et d'organisation du prolétariat mondial.

Dans ce cadre, nous écartons catégoriquement le principe pacifiste ou neutraliste de la non-ingérence : « *Robespierre disait que les peuples n'aiment pas les missionnaires armés de baïonnettes. Il voulait dire par là qu'on ne peut pas imposer par la force armée des idées et des institutions à d'autres peuples. Cette pensée ne signifie évidemment pas qu'une intervention militaire dans d'autres pays pour soutenir la révolution soit inadmissible, mais une telle intervention, comme partie constituante d'une politique révolutionnaire internationale doit pouvoir être comprise par le prolétariat international ; elle doit répondre aux vœux des masses laborieuses du pays sur le territoire duquel pénètrent les troupes révolutionnaires.* » (*Défense du marxisme*, p. 130.)

C'est également dans ce cadre d'ensemble que doivent être analysées et situéEes des questions telles que les revendications nationales, au fur et à mesure que s'aiguise, jusqu'à la guerre ouverte, le conflit entre les classes : « *Les facteurs secondaires que sont l'indépendance national de la Finlande et de la Norvège, la défense de la démocratie, etc., malgré leur importance en eux-mêmes sont inclus maintenant dans le conflit des forces mondiales incomparablement plus puissantes et leur sont entièrement subordonnées. Nous sommes contraints d'exclure ces facteurs secondaires de nos calculs pour définir notre politique à partir de facteurs fondamentaux.* » (*Défense du marxisme*, p. 254.)

Au moment de l'intervention militaire en Géorgie, en 1921, c'est le Parti bolchevique de Lénine et de Trotsky, pas encore celui de Staline, qui est au pouvoir. Trotsky consacra tout un livre (*Entre l'impérialisme et la révolution*, édition la Taupe), à défendre cette intervention. La Géorgie à gouvernement menchevique était devenue en pleine guerre civile une place d'armes de l'impérialisme (britannique en particulier) tournée contre la République des soviets. Cependant, les mencheviques avaient obtenu aux élections six cent quarante mil voix contre vingt-quatre mille seulement aux bolcheviques, durement réprimés par leurs milices. L'intervention militaire a donc revêtu le caractère d'un putsch, précipité par Staline et Ordjonikidzé, dans le contexte douteux de l'année 1921 où une aile du Parti bolchevique encourageait des actions aventureuses, comme celle de mars en Allemagne, pour stimuler la révolution et s'opposer à l'adoption de la nouvelle politique économique en URSS. Dans le contexte de Kronstadt également.

Dans son *Staline*, comme dans *Défense du marxisme*, Trotsky a par la suite exprimé de fortes réserves sur l'opportunité politique et le bénéfice tactique d'une telle intervention. Il n'a cependant jamais cessé de combattre toutes les objections formulées du point de vue de principes formels : « *En 1921, la République soviétique, soviétisa par la force la Géorgie, qui constituait la porte ouverte à l'invasion du Caucase par les forces de l'impérialisme. Du point de vue des principes, on aurait pu avancer bien des objections contre ce mode de soviétisation ? Du point de vue de l'élargissement de l'arène de la révolution socialiste, l'intervention militaire dans un pays paysan représentait une entreprise plus que douteuse. Mais du point de vue de l'autodéfense d'un Etat ouvrier entouré d'ennemis, la soviétisation forcée était justifiée : le salut de la révolution socialiste se place au-dessus des principes formels de la démocratie.* » (*Défense du marxisme*, p. 254.)

Il faut souligner que la situation concrète est fortement soulignée et la possibilité de la soviétisation forcée défendue du stric point de vue de la défense de l'Etat ouvrier, isolé et assiégé, en proie à la guerre civile.

L'occupation d'une partie de la Pologne par Staline, en 1939, constitue le fruit immédiat du marchandage entre Hitler et Staline dans le cadre du pacte germano-soviétique. En pénétrant en Pologne, l'Armée rouge s'efforce de gagner un appui social en prenant bureaucratiquement une série de mesures économiques et sociales.

Trotsky souligne alors que l'expropriation des expropriateurs, mesure progressiste et révolutionnaire par nature, s'effectue de manière militaro-bureaucratique au détriment de toute action indépendante des masses. Si la mesure est en soi progressiste, le critère essentiel pour juger de l'intervention n'est pas la transformation des rapports de propriété, mais les changements dans la conscience et l'organisation du prolétariat mondial. De ce point de vue, la politique de Staline, considérée globalement, garde son caractère réactionnaire. Qui plus est, l'extension bureaucratique de l'Etat ouvrier peut contribuer à augmenter le prestige de la bureaucratie et les illusions, dans certains secteurs du mouvement ouvrier, sur les vertus des manœuvres bureaucratiques.

La IV° Internationale s'oppose alors à l'annexion de nouveaux territoires par le Kremlin et se prononce pour l'indépendance de l'Ukraine soviétique. Elle prône aux révolutionnaires polonais de prendre part à l'expropriation des expropriateurs et à la création de comités en préservant leur indépendance politique ; de se porter au premier rang de la résistance contre Hitler en cas d'intervention allemande ; de développer « en même temps » leur propagande révolutionnaire contre Staline et la bureaucratie. Car la défense de l'URSS lie indissociablement la lutte pour le développement de la révolution mondiale et la lutte pour renverser la bureaucratie qui mine l'Etat ouvrier.

Trotsky considère alors l'hypothèse de l'insurrection simultanée sur deux fronts, contre Hitler et Staline, comme une hypothèse d'école et une vue de l'esprit. Il précise en conséquence l'ordre des priorités en fonction de critères sociaux : si Hitler cherchait à s'emparer de l'Ukraine avant qu'elle soit devenue indépendante, alors « nous défendrions contre Hitler cette Ukraine asservie par Staline ». (P. 130.)

L'invasion de la Finlande par l'Armée rouge s'inscrit dans une situation de guerre.

La politique intérieure et extérieure de la bureaucratie fait système. Si la politique du gouvernement soviétique avait été la défense internationaliste de la révolution mondiale, elle aurait exercé une attraction irrésistible sur la Finlande, et l'invasion aurait été soit inutile, soit soutenue par un mouvement de masse.

Or, « Staline, n'a trouvé aucune espèce de soutien en Finlande ». Dans ces conditions, l'invasion a eu « le caractère direct et manifeste d'un acte de violence militaire. La responsabilité de cet acte de violence incombe entièrement et indivisiblement sur l'oligarchie de Moscou » (Défense du marxisme, p. 231).

L'opinion populaire en URSS même était hostile à l'intervention, mais partagée sur la voie à suivre, du fait que la défense de l'Etat ouvrier était tout de même en jeu, par-delà les aventures et mésaventures de la bureaucratie. Ce que Trotsky traduisait en ces termes dans un article du 13/3/1940 : « Le sentiment général dans le pays est sans aucun doute le suivant : Nous n'aurions pas dû entreprendre cette guerre qui n'en valait pas la peine. Mais une fois cette guerre commencée, il aurait fallu la mener jusqu'au bout. C'est-à-dire jusqu'à la soviétisation de la Finlande. » Alors que l'Armée rouge s'est retirée devant les menaces franco-britanniques, ne laissant derrière elles que des bases militaires.

Tout en critiquant impitoyablement la politique de la bureaucratie, Trotsky appelait à la mobilisation contre la campagne d'opinion impérialiste en rappelant que les accords épisodiques entre la bourgeoisie mondiale et la bureaucratie du Kremlin ne changent pas le fait que, « prise à l'échelle historique, la contradiction qui existe entre l'impérialisme et l'URSS est infiniment plus profonde que les antagonismes qui opposent les pays impérialistes les uns aux autres ». (Ecrits sur la Deuxième Guerre mondiale, édition la Taupe, p. 210.)

Les différences entre ces précédents et l'Afghanistan sont nombreuses. Tout d'abord le contexte est différent, à moins que l'on considère déjà comme révolue la période et la politique de coexistence pacifique. Mais aussi parce qu'il existait en Afghanistan une guerre civile qui n'existait ni en Finlande ni en Pologne.

le problème des territoires occupés

Extraits de «Défense du marxisme»   EDI Paris

Au moment où j'écris ces lignes, le sort des territoires occupés par l'Armée rouge reste toujours obscur. Les dépêches se contredisent, car les deux parties mentent à l'envi. Mais les rapports de forces sur le terrain sont sans aucun doute toujours forts incertains. Une partie des territoires occupés sera indubitablement incorporée à l'URSS. Sous quelle forme, précisément ?

Supposons un instant que, conformément au pacte conclu avec Hitler, le gouvernement de Moscou conserve intacts les droits de la propriété privée dans les territoires occupés et se borne au « contrôle » sur le modèle fasciste. Une telle concession revêtirait sur le plan des principes une très grande importance et pourrait constituer le point de départ d'un nouveau chapitre de l'histoire du régime soviétique et donc d'une nouvelle appréciation, de notre point de vue, de la nature de l'Etat soviétique.

Il est plus vraisemblable, cependant, que dans les territoires qui doivent être incorporés à l'URSS, le gouvernement de Moscou procédera à l'expropriation des grands propriétaires et à l'étatisation des moyens de production. Cette orientation est plus probable, non parce que la bureaucratie reste fidèle au programme socialiste, mais parce qu'elle ne veut ni ne peut partager le pouvoir et les privilèges qui en découlent avec les anciennes classes dirigeantes dans les territoires occupés. Ici, une analogie se présente d'elle-même. Le premier Bonaparte arrêta la révolution au moyen d'une dictature militaire. Toutefois, lorsque les troupes françaises envahirent la Pologne, Napoléon signa un décret stipulant : « Le servage est aboli. ». Cette mesure n'était dictée ni par les sympathies de Napoléon pour les paysans ni par des principes démocratiques, mais par le fait que la dictature bonapartiste s'appuyait sur les rapports de propriété bourgeois et non féodaux. Etant donné que la dictature bonapartiste de Staline s'appuie sur la propriété d'Etat et non sur la propriété privée, l'invasion de la Pologne par l'Armée rouge doit, dans ces conditions, entraîner l'abolition de la propriété privée capitaliste, afin d'aligner le régime des territoires occupés sur celui de l'URSS.

Mesure révolutionnaire par sa nature, « l'expropriation des expropriateurs » s'effectue dans ce cas de manière militaro-bureaucratique. Tout appel à une action indépendante des masses — mais sans un tel appel, fût-il très prudent, il est impossible d'établir un nouveau régime — sera, sans nul doute, étouffé le lendemain même par d'impitoyables mesures de police, afin d'assurer la prépondérance de la bureaucratie sur les masses révolutionnaires en éveil. C'est là un aspect de la question. Mais il y en a un autre. Pour avoir la possibilité d'occuper la Pologne au moyen d'une alliance militaire avec Hitler, le Kremlin a depuis longtemps trompé et continue de tromper les masses en URSS et dans le monde entier et a, de ce fait, provoqué la décomposition complète des rangs de sa propre Internationale communiste. Le critère politique essentiel pour nous n'est pas la transformation des rapports de propriété dans cette région ou une autre, si importants qu'ils puissent être par eux-mêmes, mais le changement à opérer dans la conscience et l'organisation du prolétariat mondial, l'accroissement de sa capacité à défendre les conquêtes antérieures et à en réaliser de nouvelles. De ce seul point de vue décisif, la politique de Moscou, considérée globalement, conserve entièrement son caractère réactionnaire et demeure le principal obstacle sur la voie de la révolution internationale.

Notre appréciation générale du Kremlin et de l'Interna-

tionale communiste ne modifie pas, cependant, le fait particulier que l'étatisation des formes de la propriété dans les territoires occupés constitue en soi une mesure progressiste. Il faut le reconnaître ouvertement. Si Hitler lançait demain ses armées à l'assaut de l'Est afin de rétablir « l'ordre » dans la Pologne orientale, les travailleurs d'avant-garde défendraient contre Hitler ces nouvelles formes de propriété établies par la bureaucratie bonapartiste soviétique.

L'étatisation des moyens de production constitue, nous l'avons dit, une mesure progressiste. Mais son caractère progressiste est relatif ; son poids spécifique dépend de la somme de tous les autres facteurs. Nous devons donc, avant tout, admettre que l'extension des territoires dominés par l'autocratie bureaucratique et parasitaire, sous la couverture de mesures « socialistes », peut augmenter le prestige du Kremlin, engendrer des illusions sur la possibilité de remplacer la révolution prolétarienne par des manœuvres bureaucratiques. Ce mal l'emporte de loin sur le contenu progressiste des réformes staliniennes en Pologne. Pour que la nationalisation de la propriété dans les territoires occupés, comme en URSS même, devienne une base de développement progressiste, c'est-à-dire socialiste, il faut renverser la bureaucratie de Moscou. Notre programme conserve, par conséquent, toute sa force. Les événements ne nous ont pas pris au dépourvu. Il faut seulement les interpréter correctement. Il faut bien comprendre que la nature de l'URSS et sa situation internationale renferment des contradictions aiguës. On ne peut échapper à ces contradictions à l'aide de tours de passe-passe terminologiques (« Etat ouvrier », « Etat non ouvrier »). Il faut prendre les faits tels qu'ils sont. Il faut définir une politique en partant des rapports et des contradictions réels.

Nous ne confions au Kremlin aucune mission historique. Nous étions et nous restons opposés à l'annexion de nouveaux territoires par le Kremlin. Nous sommes pour l'indépendance de l'Ukraine soviétique, et si les Biélorusses eux-mêmes le veulent, pour l'indépendance de la Biélorussie soviétique. En même temps, dans les parties de la Pologne occupées par l'Armée rouge, les partisans de la IVe Internationale prennent part de la manière la plus décidée à l'expropriation des grands propriétaires fonciers et des capitalistes, au partage de la terre entre les paysans, à la création de soviets et de comités ouvriers, etc. Ce faisant, ils préservent leur indépendance politique, ils luttent au cours des élections aux soviets et aux comités d'usines pour la complète indépendance de ces derniers vis-à-vis de la bureaucratie et ils mènent une propagande révolutionnaire dans un esprit de défiance à l'égard du Kremlin et de ses agents locaux.

Mais supposons qu'Hitler tourne ses armes contre l'Est et qu'il envahisse des territoires occupés par l'Armée rouge. Dans ces conditions, les partisans de la IVe Internationale, sans changer en quoi que ce soit leur attitude à l'égard de l'oligarchie du Kremlin, mettront au premier plan comme la tâche la plus urgente du moment, la résistance militaire à Hitler. Les ouvriers diront : « Nous ne pouvons laisser à Hitler le soin de renverser Staline ; c'est notre tâche. » Pendant la lutte armée contre Hitler, les ouvriers révolutionnaires s'efforceront de nouer des contacts fraternels aussi étroits que possible avec les simples soldats de l'Armée rouge. Tandis que, les armes à la main, ils porteront des coups à Hitler, les bolcheviques-léninistes mèneront en même temps une propagande révolutionnaire contre Staline, afin de préparer son renversement à l'étape suivante et peut-être même prochaine.

Ce type de « défense de l'URSS » différera naturellement comme le ciel et la terre de la défense officielle qui se mène aujourd'hui sous le mot d'ordre « Pour la patrie ! Pour Staline ! ». Notre défense de l'URSS se mène sous le mot d'ordre : « Pour le socialisme ! Pour la révolution mondiale ! Contre Staline ! » Afin que ces deux aspects de « défense de l'URSS » ne créent pas de confusion dans la conscience des masses, il faut savoir formuler de façon claire et précise les mots d'ordre qui correspondent à la situation concrète.

L'interview au «Post-Dispatch» dans les Ecrits sur la Deuxième Guerre Mondiale de Trotsky

Edition la Taupe, Bruxelles

● Estimez-vous, en tant qu'ancien chef de l'Armée rouge, qu'il était nécessaire pour les Soviétiques de faire mouvement dans les Etats baltes, en Finlande et en Pologne, pour mieux se défendre eux-mêmes contre une agression ? Croyez-vous qu'un Etat socialiste puisse se permettre d'étendre le système socialiste à un Etat voisin en utilisant la force des armes ?

— On ne peut douter que le contrôle des bases militaires de la côte balte présente des avantages stratégiques. Mais cela seul ne peut déterminer la question de l'invasion des pays voisins. La défense d'un Etat ouvrier isolé dépend dans une bien plus large mesure du soutien des masses laborieuses à travers le monde que de deux ou trois points stratégiques supplémentaires. Ce fait est indubitablement établi par l'histoire de l'intervention étrangère dans notre guerre civile de 1918-1920.

Robespierre disait que les peuples n'aiment pas les missionnaires armés de baïonnettes. Naturellement, cela n'exclut pas le droit et le devoir de fournir une aide militaire provenant de l'extérieur aux peuples en lutte contre l'oppression. Par exemple, en 1919, quand l'Entente étrangla la révolution hongroise, nous avions naturellement le droit d'aider la Hongrie en prenant des mesures militaires. Cette aide eût été comprise et justifiée par les masses laborieuses du monde entier. Malheureusement, nous étions trop faibles. A présent, le Kremlin est beaucoup plus puissant du point de vue militaire. Toutefois, il a perdu la confiance des masses, à la fois à l'intérieur et à l'extérieur.

S'il y avait une démocratie soviétique en URSS ; si le progrès technologique était accompagné de l'avènement de l'égalité sociale ; si la bureaucratie était radicalement écartée, au profit de l'auto-gouvernement des masses, Moscou représenterait une si terrible force d'attraction, particulièrement pour ses plus proches voisins, que l'actuelle catastrophe mondiale conduirait inévitablement les masses de Pologne (non seulement les Ukrainiens et les Russes blancs, mais aussi les Polonais et les Juifs) sur la voie de l'union avec l'URSS.

A présent, cette importante pré-condition pour une intervention révolutionnaire est inexistante ou presque. L'étranglement des peuples de l'URSS, particulièrement des minorités nationales, par des méthodes policières, a éloigné de Moscou les masses laborieuses des pays voisins. L'invasion de l'Armée rouge est regardée par les populations non comme une libération mais comme un acte de violence, et par là, elle facilite la mobilisation, par les puissances impérialistes, de l'opinion publique mondiale contre l'URSS. C'est pourquoi l'occupation fera en fin de compte plus de tort que de bien à l'URSS.

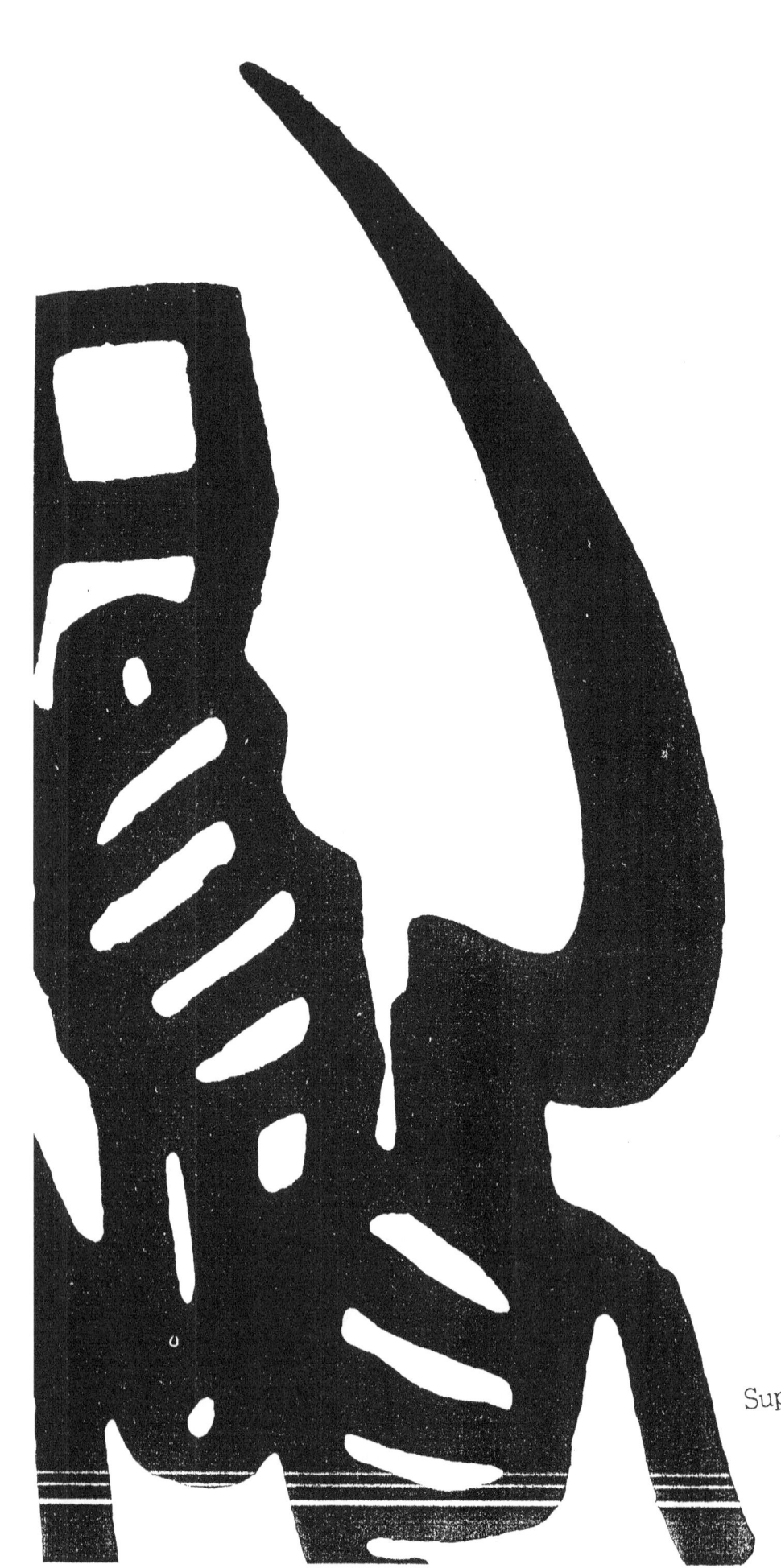

Supplément à «Rouge» n° 906

Glossaire, chronologie

PDPA : Parti démocratique populaire d'Afghanistan, créé le 1er janvier 1965. Deux factions s'y développeront : Khalq et Parcham.

Hafizullah Amin (1929-1979) : Président du Conseil révolutionnaire et président de la République démocratique d'Afghanistan du 16 septembre au 27 décembre 1979. Il occupe aussi les fonctions de Premier ministre et de secrétaire général du PPDA (faction khalq), du 28 mars au 27 décembre 1979.

Léonid Ilyich Brejnev (1906-1982) : Secrétaire général du Parti communiste de l'Union soviétique de 1964 à 1982 et, à ce titre, chef d'état de l'URSS.

Jimmy Carter (1924) : Président des Etats-Unis de 1977 à 1981.

Sardar Mohammad Daoud Khan (1909-1978) : Premier ministre du Roi Zaher, dont il est le cousin et beau-frère, du 7 septembre 1953 au 10 mars 1963. Président de la République du 17 juillet 1973 au 27 avril 1978. Le 27 avril 1978, il est renversé puis assassiné lors d'un coup d'état.

Babrak Karmal (1929-1996) : Président du Conseil révolutionnaire et président de la République démocratique d'Afghanistan du 27 décembre 1979 au 20 novembre 1986. Il occupe aussi les fonctions de Premier ministre à partir du 11 juin 1981 et de secrétaire général du PPDA (faction Parcham) du 27 décembre 1979 au 4 mars 1986.

Nur Mohammad Taraki (1917-1979) : Président du Conseil révolutionnaire et président de la République démocratique d'Afghanistan du 30 avril 1978 au 16 septembre 1979. Il occupe aussi les fonctions de Premier ministre, du 1er mai 1978 au 27 mars 1979. Il est arrêté le 16 septembre 1979 sur les ordres du numéro deux du PPDA, Hafizullah Amin, puis exécuté.

27 avril 1978 : coup d'état du PDPA, mené par Nour Mohammad Taraki.

28 mars 1979 : Hafizullah Amin devient Premier ministre.

24 décembre 1979 : début de l'intervention massive des Soviétiques.

28 décembre 1979 : coup d'état mené par Babrak Karmal.

Février 1989 : l'URSS quitte l'Afghanistan.